MODERN HUMANITIES RESEARCH ASSOCIATION
TEXTS AND DISSERTATIONS
VOLUME 90

CONSTRUCTING FEMININE POETICS IN THE WORKS OF A
LATE-20TH-CENTURY CATALAN WOMAN POET:
MARIA-MERCÈ MARÇAL

LOUIS SÉBASTIEN MERCIER
COMMENT FONDER LA MORALE DU PEUPLE?
TRAITÉ D'ÉDUCATION POUR L'AVÈNEMENT
D'UNE SOCIÉTÉ NOUVELLE

GENEVIÈVE BOUCHER & MICHAEL J. MULRYAN (EDS & TRANS)

Modern Humanities Research Association
Critical Texts 69
2020

Published by

*The Modern Humanities Research Association
Salisbury House
Station Road
Cambridge CB1 2LA
United Kingdom*

© Modern Humanities Research Association 2020

Geneviève Boucher and Michael J. Mulryan have asserted their right under the Copyright, Designs and Patents Act 1988 to be identified as the author of this work. Parts of this work may be reproduced as permitted under legal provisions for fair dealing (or fair use) for the purposes of research, private study, criticism, or review, or when a relevant collective licensing agreement is in place. All other reproduction requires the written permission of the copyright holder who may be contacted at rights@mhra.org.uk.

First published 2020

ISBN 978-1-78188-905-3

MODERN HUMANITIES RESEARCH ASSOCIATION
CRITICAL TEXTS

The MHRA Critical Texts series aims to provide affordable critical editions of lesser-known literary texts that are out of copyright or are not currently in print (or are difficult to obtain). The texts are taken from the following languages: English, French, German, Italian, Portuguese, Russian, and Spanish. Titles are selected by members of the distinguished Editorial Board and edited by leading academics. The aim is to produce scholarly editions rather than teaching texts, but the potential for crossover to undergraduate reading lists is recognized.

Editorial Board
Chair: Dr Claire White (University of Cambridge)
English: Professor Justin D. Edwards (University of Stirling)
French: Dr Claire White (University of Cambridge)
Germanic: Professor Ritchie Robertson (University of Oxford)
Hispanic: Professor Ben Bollig (University of Oxford)
Italian: Professor Jane Everson (Royal Holloway, University of London)
Portuguese: Dr Stephen Parkinson (University of Oxford)
Slavonic: Professor David Gillespie (University of Bath)

texts.mhra.org.uk

TABLE DES MATIÈRES

Remerciements	viii
Note sur le texte	x
Introduction	2
Comment fonder la morale du peuple ? Traité d'éducation pour l'avènement d'une société nouvelle	
1. Introduction : la morale du peuple à l'aube d'une ère nouvelle	38
2. La moralité : définition, principes et notions	46
3. Moyens de faire acquérir à la jeunesse des lumières morales	70
4. Principes du droit et religion morale	82
5. Moyens pour développer la discipline morale	108
6. Le sentiment du beau et du sublime	126
7. Le rôle des arts et des fêtes dans l'éducation morale	136
8. L'éducation des filles et les bienfaits d'une éducation morale	152
9. La philosophie critique allemande dans ses rapports à l'éducation morale	162
10. Moyens pour développer les lumières morales et la discipline morale chez les adultes	168
11. Moyens efficaces pour combattre les préjugés moraux et religieux	178
12. Comment écarter les tentations de l'immoralité	202
Bibliographie	211

CONTENTS

Acknowledgements	ix
Note on the text	xi
Introduction	3
How to Establish the Morality of the People? An Educational Treatise for the Advent of a New Society	
1. Introduction: the morality of the people at the dawn of a new era	39
2. Definition, principles and notions of morality	47
3. The means of achieving moral enlightenment for young people	71
4. The principles of law and moral religion	83
5. The means of achieving moral discipline	109
6. The feeling of beauty and the sublime	127
7. The role of the arts and festivals in moral education	137
8. On the education of girls and the benefits of moral education	153
9. German critical philosophy in relation to moral education	163
10. The means of achieving moral enlightenment and moral discipline for adults	169
11. Effective ways of undoing moral and religious prejudice	179
12. How to keep the temptations of immorality at bay	203
Bibliography	211

REMERCIEMENTS

Michael Mulryan voudrait remercier le cabinet du provost de l'Université de Christopher Newport, dont les bourses ont rendu possible la publication de ce manuscrit. Grâce à la générosité de CNU et la patience du personnel de la Bibliothèque de l'Arsenal à Paris, j'ai pu découvrir ce manuscrit et le lire dans sa totalité *in situ* pendant l'été 2010. C'était aussi un grand plaisir de pouvoir travailler sur ce livre dans la belle campagne gasconne avec Geneviève Boucher. L'hospitalité généreuse de sa famille a amélioré la qualité de notre travail. Geneviève est une collègue incroyable dont l'enthousiasme pour Mercier est contagieux et, plus que tout, beau. Enfin et surtout, je voudrais remercier ma famille : ma tendre épouse Laura, dont le soutien m'a permis de consacrer de longues heures à ce texte, et mes adorables fils Liam et Jacob, qui ont été privés de moments précieux avec leur père, et tout cela à cause d'un écrivain des Lumières. Mes parents, qui sont tous les deux des humanistes actifs et authentiques, ont tous deux inspiré mon travail dans l'ensemble.

Geneviève Boucher tient pour sa part à remercier le cabinet de la vice-rectrice à la recherche de l'Université d'Ottawa et le comité de la recherche et des publications de la Faculté des arts pour le financement accordé à ce projet. Un merci tout spécial à mon estimé collègue Michael Mulryan, qui a eu l'idée de ce projet, et qui a été un collaborateur exceptionnel, joignant toujours à la rigueur professionnelle la plus chaleureuse convivialité. Merci également à Shanon Pomminville pour son aide dans la révision de la transcription et à Michel Thérien pour sa précieuse contribution à la traduction. Merci enfin à Nicolas pour son soutien dans les périodes de travail intense et à mes filles, Héloïse et Ophélie, pour leur énergie contagieuse et leur inspirante vivacité.

Les deux auteurs remercient Dominique Lussier et Gillian Pink pour leur excellent travail de révision et pour leur style raffiné. Que Gerard Lowe de la MHRA trouve également ici l'expression de notre reconnaissance.

ACKNOWLEDGEMENTS

Michael Mulryan would like to extend his gratitude to the provost's office of Christopher Newport University, whose grants made the publication of this manuscript possible. Thanks to CNU's generosity and the patience of the staff of the Bibliothèque de l'Arsenal in Paris, I was able to find this manuscript and read it in situ in the summer of 2010. It was with great pleasure that I was also able to work on this book in the beautiful countryside in Gascony with Geneviève Boucher. Her family's generous hospitality made the quality of our work better. Geneviève has been an incredible colleague, whose enthusiasm for Mercier is contagious and beautiful. Last but not least, I would like to thank my family: my loving wife Laura, without whose support I would have been unable to spend long hours on this text, and my adorable sons Liam and Jacob, who were deprived of time with their father because of a gentleman of the Enlightenment. My parents, who are both active and genuine humanists, have also both inspired all my work.

Geneviève Boucher would like to thank the office of the vice-president for research at the University of Ottawa as well as the Research and Publications Committee of the Faculty of Arts for the funding that was granted to this project. Special thanks to my valued colleague, Michael Mulryan, who had the idea for this project, and who has been an exceptional collaborator, always combining academic rigour with the most cordial friendliness. I also wish to thank Shanon Pomminville for helping me to review the transcription, and Michel Thérien for his valuable contribution to the translation. My gratitude also goes to Nicolas, for his support during intense work periods, and to my daughters, Héloïse and Ophélie, for their contagious energy and their inspiring vivacity.

Both authors thank copy-editors Dominique Lussier and Gillian Pink for their excellent work and refined style. Thanks also go to Gerard Lowe at the MHRA.

NOTE SUR LE TEXTE

Ce texte est la transcription d'un manuscrit de 170 pages conservé à Paris dans le Fonds Mercier de la Bibliothèque de l'Arsenal sous la cote MS 15084(3). Il a, selon toute vraisemblance, été rédigé de la main de Mercier.

Les pages 13 et 14 (chapitre 2), de même que les pages 37 à 44 (chapitre 3) sont manquants.

L'orthographe et la ponctuation ont été modernisées. Par exemple, la forme « étoit » a été remplacée par « était », les terminaisons en « ens » (« agrémens », etc.) ont été remplacées par « ents » (« agréments »), les esperluettes ont été remplacées par le mot « et » et les virgules séparant le sujet et le verbe ont été supprimées.

Les passages soulignés par Mercier ont été mis en italique.

Les divisions en chapitres et les titres ont été ajoutés pour faciliter la lecture, mais ils ne sont pas présents dans le texte d'origine.

NOTE ON THE TEXT

The text published here is the transcription of a manuscript of 170 pages held in the Mercier Collection of the Bibliothèque de l'Arsenal (Paris) under the shelfmark MS 15084(3). It is most likely in Mercier's own hand.

Pages 13 and 14 (chapter 2) are missing, as well as pages 37 to 44 (chapter 3).

Underlining in the manuscript is rendered by italics.

The text has been divided in chapters to make reading easier but these chapters and their titles are not present in the original manuscript.

INTRODUCTION

Figure emblématique du polygraphe du XVIIIe siècle, Louis Sébastien Mercier (1740–1814) est reconnu pour ses contributions dans divers domaines, notamment pour avoir écrit la première « uchronie »,[1] pour sa reformulation du drame français et, surtout, pour sa représentation de l'espace urbain dans les années qui précèdent et qui suivent immédiatement la rupture révolutionnaire.[2] Cet auteur prolifique a toutefois été novateur à bien d'autres d'égards : son originalité en tant que théoricien de la littérature, par exemple, est indéniable, et elle a longtemps été négligée par la critique. Même au cœur de la vague d'engouement pour ses écrits qui s'est fait ressentir au milieu des années 1990, après la publication des éditions critiques de ses œuvres les plus importantes, on s'est très peu intéressé à ses ouvrages théoriques (exception faite de ses traités poétiques) et l'on a eu tendance à chercher les traces de sa pensée dans ses œuvres de fiction ou ses chroniques urbaines.

Il reste ainsi autour du polygraphe de nombreuses zones d'ombre. C'est notamment le cas pour tout ce qui touche à sa philosophie de l'éducation, sur laquelle porte le présent ouvrage.[3] Ce silence s'explique par différents facteurs :

---

[1] Une uchronie est une « histoire utopique de l'avenir ». Roland Schaer, Gregory Claeys, et Lyman Tower Sargent, « Voyages to the Lands of Nowhere », dans *Utopia : The Search for the Ideal Society in the Western World*, éd. par Roland Schaer, Gregory Claeys, et Lyman Tower Sargent (New York, NY : The New York Public Library, 2000), pp. 132–39 (p. 139). Christophe Cave et Christine Marcandier-Colard prétendent que Mercier a publié la première uchronie, terme forgé par Charles Renouvier en 1876, mais les spécialistes ne sont pas tous d'accord sur ce point. 'Introduction', dans *L'An 2440 : rêve s'il en fût jamais* (Paris : Éditions La Découverte et Syros, 1999), pp. 5–19 (p. 9). Par exemple, Schaer, Claeys et Tower Sargent affirment que cet honneur revient plutôt à Michel de Pure, qui a publié *Épigone, histoire du siècle. Première partie* en 1659. La trame du récit est similaire à celle de Mercier, puisque l'histoire se déroule en France, deux siècles dans le futur.

[2] Pour l'édition critique de son uchronie, voir l'édition de Christophe Cave et Christine Marcandier-Colard citée ci-dessus. Pour son essai transformateur sur le drame (*Du théâtre ou nouvel essai sur l'art dramatique*), voir Mercier, *Mon bonnet de nuit suivi de Du théâtre*, éd. par Jean-Claude Bonnet (Paris : Mercure de France, 1999). Pour les chroniques prérévolutionnaire et révolutionnaire de Mercier, voir son *Tableau de Paris*, éd. par Jean-Claude Bonnet, 2 vols (Paris : Mercure de France, 1994), ainsi que *Le nouveau Paris*, éd. par Jean-Claude Bonnet (Paris : Mercure de France, 1994).

[3] Jusqu'à présent, la philosophie de l'éducation de Mercier n'a fait l'objet que de quatre articles. Voir L. Berkowe, « Louis-Sébastien Mercier et l'éducation », *Modern Language Notes*, 79 (1964), 496–512. Voir aussi Tanguy L'Aminot, « Le pédagogue : la leçon de Rousseau », dans *Louis Sébastien Mercier : un hérétique en littérature*, éd. par Jean-Claude Bonnet (Paris : Mercure de France, 1995), pp. 279–94. Voir également Diane Berrett Brown, « The Pedagogical City of Louis-Sébastien Mercier's *L'An 2440* », *The French Review*, 78 (2005), 470–80. Voir enfin Michael Mulryan, « Humanizing the Herd, or How to Morally

INTRODUCTION

Louis Sébastien Mercier (1740–1814) epitomizes the eighteenth-century polygraph: he is known for his contributions in several fields, notably for having written the first 'uchronia',[1] for redefining French drama, and above all for his portrayal of urban life during the last twenty years of the eighteenth century, at the time of the demise of the *ancien régime* and the onset of the French Revolution.[2] Yet this prolific author was innovative in many other respects. His originality as a literary theoretician, for instance, which cannot be denied, has long been neglected by critics. Even when enthusiasm for his writings was at its peak in the mid-1990s following the publication of the critical editions of his main works, his theoretical works (except for his treatises on poetics) generated little interest, and there has been a tendency to seek the originality of his thought in his fictional works and urban chronicles. This is notably the case for everything that touches on his philosophy of education, which is the subject of the present work.[3] The silence can be explained by several factors: the Fonds Mercier was only made available to the public in 1967, and, to our knowledge,

---

[1] A uchronia can be defined as a 'utopian story of the future'. Roland Schaer, Gregory Claeys, and Lyman Tower Sargent, 'Voyages to the Lands of Nowhere', in *Utopia: The Search for the Ideal Society in the Western World*, ed. by Roland Schaer, Gregory Claeys, and Lyman Tower Sargent (New York, NY: The New York Public Library, 2000), pp. 132–39 (p. 139). Christophe Cave and Christine Marcandier-Colard claim that Mercier published the first uchronia, a term coined by Charles Renouvier in 1876, but not all scholars agree on this point. 'Introduction', in *L'An 2440: rêve s'il en fût jamais* (Paris: Éditions La Découverte et Syros, 1999), pp. 5–19 (p. 9). Schaer, Claeys and Tower Sargent claim that Michel de Pure wrote the first one in 1659 (*Épigone, histoire du siècle. Première partie*). It follows a similar narrative to Mercier's, in that the tale takes place in France, two centuries in the future.

[2] For the critical edition of his uchronia, see Chistophe Cave and Christine Marcandier-Colard's edition cited above. For Mercier's transformative essay on drama (*Du théâtre ou nouvel essai sur l'art dramatique*), see *Mon bonnet de nuit suivi de Du théâtre*, ed. by Jean-Claude Bonnet (Paris: Mercure de France, 1999). For his pre-revolutionary and revolutionary chronicles, see Mercier, *Tableau de Paris*, ed. by Jean-Claude Bonnet, 2 vols (Paris: Mercure de France, 1994), and Mercier, *Le nouveau Paris*, ed. by Jean-Claude Bonnet (Paris: Mercure de France, 1994).

[3] In total, only four articles on Mercier and education have been published. See L. Berkowe, 'Louis-Sébastien Mercier et l'éducation,' *Modern Language Notes*, 79 (1964), 496–512. See also Tanguy L'Aminot, 'Le pédagogue: la leçon de Rousseau', in *Louis Sébastien Mercier: un hérétique en littérature*, ed. by Jean-Claude Bonnet (Paris: Mercure de France, 1995), pp. 279–94. See also Diane Berrett Brown, 'The Pedagogical City of Louis-Sébastien Mercier's *L'An 2440*,' *The French Review*, 78 (2005), 470–80, and Michael Mulryan, 'Humanizing the Herd, or How to Morally Enlighten the People: L.-S. Mercier's Philosophy of Education', *New Perspectives on the Eighteenth Century*, 13 (2016), 67–82. Of the four, only Mulryan's takes into account the manuscript under consideration here.

le Fonds Mercier n'a été rendu public qu'en 1967, et, à notre connaissance, personne d'autre que nous n'a étudié ce traité jusqu'à présent. Dans l'inventaire du Fonds Mercier, le titre est d'ailleurs difficile à repérer : il a été classé dans la catégorie « morale », alors que ce n'est qu'un des sujets qu'il aborde et le terme d'« éducation » n'apparaît ni dans le titre ni dans le répertoire.[4] Ce traité de 170 pages est pourtant le texte le plus long et le plus développé que Mercier ait écrit à ce sujet et les idées qui y sont développées sont essentielles pour saisir à la fois sa pensée et l'évolution du discours pédagogique au tournant du siècle.

« Hérétique » autoproclamé du monde des lettres,[5] Mercier a souvent été rejeté par ses contemporains pour son anticonformisme et ses positions peu orthodoxes sur les beaux-arts et les découvertes scientifiques de Newton (qu'il rejette en partie par refus d'accepter un système aussi rigide).[6] Au moment où il écrit ce traité, il fait figure de loup solitaire à l'Institut et refuse de se ranger du côté des idéologues parce qu'il croit fermement aux idées innées et rejette le matérialisme et l'antithéisme que prônent ces derniers.[7] Les propos et le ton de ce manuscrit laissent supposer que Mercier est toujours optimiste quant à la possibilité de créer, par le biais de l'éducation, une société nouvelle capable de répondre aux idéaux du modèle républicain, qui prévaut toujours au moment où il écrit, tout juste avant la montée de Napoléon sur le trône impérial. Bien que ce manuscrit soit à un stade qui, vraisemblablement, précède de peu la publication (les idées et le style de Mercier sont nets), il est possible qu'il ait été abandonné à cause de la prise de pouvoir de Napoléon. C'est dire que le système d'éducation que Mercier préconise dans ce traité est fait pour une république et non pour un empire. Dans ce texte, Mercier insiste sur l'importance de l'application de ses idées pour réformer la société. Si ce traité contient plusieurs commentaires et digressions sur la philosophie, il s'agit surtout d'un cadre pour créer un système d'éducation public capable d'assurer l'avenir d'une république fonctionnelle —

Enlighten the People: L.-S. Mercier's Philosophy of Education », *New Perspectives on the Eighteenth Century*, 13 (2016), 67–82. Il n'y a que l'article de Mulryan qui tienne compte du manuscrit présenté ici.

[4] Voir Gilles Girard, « Inventaire des manuscrits de Louis Sébastien Mercier conservés à la Bibliothèque de l'Arsenal », *Dix-huitième siècle*, 5 (1973), 311–34.

[5] C'est dans son chapitre « Palais-Royal » du *Tableau de Paris* que Mercier s'autoproclame « hérétique en littérature », notamment parce qu'il avait appris à s'exprimer librement dans les clubs du Palais-Royal (II, 932).

[6] Sur la réputation de Mercier parmi ses contemporains et leur rejet de ses avis peu orthodoxes, voir Cousin d'Avalon, *Merciériana, ou recueil d'anecdotes sur Mercier : ses paradoxes, ses bizarreries, ses sarcasmes, etc., etc.* (Paris : P. H. Krabbe, 1834). Quelques chercheurs commencent également à s'intéresser à la position anti-newtonienne de Mercier ; voir notamment Joël Castonguay-Bélanger, « Comme un dindon à la broche : la campagne de Louis-Sébastien Mercier contre Newton », dans *Le Tournant des Lumières*, éd. par Katherine Astbury (Paris : Classiques Garnier, 2012) pp. 45–61.

[7] Sophie-Anne Leterrier, « Mercier à l'Institut (1795–1814) », dans *Louis Sébastien Mercier : un hérétique en littérature*, pp. 295–326 (pp. 296–302).

no one else has ever studied this text until now. In the inventory for the Fonds Mercier, the manuscript is hard to spot: it has been classified in the category of 'morale', even though morality is only one of the subjects that Mercier addresses in the text, and, furthermore, the term 'education' appears neither in the title of the manuscript nor in the catalogue.[4] Yet, this 170-page treatise is the longest and the most developed text Mercier ever wrote on the subject of education. The ideas that it presents are essential for understanding his thought as well as the evolution of the pedagogical discourse at the turn of the century.

A self-avowed 'heretic' of the world of letters,[5] Mercier was often dismissed by his contemporaries for his nonconformism and his unorthodox positions on fine art and on Newton's scientific discoveries (which he had rejected in part because he refused to accept such a rigid system).[6] When he was writing this treatise, he appeared at the Institut national to be a lone wolf who refused to side with the Ideologues because he firmly believed in innate ideas and rejected the materialism and the antitheism that others advocated.[7] When he was drafting this manuscript, Mercier was still relatively optimistic about the possibility of creating, with the help of education, a new society capable of living up to ideals of the republican model that still prevailed before Napoleon ascended the imperial throne. Although this manuscript appears to have been ready for publication (Mercier's ideas and style are clear), he did, however, abandon the project, perhaps because of Napoleon's rise to power: the system of education that he promotes in this treatise is made for a republic, not an empire. In this text, Mercier stresses the importance of the application of his ideas in order to reform society. This treatise contains several commentaries and digressions on philosophy, but it is first and foremost a mould for creating a public education system capable of ensuring the future of a functional republic, a future he believed to be uncertain, with good reason, when he was drafting the text. Incidentally, Napoleon's 'Code Civil' (1804) drastically transformed public education shortly after the completion of this treatise,[8] rendering Mercier's

---

[4] See Gilles Girard, 'Inventaire des manuscrits de Louis Sébastien Mercier conservés à la Bibliothèque de l'Arsenal', *Dix-huitième siècle*, 5 (1973), 311–34.

[5] It is in his *Tableau de Paris* chapter 'Palais-Royal' that Mercier famously calls himself a 'literary heretic', because he had learned to express himself freely in the clubs that met there (II, 932).

[6] On Mercier's reputation among his contemporaries and their rejection of his unorthodox opinions, see Cousin d'Avalon, *Merciériana, ou recueil d'anecdotes sur Mercier: ses paradoxes, ses bizarreries, ses sarcasmes, etc., etc.* (Paris: P. H. Krabbe, 1834). A few scholars are now interested in Mercier's anti-Newtonian position; see, in particular, Joël Castonguay-Bélanger, 'Comme un dindon à la broche: la campagne de Louis-Sébastien Mercier contre Newton', in *Le Tournant des Lumières*, ed. by Katherine Astbury (Paris: Classiques Garnier, 2012), pp. 45–61.

[7] Sophie-Anne Leterrier, 'Mercier à l'Institut (1795–1814)', in *Louis Sébastien Mercier: un hérétique en littérature*, pp. 295–326 (pp. 296–302).

[8] Pierre Miquel summarizes the situation perfectly: 'Certain institutions created during

chose que Mercier croyait non assurée, et pour cause, au moment où il rédige le texte. Le Code Civil de Napoléon (1804), transformera d'ailleurs radicalement l'éducation nationale peu de temps après la rédaction de ce traité,[8] rendant peu envisageables les réformes que Mercier proposait, ce qui a pu l'inciter à laisser ce texte de côté.

Mercier et l'éducation

La perspective de Mercier sur l'éducation n'est pas celle d'un agitateur inexpérimenté : au moment où il rédige ce traité, il avait déjà exercé des fonctions pendant plusieurs années dans les domaines de l'éducation et de la politique et il comprenait la relation malsaine qui existait entre les deux. On a d'ailleurs un inventaire complet de ses critiques du système d'éducation dans les dernières années de l'Ancien Régime et aux différents stades de la Révolution. Avant l'avènement de la Révolution, il se plaint à maintes reprises dans ses écrits (notamment dans *L'An 2440*, dans le *Tableau de Paris*, et dans *Mon bonnet de nuit*) des failles du système et de l'inexistence d'un véritable système d'éducation.[9] Il craint les conséquences d'une pédagogie qui forme des automates, des « perroquets » qui ne savent que répéter sans faire preuve d'esprit critique.[10] Aussi n'est-il pas étonnant qu'il dénonce l'apprentissage des langues anciennes : il y voit un décalage entre le modèle républicain que les auteurs romains épousent souvent et le despotisme que les élèves vivent au jour le jour.[11] Il y voit également, et surtout, un endoctrinement qui écrase l'individu à travers la mémorisation et la maîtrise linguistique de rituels religieux vidés de tout sens réel.[12] D'après Mercier, l'individu s'efface aussi dans les échelons de la hiérarchie de l'éducation, toujours dominée, en France, par l'Église.[13] Cette

---

[8] Comme le résume bien Pierre Miquel, « [c]ertaines des institutions créées à cette époque étaient véritablement fondatives de la France moderne et subsistent encore aujourd'hui. Promulgué en 1804, le *Code Civil* était la pièce maîtresse de l'organisation légale de la société impériale ». Pierre Miquel, *Histoire de la France* (Paris : Fayard, 1976), p. 300.

[9] Voir *Mon bonnet de nuit*, pp. 259–62, 276–79. Dans son uchronie, Mercier critique surtout le rôle du dogmatisme religieux dans l'éducation sous l'Ancien Régime et préconise la religion naturelle et l'empirisme scientifique comme bases de l'éducation de l'enfant. *L'An 2440*, pp. 124–27. Dans son *Tableau de Paris*, il critique maintes fois le système d'éducation sous l'Ancien Régime : pour les passages les plus pertinents, voir I, 205–08, 212–14, 288–91, 322–23, 1146–50, 1411–14 ; II, 1538–39.

[10] Mercier, *Tableau de Paris*, II, 1539. Voir également le chapitre intitulé « Catéchisme » dans *Tableau de Paris*, I, 322–23.

[11] *Tableau de Paris*, I, 207–08, 1413.

[12] Ibid., I, 322–23, 571–72.

[13] Cette critique de l'implication de l'Église dans l'éducation publique est récurrente chez Mercier, mais ce qu'il dit au sujet des « petites écoles » résume bien sa position : « Que fait [...] le [...] maître de ces petites écoles ? [...] Il a soin que le pédagogue soit de la religion catholique apostolique et romaine ; mais il lui permet d'être brutal, dur, féroce, de battre

Mercier and education

Mercier's perspective on education was not that of an inexperienced agitator. By the time he was writing this treatise, he had spent several years in the fields of education and politics and understood the unhealthy relationship between the two. We have a comprehensive inventory of his criticisms of the education system during the last years of the *ancien régime* and during the various stages of the Revolution. Before the advent of the Revolution, he complained repeatedly about the system's flaws and the lack of a real educational system under the *ancien régime* in his writings (notably in *L'An 2440*, *Tableau de Paris*, and *Mon Bonnet de nuit*).[9] He feared the consequences of a pedagogy used to form automatons, 'parrots' that only knew how to repeat without knowing how to think critically.[10] It is therefore not surprising that he denounced the learning of ancient languages: he saw a discrepancy between the republican model that Roman authors often espouse and the despotism that students have to endure daily.[11] He also above all associated the learning of Latin and ancient Greek with an indoctrination that crushes the individual's spirit through memorization and linguistic mastery of religious rituals devoid of real meaning.[12] According to Mercier, the individual is equally ignored in the hierarchical levels of education, still dominated by the Church in France.[13] This emphasis on system and tradition at the expense of the individual is a form of obscurantism that Mercier denounced ardently.[14]

---

proposed reforms nearly impossible to implement, likely reason for which he may have decided to put this text aside.

---

this period were truly foundational for modern France and they survive to this day. Promulgated in 1804, the *Code Civil* was the centerpiece for the legal organization of imperial society.' *Histoire de la France* (Paris: Fayard, 1976), p. 300 (our translation).

[9] See *Mon bonnet de nuit*, pp. 259-62, 276-79. In his uchronia, Mercier strongly criticizes the role of religious dogmatism in education under the *ancien régime* and advocates instead natural religion and scientific empiricism as the basis for a child's education. *L'An 2440*, pp. 124-27. He also very frequently criticizes the *ancien régime* education system in *Tableau de Paris*: for the most relevant pages, see I, 205-08, 212-14, 288-91, 322-23, 1146-50, 1411-14; II, 1538-39.

[10] *Tableau de Paris*, II, 1539. See also his chapter entitled 'Catéchisme': *Tableau de Paris*, I, 322-23.

[11] Mercier, *Tableau de Paris*, I, 207-08, 1413.

[12] Ibid., I, 322-23, 571-72.

[13] His criticism of the involvement of the Church in public education is omnipresent in his work, but what he says about the 'petites écoles' summarizes his position well: 'What does the [...] director of these *petites écoles* do? [...] He takes care that the pedagogue be of the Roman and Apostolic Catholic religion; however, he allows him to be brutal, harsh, ferocious, to beat innocent creatures in the name of *Jesus's cross*.' *Tableau de Paris*, I, 290-91 (our translation).

[14] *Tableau de Paris*, I, 213.

valorisation du système et des traditions aux dépens de l'individu est une forme d'obscurantisme que Mercier dénonce ardemment.[14]

Un tel système, qui prise le dogme aux dépens de l'instruction et de l'éducation, ne peut produire que la plus déplorable ignorance. En fait, Mercier explique ouvertement que le gouvernement doit créer des écoles pour que tout homme puisse apprendre « à lire, à écrire, et à chiffrer » de manière à éliminer les dangers de l'ignorance, qui n'était que trop répandue à l'époque.[15] Son désarroi devant l'incapacité de l'État à éduquer son peuple change peu de ses premières années comme professeur de collège à Bordeaux jusqu'à la Révolution, mais il ne défait pas son optimisme quant au potentiel éducatif d'un bon gouvernement.

Retraçant ses souvenirs d'enfance, Mercier témoigne de son ambivalence envers l'éducation telle qu'il l'a connue. Même s'il apprécie la plupart du temps ses maîtres, le spectre de la férule l'a hanté jusqu'à l'âge adulte ; vers l'âge de soixante ans, il écrit à propos de ses expériences d'écolier : « Le martinet était suspendu sur nos têtes. Nous ne savions articuler que le cri de la douleur... Qui a vu une pension, a vu toutes les autres. »[16] Après avoir terminé ses années de pension à Paris, il commence ses études au collège des Quatre-Nations en 1749, où il trouve les professeurs tout aussi incompétents et abusifs que dans les pensions.[17] En contraste des pensions et des collèges, qu'il compare à des prisons,[18] Mercier voit les lieux de sociabilité, où la conversation n'est pas censurée, comme des espaces de liberté et d'éducation véritable. Pour lui et ses camarades de classe du collège des Quatre-Nations, le café Procope, par exemple, était un foyer qui leur permettait de parler vivement et librement de littérature et des pièces de théâtre qu'ils venaient de voir au Théâtre-Français.[19] En faisant référence aux clubs du Palais-Royal, Mercier parle avec la même nostalgie, disant que c'est là qu'il est devenu « hérétique en littérature », parce que, comme au café Procope, il n'hésitait pas à dédéifier les auteurs canoniques que l'on avait érigés en dieux de la littérature.[20]

Malgré ses critiques habituelles des établissements éducatifs de l'Ancien Régime, Mercier lui-même a réussi à se tailler une place dans l'arène littéraire à force de travailler dans le système. À la suite de l'expulsion des jésuites, qui peuplaient auparavant les collèges comme professeurs, Mercier est nommé, en

---

d'innocentes créatures au nom de la *croix de Jésus* ». *Tableau de Paris*, I, 290-91.
[14] *Tableau de Paris*, I, 213.
[15] *Mon bonnet de nuit*, p. 259.
[16] Léon Béclard, *Sébastien Mercier, sa vie, son œuvre, son temps d'après des documents inédits. Avant la Révolution, 1740-1789* (Paris : H. Champion, 1903), p. 7.
[17] Ibid., p. 9.
[18] Ibid., p. 7.
[19] Ibid., p. 10.
[20] *Tableau de Paris*, II, 932.

Such a system, that prizes dogma at the expense of instruction and education, can only give rise to the most deplorable form of ignorance. In fact, Mercier openly explains that the government must create schools so that all people can learn 'to read, to write, and to know how to count'.[15] His dismay at the inability of the state to educate its people changed little during his early years as a secondary school teacher in Bordeaux prior to the Revolution, but he did not abandon his optimism concerning the potential educational power of a good government.

Recalling his own childhood, Mercier showed ambivalence towards the kind of education he knew. Even if he did appreciate his teachers most of the time, the spectre of iron rule haunted him into adulthood. In his sixties, he wrote about his experiences as a schoolboy: 'The whip was hanging above our heads. We only knew how to utter cries of pain... Whoever has seen one boarding school has seen them all.'[16] Following his boarding school years in Paris, Mercier began his studies at the Collège des Quatre-Nations in 1749, where he found teachers just as incompetent and abusive as those in his previous school.[17] In contrast to boarding schools and *collèges*, which he compared to prisons,[18] Mercier viewed cafés and clubs as places of sociability where conversation was not censored, spaces of freedom and real education. For him and his classmates from the Collège des Quatre-Nations, the Café Procope, for example, was a haven that permitted them to speak freely and deeply about literature and the plays they had just seen at the Théâtre-Français.[19] When referring to the social clubs of the Palais-Royal, Mercier speaks with the same nostalgia, saying that this is where he had become a 'literary heretic', because, as at the Café Procope, he readily dethroned canonical authors who had been erected as the gods of literature.[20]

Notwithstanding his habitual criticism of the educational institutions under the *ancien régime*, Mercier himself was able to work within the system and achieve early success as a writer. Following the expulsion of the Jesuits who had staffed the *collèges* as teachers, Mercier was named a 'teacher at the level of the second year of secondary school at the Collège de la Madeleine' in 1763, where he stayed for about two years.[21] During this period, what he published was not heretical in the least. As noted by Léon Béclard, Mercier's only biographer, 'His literary orthodoxy, at that time, was [...] appropriate for improving the

---

[15] *Mon bonnet de nuit*, p. 259.
[16] Léon Béclard, *Sébastien Mercier, sa vie, son œuvre, son temps d'après des documents inédits. Avant la Révolution, 1740–1789* (Paris: H. Champion, 1903), p. 7 (our translation).
[17] Ibid., p. 9.
[18] Ibid., p. 7.
[19] Ibid., p. 10.
[20] *Tableau de Paris*, II, 932.
[21] Béclard, pp. 15–16.

1763, « régent de cinquième au collège de la Madeleine », où il séjourne environ deux ans.[21] Pendant cette période, ce qu'il publie n'a rien d'hérétique. Comme l'écrit Léon Béclard, le seul biographe de Mercier, « Son orthodoxie littéraire, à cette heure, était [...] propre à édifier le Collège de la Madeleine ».[22] En dépit de son mépris pour la méthodologie qu'employaient ses anciens maîtres, il cultive une passion profonde pour les œuvres littéraires les plus reconnues de son époque et, lors de son séjour à Bordeaux, il loue Homère et les grands auteurs du siècle de Louis XIV.[23]

Ce que Mercier condamne surtout est la privation de liberté, comme ce pouvait être le cas pour les pensionnaires et les collégiens dans l'espace clos et contraignant de l'école d'Ancien Régime. Quelques années après son incursion dans le système des collèges à titre de professeur, il publie sa fameuse uchronie, *L'An 2440 : rêve s'il en fût jamais* (1771), où il fait un survol des modifications souhaitées du système d'éducation dans les siècles à venir. À ce stade, il n'est pas du tout surprenant qu'il dénonce toujours l'apprentissage des langues mortes, le fanatisme, et le dogmatisme religieux. Par exemple, dans le Paris du XXVe siècle, le collège des Quatre-Nations existe toujours mais « [l]a langue française a prévalu de toute part. On a fait d'abord des traductions si achevées qu'elles ont presque dispensé de recourir aux sources ; ensuite on a composé des ouvrages dignes d'effacer ceux des anciens ».[24] De la même manière, on ne parle plus latin à la Sorbonne, ce qui fait que « [l'ancienne] troupe d'ergoteurs a disparu ».[25] Comme le latin, le dogme catholique a disparu et les jeunes font une espèce de première communion scientifique grâce à un télescope et un microscope qui leur permettent de découvrir les aspects grandioses et minuscules de l'univers que l'Être suprême a créé.[26] Même le roi suit un parcours semblable : élevé comme un paysan en dehors de la prison de la cour, il ne connaît sa véritable identité qu'à l'âge adulte, pour éviter qu'il devienne orgueilleux comme les rois d'antan.[27]

Néanmoins, même si Mercier méprise les contraintes des prisons métaphoriques, telles que le dogme et les esprits bornés que prônaient les anciennes pensions, son univers uchronique est paradoxal à cet égard : « [l]'Hôtel de l'inoculation » sert à endoctriner « les esprits les plus indociles », pour qu'ils acceptent la vérité, et le gouvernement a brûlé des milliers de livres prétendument inutiles à un tel point que « la bibliothèque du roi » ne remplit

---

[21] Béclard, pp. 15–16.
[22] Ibid., p. 18.
[23] Ibid., p. 18l.
[24] *L'An 2440*, p. 73.
[25] Ibid., p. 79.
[26] Ibid., pp. 121–23.
[27] Ibid., pp. 233–34.

reputation of the Collège de la Madeleine'.²² In spite of his hatred for the methodology used by his former teachers, he had a profound passion for the most admired literary works of his age, and, during his sojourn in Bordeaux, he praised Homer and the great authors of Louis XIV's reign.²³

What Mercier disliked above all was the absence of freedom, as was the case for the boarders and schoolboys in the confined and restrictive atmosphere of schools under the *ancien régime*. A few years after his foray into the secondary school system as a teacher, he published his famous uchronia, *L'An 2440: rêve s'il en fût jamais* (1771) in which he presents an overview of the changes that he hoped would be made to the education system over the centuries to come. At this stage, it is not surprising that he still criticized the learning of dead languages, fanaticism, and religious dogma. For example, in the future Paris, in the Collège des Quatre-Nations, '[t]he French language had come to reign supreme everywhere. At first, such fine translations had been done that resorting to the originals almost proved unnecessary; then they composed works that outshone those of the Ancients'.²⁴ Likewise, at the Sorbonne, Latin would no longer be spoken, which means that 'the [former] troop of quibblers has disappeared'.²⁵ As with Latin, the dogma of Catholicism would no longer exist, and young people would complete a sort of scientific 'first Communion', thanks to a telescope and a microscope, which would allow them to discover the most grandiose and the minutest aspects of the universe that the Supreme Being created.²⁶ Even the future king would take a similar route: raised as a simple peasant outside the prison of court, he would not know his true identity until he becomes an adult (for fear that he should become over proud like the kings of the past).²⁷

Nonetheless, even if Mercier despised the restrictions of metaphorical prisons, such as the dogma and narrow minds that the old boarding schools promoted, his uchronical universe is paradoxical in this respect: '[t]he Hotel of Inoculation' serves to indoctrinate 'the most disobedient minds' so they accept the truth; thus, the government burned thousands of useless books until 'the king's library' only filled up a 'small office'.²⁸ Even though Mercier has long been criticized for this imaginary auto-da-fé, this form of paternalism, which aims to protect students from certain philosophical errors, is recurrent in his pedagogical thought and is present elsewhere in Enlightenment discourse.²⁹

[22] Ibid., p. 18 (our translation).
[23] Ibid., p. 18l.
[24] *L'An 2440*, p. 73 (our translation).
[25] Ibid., p. 79.
[26] Ibid., pp. 121–23.
[27] Ibid., pp. 233–34.
[28] Ibid., pp. 83, 163.
[29] Eighteenth-century philosophers' condescension to the different groups of French

qu'un « petit cabinet ».[28] Si Mercier a été longuement critiqué pour cet autodafé imaginaire, cette forme de paternalisme visant à protéger les élèves de certaines erreurs philosophiques est récurrente dans sa pensée pédagogique et elle traverse également le discours des Lumières.[29]

La Révolution française fournit à Mercier l'occasion de mettre en pratique certaines de ses idées pédagogiques, mais cette période est marquée par le désillusionnement du chroniqueur face à la réalité chaotique d'une société en pleine métamorphose. Élu député à la Convention Nationale en 1792, emprisonné par le régime robespierriste du 3 octobre 1793 au 24 octobre 1794 pour son soutien aux Girondins, puis élu en 1795 au Conseil des Cinq-Cents, où il restera en fonction jusqu'en 1797, Mercier a été un acteur important des événements de la Première République. Le plus souvent intègre et fidèle à ses principes philosophiques, Mercier était loin d'être toujours apprécié par ses contemporains. Sa participation, à partir du 13 octobre 1792, au Comité d'Instruction publique, est révélatrice à cet égard. Mercier considère que, comme le gouvernement lui-même, ce comité chargé de la nouvelle organisation du système d'éducation a su se débarrasser de l'ancien sans arriver à y substituer du nouveau de manière fonctionnelle.[30] Sa frustration en tant que participant à cette nouvelle tentative de réforme des écoles est d'autant plus compréhensible que, comme l'indique Tanguy L'Aminot, ses idées « ne furent guère prises en compte ».[31]

Il est tentant d'identifier les paradoxes de la philosophie de l'éducation de Mercier en repérant les contradictions éparses qui ponctuent son œuvre, mais si l'on y regarde de plus près, on constate que sa pensée est plus cohérente que l'on ne le pouvait le penser : observateur attentif du *zeitgeist*, il réagit aux circonstances historiques, qu'il comprend profondément, et tâche de trouver des solutions convenables qui tiennent compte du contexte. Sa vision du

---

[28] Ibid., pp. 83, 163.
[29] La condescendance des philosophes envers les différents groupes de sujets français qui constituaient le peuple est bien connue. Comme l'a démontré Harry Payne dans son étude sur la relation entre le peuple et les philosophes, le dédain de ces derniers pour cette catégorie sociale peu instruite était indéniable. Les penseurs des Lumières étaient le plus souvent ambivalents envers le peuple, en partie à cause des craintes qu'ils ressentaient à son égard. Ils avaient néanmoins adopté un rôle paternaliste envers leurs inférieurs afin de les aider à améliorer leur qualité de vie et, en même temps, à faire progresser la société. Voir Harry C. Payne, *The Philosophes and the People* (New Haven, CT : Yale University Press, 1976), p. 31. Comme le note Payne, les philosophes critiquaient, paradoxalement, ceux qui, comme eux-mêmes, prenaient de haut le peuple. Ils craignaient la cruauté et l'ignorance des plébéiens, mais en même temps reconnaissaient qu'ils étaient « la partie la plus nombreuse et la plus nécessaire de la nation ». Payne, p. 38.
[30] Paris, Bibliothèque de l'Arsenal (désormais BA), Fonds Mercier, MS 15085 (2), Histoire, Politique, p. 103.
[31] Tanguy L'Aminot, « Le pédagogue : la leçon de Rousseau », dans *Louis-Sébastien Mercier (1740-1814): un hérétique en littérature*, pp. 279-94, (p. 289).

At the time of the French Revolution, Mercier had the opportunity to attempt to put into practice some of his pedagogical ideas, but this period was characterized instead by the disillusionment of the chronicler, faced with the chaotic reality of a society undergoing metamorphosis. Elected to the National Convention in 1792, imprisoned by Robespierre from 3 October 1793 until 24 October 1794 for his support of the Girondins, and then elected to the Council of Five Hundred in 1795, where he remained in office until 1797, Mercier was an important actor following the events of the First Republic. Most often faithful to his philosophical principles and morally upright, he was not always appreciated by his contemporaries. His participation in the activities of the Committee for Public Instruction, as a member, starting on 13 October 1792, is telling in this respect. Charged with the organization of the new system of public education, according to Mercier at least, this committee, like the government itself at the time, knew how to get rid of the old, but was unable to replace it with a working alternative.[30] His frustration as a participant in this new attempt to reform the schools is all the more understandable for, as Tanguy L'Aminot notes, 'Mercier's ideas were hardly taken into account at all'.[31]

All the paradoxes in Mercier's philosophy of education correspond to the contradictions that one finds scattered throughout his works. However, upon closer inspection, there is much more coherence in his thought than one might think. A relentless observer of the Zeitgeist, he reacted to historical circumstances, of which he had a deep understanding, and attempted to find appropriate solutions that take context into account. His position vis-à-vis the government and its ability to educate the French reflected this trend. He saw all too well that order had not yet been established at the end of the 1790s, and, in an unstable republic, public schools cannot be efficient. After the troubles caused by the Jacobins, he no longer trusted the government in this respect:

> If we do not have public education after spending between thirteen and fourteen million, public education will be like squaring the circle, or the

---

subjects who made up *le peuple* (the people) is well known. As Harry Payne shows in his study on the relationship between the people and philosophes, the latter's spite for this under-educated social category was undeniable. Enlightenment thinkers often remained ambivalent towards the people, partially due to their fear of them. They nonetheless mostly adopted a paternalistic role towards their social inferiors out of a desire to help them improve their quality of life and that of society. See Payne, *The Philosophes and the People* (New Haven, CT: Yale University Press, 1976), p. 31. As Payne notes, the philosophes paradoxically criticized those who look down upon the people like them. They feared the cruelty and ignorance of the plebeians but realized they were also 'the most numerous and most necessary part of the nation' (p. 38).

[30] Paris, Bibliothèque de l'Arsenal (henceforth BA), Fonds Mercier, MS 15085 (2), Histoire, Politique, p. 103.

[31] Tanguy L'Aminot, 'Le pédagogue: la leçon de Rousseau', in *Louis-Sébastien Mercier (1740-1814): un hérétique en littérature*, pp. 279-94 (p. 289, our translation).

gouvernement et de sa capacité à éduquer les Français reflète cette habitude. Il voit bien, à la fin des années 1790, que l'ordre n'est pas encore établi et que, dans une république boiteuse, les écoles publiques ne peuvent pas être efficaces. Après les troubles causés par les Jacobins, il ne se fie plus au gouvernement à cet égard :

> Si nous n'avons pas une instruction publique pour treize à quatorze millions de dépenses, c'est que l'instruction publique ressemblera à la quadrature du cercle, à la pierre philosophale, mais c'est peut-être à cause que le gouvernement s'en mêle, s'en mêle trop et croit tout faire avec de l'argent qu'il n'y aura pas d'instruction publique.[32]

Comme le laisse entendre L'Aminot, Mercier a davantage confiance aux réformes pédagogiques du gouvernement quand il le voit comme vertueux.[33]

En l'absence de « point-Central » fort, c'est-à-dire de gouvernement en mesure de bien diriger, il recommande plutôt que l'on cherche à s'instruire « dans les livres » et que le gouvernement ne se charge que d'apprendre aux élèves les principes de base de la lecture et des mathématiques.[34] Quand, d'ailleurs, ce « point-Central » vient à manquer, la moralité du peuple s'en ressent, à moins que le peuple ne croie en un dieu qui le surveille.[35] La présence d'un chef d'État fort est ainsi analogue à celle d'un dieu, dans la mesure où il fournit au peuple une direction claire :

> Le peuple se dirige lui-même quand il est mû par l'insurrection ; il est dirigé par autrui quand il est trop divisé pour agir pour lui-même. On ne perd les États que par l'oisiveté. C'est donc le courage qui les replace sur leurs bases quand ils penchent vers le précipice ; car ce n'est plus alors la multitude qui peut se sauver elle-même ; il lui faut un point-Central, une volonté forte et qui soit une.[36]

Ce point de vue ne change pas dans les années où Mercier est actif à l'Institut :[37] de sa nomination à la section de morale en 1795 jusqu'à l'ère napoléonienne, il s'oppose à la majorité ou, comme Sophie-Anne Leterrier appelle la classe de Mercier, « la citadelle des Idéologues ».[38] « Mercier est aux antipodes » de la philosophie des idéologues, qui sont des défenseurs acharnés de l'encyclopédisme et du positivisme. Il défend les idées innées et se sert de

---

[32] BA, Fonds Mercier, MS 15085 (2), Histoire, Politique, p. 106.
[33] L'Aminot, p. 294.
[34] BA, Fonds Mercier, MS 15085 (2), Histoire, Politique, pp. 27, 105, 107.
[35] BA, Fonds Mercier, MS 15085 (1), Histoire, Politique, p. 318.
[36] BA, Fonds Mercier, MS 15085 (2), Histoire, Politique, p. 27.
[37] Fondé en 1795, l'Institut national regroupe les savants les plus importants dans plusieurs domaines pour faire avancer les recherches dans les disciplines académiques. Comme l'explique Leterrier, « L'Institut ne rétablit pas les Académies. Il leur substitue une véritable république des sciences et des lettres, étroitement associée au gouvernement » (p. 296).
[38] Ibid., p. 299.

philosopher's stone, or perhaps it is because the government is getting involved, too much so, and because it believes it can educate simply by spending a great deal of money that there will not be any public education to speak of.[32]

As L'Aminot suggests, Mercier had more confidence in a government's involvement with pedagogical reforms when he considered said government to be virtuous.[33]

When there is no strong 'Central-point', that is to say a government fit for leadership, Mercier recommends that people teach themselves 'from books' and that the government only be in charge of teaching students the fundamentals of mathematics and reading.[34] When this 'Central-point' is absent, this is reflected in the morality of the people.[35] The presence of a strong head of state is thus analogous to that of a god, to the extent that he provides the people with clear directions:

> The people direct themselves when they are driven by insurrection; they are directed by someone else when they are too divided to act for themselves. States are only lost because of idleness. It is courage therefore that can put them back on solid ground when they lean over a precipice; because it is no longer the multitude that can save themselves: they need a Central-point, a strong undivided will.[36]

This point of view did not change in the years when Mercier was active at the Institute:[37] from his nomination to the Morality Section in 1795 until the Napoleonic era, he stood against the majority, or as Leterrier calls Mercier's class, 'the citadel of Ideologues'.[38] 'Mercier is the exact opposite' of the philosophy of the Ideologues, who were fierce defenders of encyclopedism and positivism.'[39] He defended innate ideas and used Kant to advocate this position at the Institute. For him, this adoption of innatism was linked to the divine involvement in creation. To deny the existence of innatism is to deny the existence of God, and to deny the existence of God is to acknowledge the amorality of the universe. In other words, without God, morality is hardly possible in the eyes of Mercier. This philosophical and religious prism dominated his thinking after the socio-

---

[32] BA, Fonds Mercier, MS 15085 (2), Histoire, Politique, p. 106 (our translation).
[33] L'Aminot, p. 294.
[34] BA, Fonds Mercier, MS 15085 (2), Histoire, Politique, pp. 27, 105, 107.
[35] BA, Fonds Mercier, MS 15085 (1), Histoire, Politique, p. 318.
[36] BA, Fonds Mercier, MS 15085 (2), Histoire, Politique, p. 27 (our translation).
[37] Established in 1795, the National Institute assembled the most important scholars in several fields in order to make as much progress as possible in academic disciplines. As Leterrier explains, 'The Institute does not re-establish the Academies. As a veritable republic for the arts and sciences it is a substitute for them and strongly linked to the government' (p. 296, our translation).
[38] 'Mercier à l'Institut', p. 299 (our translation).
[39] Ibid., p. 299.

Kant pour préconiser cette position à l'Institut. La défense de l'innéisme est liée, pour Mercier, à la reconnaissance de l'implication divine dans la création : nier l'innéisme, c'est nier Dieu et nier Dieu, c'est reconnaître l'amoralité de l'univers. Autrement dit, sans Dieu, la moralité n'est guère possible aux yeux de Mercier. Ce prisme philosophique et religieux domine sa pensée après les dérives sociopolitiques et les expérimentations religieuses des Jacobins. Pour Mercier, Dieu est pour le peuple l'ultime « point-Central », sans quoi le chaos peut pénétrer dans la société.

Pourtant, comme l'a remarqué Bronislaw Baczko, l'Institut « n'exerçait aucun contrôle sur le réseau scolaire ».[39] Mercier a tout de même lui aussi participé au nouveau système d'éducation nationale qui débuta en juillet 1794 :[40] nommé professeur aux Écoles centrales en 1797 pour un mandat de trois ans, il a acquis une expérience d'enseignement sous la Première République. Ces écoles secondaires, lancées en 1795, ont toutefois eu un succès limité : comme l'a compris Charles Bailey, les causes en sont multiples, dont le fait que les professeurs étaient souvent peu formés, qu'il n'y avait pas de critères d'admission pour les élèves, que le programme scolaire était mal organisé et que les cours étaient en général très vagues et sans liens apparents entre eux.[41] C'est pourquoi Bonaparte élimine les Écoles centrales en 1802. Mercier fait les mêmes observations lors de sa permanence à l'École centrale de Paris et il va encore plus loin, notant que beaucoup de parents envoient à l'école leurs enfants analphabètes simplement pour les faire garder ; comme les élèves peuvent partir et rentrer quand ils le veulent, il n'y aucune continuité scolaire, et plusieurs jeunes ne comprennent pas ce qui se passe dans les cours.[42] Cette situation, que Mercier perçoit comme un désordre total, lui fait dire que « [l]es écoles centrales sont loin d'apporter les fruits qu'elles semblaient promettre. Elles sont devenues si j'ose le dire un palliatif qui finir[a] par tuer l'instruction ».[43]

Pourtant, dans le traité qui suit, son ton, lorsqu'il parle du gouvernement français et de sa capacité à éduquer le peuple français, est beaucoup plus optimiste. Avant l'établissement de l'Empire de Napoléon, Mercier admirait beaucoup l'héroïsme du futur empereur de même que son charisme comme dirigeant politique. Il en parle notamment dans un article du *Nouveau Paris* sur le discours de Napoléon lors de sa nomination à l'Institut national : « Que

---

[39] Bronislaw Baczko, « Instruction publique », dans *Dictionnaire critique de la Révolution française. Institutions et créations*, éd. par François Furet et Mona Ozouf, 4 vols (Paris : Flammarion, 2007), IV, 275–97 (p. 296).
[40] Charles Bailey, « Education », dans *Historical Dictionary of the French Revolution, 1789–1799*, éd. par Samuel F. Scott et Barry Rothaus, 2 vols (Westport, CT : Greenwood Press, 1985), I, 344–47 (p. 346).
[41] Ibid., p. 347.
[42] BA, Fonds Mercier, MS 15085 (2), Histoire, Politique, pp. 112–15.
[43] Ibid., p. 130.

political drifts and religious experimentations of the Jacobins. For Mercier, God is the ultimate 'Central-point' for the people, without which chaos can infiltrate society.

And yet, as Bronislaw Baczko has noted, the Institute 'exerted no control over the school system'.[40] Mercier himself nonetheless took part in the new national education system that began in July 1794.[41] He was appointed professor at the Écoles centrales in 1797 for a three-year term, where he gained experience under the First Republic. These secondary schools, created in 1795, had limited success, however. As Charles Bailey explains, there were many reasons for this failure, including the fact that the teachers often had little training, that there were no criteria for admittance to the schools, that the curriculum was poorly organized and that the courses were generally very vague and not interconnected.[42] Thus, Napoleon got rid of the Central Schools in 1802.[43] Mercier made the same observations during his tenure at the Central School in Paris and went even further, noting that many parents sent their illiterate children to the school for the sole purpose of having them looked after; since the students came and went as they pleased, there was no academic continuity, and many young people did not even understand what was being taught in the classes.[44] Because Mercier perceived this situation as a manifestation of total disorder, he declared that '[t]he Central Schools are far from bearing the fruit they seemed to promise. They have become, dare I say, a palliative that will end up killing education'.[45]

In the treatise which follows, his tone regarding the French government and its ability to educate its people is much more optimistic. Before the formation of Napoleon's empire, Mercier much admired the future emperor's heroism and charisma as a political leader. He shared his thoughts on the subject in his article from the *Nouveau Paris* on Napoleon's speech upon his nomination to the National Institute:

> May all republicans model themselves on Bonaparte; and since they admire in him both the wise man and the warrior, may they emulate his composure and his reserve; may they take from his solemnity its simplicity and the dignity that it embodies.[46]

---

[40] 'Instruction publique', in *Dictionnaire critique de la Révolution française. Institutions et créations*, ed. by François Furet and Mona Ozouf, 4 vols (Paris: Flammarion, 2007), IV, 275-97 (p. 296, our translation).
[41] Charles Bailey, 'Education,' in *Historical Dictionary of the French Revolution, 1789-1799*, ed. by Samuel F. Scott and Barry Rothaus, 2 vols (Westport, CT: Greenwood Press, 1985), I, 344-47 (p. 344).
[42] Ibid., p. 347.
[43] Ibid., p. 347.
[44] BA, Fonds Mercier, MS 15085 (2), Histoire, Politique, pp. 112-15.
[45] Ibid., p. 130 (our translation).
[46] *Le nouveau Paris*, p. 911.

tous les républicains se modèlent sur Bonaparte ; et puisqu'ils estiment en lui le sage et le guerrier, qu'ils imitent sa contenance et sa réserve ; qu'ils prennent de sa gravité ce qu'elle a de simple et ce qu'elle comporte de dignité ».[44] Le désillusionnement de Mercier face aux dérives napoléoniennes ne viendra qu'après la rédaction de son essai sur la morale du peuple.

La crise de la moralité sous l'Ancien Régime d'après Mercier

Bien que Mercier perçoive l'immoralité comme un problème touchant à la fois l'Ancien Régime et la Première République, il considère qu'elle est de nature différente en fonction des époques. Avant la Révolution, ce sont surtout les injustices d'un système ancré dans des idéologies obsolètes qui affligent le chroniqueur. Les abus qu'il dénonce sont d'ailleurs liés aux cibles des écrits des philosophes des Lumières, qui s'en prennent à la tyrannie, au fanatisme, à la corruption, aux privilèges socio-économiques et aux abus qu'ils entraînent. Ce qui est frappant chez Mercier, et surtout dans son *Tableau de Paris* (1781-1788), est qu'il considère les transgressions dont les grands se rendent coupables comme tellement coûteuses pour la société que celle-ci pourrait s'écrouler si les réformes nécessaires n'étaient pas mises en place. En somme, il voit bien qu'une toute petite minorité siphonne les richesses de la société aux dépens du plus grand nombre.

Observant l'activité des rues parisiennes en pleine journée, il résume bien le problème principal de la société française prérévolutionnaire :

> Quand on voit toutes les rues peuplées à midi, on ne conçoit pas au premier coup d'œil, où tout ce monde se logera le soir. C'est comme une *ruche* bourdonnante ; chaque insecte ailé a sa *case*, mais dans la *ruche* humaine, les *cases* sont prodigieusement inégales. Ici dix insectes sont dans le même trou, tandis qu'un autre insecte logeant des animaux qui le traînent, jetant dans les airs la fumée ondoyante de sa grasse cuisine, occupe soixante fois plus de place.[45]

Que ce soit la nature arbitraire d'un système qui dépend des caprices de quelques personnes bien placées à cause de leur rang plutôt que leur mérite, ou les abus entraînés par une dépendance malsaine à des dogmes religieux qui n'ont plus de place dans une société de plus en plus laïque, Mercier diagnostique souvent les mêmes conséquences : le système ne se soutiendra plus. Les membres de l'élite sont les seuls qui profitent de tels usages désuets. Il entrevoit le futur avec pessimisme :

> Quand l'épouvantable opulence qui se concentre de plus en plus dans un plus petit nombre de mains aura donné à l'inégalité des fortunes une

---

[44] *Le nouveau Paris*, p. 911.
[45] *Tableau de Paris*, II, 1026.

Mercier's disillusionment with Napoleon's excesses would come after he wrote his essay on the morality of the people.

The morality crisis during the *ancien régime* according to Mercier

Although Mercier saw immorality as an issue during the *ancien régime* and at the time of the First Republic, he deemed it to be of a different nature during these two periods. Before the Revolution, it was the injustices of a system anchored in obsolete ideologies that most concerned the chronicler. The problems that Mercier denounces are closely linked to the favoured targets of the *philosophes*' throughout the Enlightenment: tyranny, fanaticism, corruption, socio-economic privileges and the abuses that they cause. What is striking in Mercier's work, and above all in his *Tableau de Paris* (1781–1788), is that he saw the transgressions committed by powerful people as so disastrous for society that they would cause its downfall if the necessary reforms were not implemented. He was well aware that a tiny minority was siphoning off the wealth of society at the expense of the majority.

While observing activity in the Parisian streets during the daytime, he summed up the main problem for pre-revolutionary French society quite well:

> When you see all the streets populated at noon, at first glance it is hard to imagine how all these people will find a place to sleep at night. It is like a buzzing *beehive*; each winged insect has its *box*, but in the human *beehive*, the *boxes* are prodigiously unequal. In one spot, there are ten insects in the same hole, while another insect that accommodates animals that drag him around, that releases undulating smoke into the air with its rich cooking, takes up sixty times more space.[47]

Whether it be the arbitrary nature of a system that depends on the whims of a few well-placed people due to their rank and not their merits, or the abuses caused by an unhealthy dependence on religious dogmas that no longer have any place in an increasingly secular society, Mercier often gives the same diagnosis: the system is no longer sustainable. The members of the elite are the only ones to benefit from such outdated customs. He describes Paris's potential future with pessimism:

> When horrendous opulence, which is increasingly concentrated in a smaller number of hands, makes the inequality of fortunes even more horrifically disproportionate, then this great body [the city of Paris] will no longer be able to sustain itself: it will collapse upon itself and perish.[48]

Here he is not describing French society in general, but rather the capital, which embodies the socio-political powers that rule society. Mercier corrects himself

---

[47] *Tableau de Paris*, II, 1026 (our translation).
[48] Ibid., I, 981.

> disproportion plus effrayante encore, alors ce grand corps [la ville de Paris]
> ne pourra plus se soutenir : il s'affaissera sur lui-même et périra.[46]

Ici, il ne parle pas de toute la société française, mais la capitale est la meilleure représentation des pouvoirs sociopolitiques qui dirigent la société. Mercier se corrige plus tard en disant que « Paris n'est point une tête trop grosse, et disproportionnée pour le royaume », mais cela n'empêche qu'il continue de dénoncer les mêmes tendances, les mêmes problèmes au sein de la ville tout au long de sa carrière.[47] Cette perspective incertaine quant au sort de la ville et de la société qu'elle représente persiste dans ses autres ouvrages. Son raisonnement est toujours le même : si la société n'a pas de base morale solide, elle continuera à subir des agitations qui pourraient l'anéantir.

L'absence de base morale est visible dans la ville à travers les rituels religieux et politiques pour lesquels certains participants agissent comme des marionnettes qui ne croient pas à la valeur intrinsèque de ce qu'ils font. Pourtant, c'est la croyance des spectateurs qui importe le plus, car c'est elle qui fonde la légitimité de ces instances : comment le peuple pourrait-il supporter un système qui le persécute et l'appauvrit s'il ne croyait pas en sa légitimité comme entité politique et religieuse ? Mercier, qui ne mâche jamais ses mots, ne dissimule pas la gravité du problème :

> Les usages les plus constants ne forment donc qu'un tableau très équivoque
> de la véritable croyance d'un peuple : c'est le plus souvent un spectacle pour
> la populace, et rien de plus.
> Nos plus majestueuses cérémonies n'ont pas d'autre fondement.

Mercier cible ici, en particulier, les rituels qui entourent l'un des fondements principaux de l'Ancien Régime, le droit divin. Si le peuple ne croyait pas aux pouvoirs associés au droit divin, il pourrait remettre en cause l'idée même de ce droit.[48]

Le problème est encore plus grave : non seulement les Français croient peu en la divinité du soi-disant bras royal de Dieu sur le territoire français, mais ils doutent de l'existence du dieu que préconisent les Chrétiens et du dogme qui l'enveloppe. Dans ses chroniques, Mercier ne dénonce ni les vertus de la philosophie des Lumières ni les chrétiens vertueux, mais plutôt les Français qui n'ont plus de conscience parce qu'ils n'ont plus de croyance. Par exemple, il expose l'absurdité de la loi qui force les Français, croyants ou pas, à faire baptiser leurs enfants. Des riches qui sont gênés par l'obligation de trouver un parrain et une marraine, prennent « le bedeau de la paroisse pour parrain, et la mendiante du tronc pour marraine. Un gueux à qui l'on donne un écu va

---

[46] Ibid., I, 981.
[47] Ibid., I, 775.
[48] Ibid., I, 838.

later, saying that 'Paris is not too much of a big head, and disproportionate for the kingdom', but this did not prevent him throughout his career from continuing to denounce the same trends and problems in the heart of the city.[49] This vacillating perspective concerning the destiny of the city and the society it represented persists in his other works. His reasoning is always the same: if society has no solid moral foundation, it will continue to undergo upheaval that could annihilate it.

For Mercier, the lack of a moral foundation is visible in the city through its religious and political rituals, whose participants, at least some of them, are merely puppets with no belief in the intrinsic value of what they are doing. And yet, the belief of the spectators is what matters most, because it provides the basis for the legitimacy of these rituals: how could people tolerate a system that persecutes and impoverishes them, if they did not believe in its legitimacy as a religious and political entity? Mercier, who never minces his words, does not conceal the gravity of the problem:

> The most unchanging customs thus merely form a very equivocal picture of the true beliefs of a people: it is most often a show for the populace, and nothing more.
> Our most stately ceremonies have no other foundation.[50]

Mercier targets, here in particular, the rituals surrounding one of the main foundations of the *ancien régime*, namely the notion of divine right. If the people did not believe in the powers associated with it, they might question the very idea of this right.

The problem was even more serious: not only did the French doubt the divinity of the so-called royal arm of God on French soil, but they even doubted the existence of the god that Christians profess and the dogma surrounding such a deity. In his chronicles, Mercier is neither denouncing the virtues of the philosophy of the Enlightenment, nor virtuous Christians, but rather French people who no longer had any conscience, because they did not have any religious beliefs. For example, he shows the absurdity of the law that forced French people to baptize their children, whether they were believers or not. Rich people who were embarrassed by the need to find a godfather and a godmother, took 'the verger of the parish as a godfather, and the beggar of the collection box in the church as a godmother. A beggar who is given a coin will attest, before a priest, to the Christian beliefs of *monsieur le marquis*'.[51] The reciting of the prayer that encapsulates the faith of the believing Catholic reflected the same problems: 'Every godfather must recite the Creed. Out of a

---

[49] Ibid., I, 775.
[50] Ibid., I, 838.
[51] Ibid., II, 50.

répondre devant le prêtre de la croyance de M. le marquis ».[49] La récitation de la prière qui résume la foi du bon catholique reflète les mêmes problèmes : « Tout parrain doit réciter le *Credo*. Sur cent, quatre-vingt-dix-huit ne le savent plus ».[50] Mercier demande à ses lecteurs de reconnaître que comme certains rituels royaux et religieux, les paroles du *Credo* ont perdu leur sens pour les soi-disant fidèles ; ce ne sont plus que des paroles vides.

Plus obsédés par l'argent que par ce qui est considéré comme sacré, les Parisiens font l'étalage du profane au milieu du sacré, comme les vendeurs du temple de Jérusalem qui animent la colère du Christ. Mercier dit de la « petite Fête-Dieu » :

> [c']est un jour hermaphrodite, car on ne sait s'il appartient à la pompe du culte ou à l'avidité du commerce ; c'est un mélange du sacré, du profane. [...] L'air mondain chasse les vestiges sacrés ; le tumulte du négoce succède à l'ordre paisible et religieux.[51]

On pourrait multiplier les remarques de Mercier sur la perte de foi des Parisiens, mais ce qu'il dit à propos de « l'office des Ténèbres à Longchamp » (un village tout près de Paris) lors de la semaine sainte révèle encore un autre aspect de cette déchristianisation urbaine : ce concert n'est qu'un prétexte utilisé par les Parisiens pour se rendre dans ce petit village.[52] Défilé de mode et de richesses pour les Parisiens aisés, occasion de réjouissances pour les Parisiens plus modestes, cet événement social a, pour Mercier, quelque chose d'une fête païenne : « Quand le printemps est descendu sur la terre, à cette changeante époque [...] on dirait que l'on va [les pèlerins vont] saluer la nature dans son temple, et la remercier de ne nous avoir pas oubliés ».[53] Alors, il va de soi que « l'église est déserte, les cabarets sont pleins : et c'est ainsi qu'on pleure la passion de Jésus-Christ ».[54] Ce que Mercier sous-entend ici, c'est que l'État n'a plus de fondement moral qui tienne, du moins pour les Parisiens. Cet écart entre le pouvoir en place et les idéologies qui le représentent et le légitiment représente un danger réel et imminent pour la société française. Mercier tente également de sensibiliser son lectorat aux menaces que pose l'avarice dans une société où règne l'injustice sociale. L'œil infatigable et omniprésent du chroniqueur décèle une crise de la moralité sans toutefois, du moins à ce stade, prescrire une solution claire.

---

[49] Ibid., II, 50.
[50] Ibid., II, 50.
[51] Ibid., II, 1384.
[52] De nombreuses études sur la déchristianisation de Paris au siècle des Lumières témoignent de la véracité historique des observations de Mercier. Voir notamment David Garrioch, « La sécularisation précoce de Paris au dix-huitième siècle », *SVEC*, 12 (2005), 35-75.
[53] *Tableau de Paris*, I, 294.
[54] Ibid., I, 294.

hundred, about ninety-eight do not know it anymore.'[52] Mercier is asking his readers to acknowledge that, like certain royal and religious rituals, the lines of the Creed had lost their meaning for the so-called faithful; they were mere empty words.

More obsessed with money than with whatever might be regarded as sacred, Parisians displayed the profane in the midst of the sacred, much like the merchants in the Temple in Jerusalem, who fuelled Christ's anger. Mercier describes, for example, the day of the 'Octave of Corpus Christi', in the following terms:

> [it] is a hermaphroditic day, because it is hard to tell whether it belongs to the pomp of the cult or the greed of trade; it is a mix of the sacred and the profane. [...] The air full of vice chases away vestiges of the sacred; the turmoil of business replaces peaceful and religious order.[53]

Although there are numerous examples of these types of remarks in Mercier's work on the loss of faith among Parisians, what he says concerning 'the Easter Vigil in Longchamp' (a village very close to Paris) during Holy Week reveals yet another facet of this urban dechristianisation: the concert was merely an excuse for Parisians to go to this small village.[54] This social event was no more than a fashion show and a display of wealth for well-to-do Parisians, or an opportunity to celebrate for the less wealthy. Mercier compares it to a pagan feast: 'When spring has descended upon Earth, during this changeable season [...] one might say that they [the pilgrims] are there to greet nature in its temple, and to thank her for not having forgotten them.'[55] Thus, it comes as no surprise that 'the church is deserted, the drinking houses are full: and this is how we mourn the Passion of Jesus-Christ'.[56] What Mercier implies here is that the state no longer had a sustainable moral foundation, at least as far as Parisians were concerned. This divide between the powers that be and the ideologies that represent and legitimate them posed a real and imminent threat to French society. Mercier also strives to increase awareness among his readership of the threat of greed in a society where social injustice was prevalent. The relentless and ubiquitous eye of the chronicler identified a moral crisis, however without prescribing a clear solution to the problem, at least as this stage.

---

[52] Ibid., II, 50.
[53] Ibid., II, 1384.
[54] There are numerous scholarly studies on the dechristianisation of Paris during the Enlightenment, which attest to the accuracy of Mercier's observations. See especially David Garrioch, 'La sécularisation précoce de Paris au dix-huitième siècle', SVEC, 12 (2005), pp. 35-75.
[55] Tableau de Paris, I, 294.
[56] Ibid., I, 294.

Le débat de l'an VI (1798) sur les institutions morales

Cette crise de la moralité qui marque la fin de l'Ancien Régime se poursuit pendant toute la période révolutionnaire et atteint son point culminant au moment où la Terreur se présente comme le porte-étendard de la vertu. Pour se distancer du régime robespierriste tout en conservant les acquis démocratiques de la Révolution, les Thermidoriens relanceront les réflexions sur la moralisation du peuple. C'est dans ce contexte discursif que se développe la pensée de Mercier.

Le 7 messidor an V (25 juin 1797), Bernardin de Saint-Pierre lance la question suivante pour le concours de la classe des sciences morales et politiques de l'Institut national : « Quels sont les moyens les plus propres à fonder la morale d'un peuple ? ». Le concours est d'emblée marqué par une certaine confusion sur les termes de la question, de telle sorte que le 15 vendémiaire an VI (6 octobre 1797), on demande à Pierre-Louis Roederer, aussi membre de la classe des sciences morales et politiques, de rectifier l'énoncé du sujet :

> L'Institut national avait proposé la question suivante : *Quels sont les moyens les plus propres à fonder la morale d'un peuple* ? C'est par erreur de rédaction que la question a été ainsi énoncée. L'intention de la Classe a été de demander, *non quels sont les moyens*, mais *quelles sont les INSTITUTIONS les plus propres à fonder la morale d'un peuple.*[55]

Cette rectification est l'occasion, pour Roederer, de préciser que la question de l'Institut s'intéresse moins aux institutions civiles, politiques ou religieuses qu'aux institutions proprement morales, lesquelles peuvent se subdiviser en trois catégories : les institutions « qui éclairent l'esprit, comme l'enseignement public ; celles qui échauffent l'âme, comme les monuments et solennités nationales [et] celles qui conduisent toutes les facultés de l'homme par la *coutume*, comme les institutions domestiques ».[56] Roederer formule alors une première réponse en posant l'institution du travail comme parangon des institutions morales : non seulement le travail « développ[e] tous les talents », « multiplie toutes les richesses » et « resserr[e] les relations d'homme à homme », mais il est garant de l'égalité, de la propriété et de la liberté.[57]

Des quinze mémoires soumis, le seul à avoir été publié est, à notre connaissance, celui de Louis-Claude de Saint-Martin (1743-1803). Annonçant dès le départ qu'il n'aspire pas à remporter la palme, Saint-Martin aborde le sujet de manière inattendue et soutient que son principal apport sera de mettre

---

[55] « Précis des Observations sur la question proposée par l'Institut national pour le sujet du premier prix de la classe des sciences morales et politiques, lues dans la séance du 15 vendémiaire an 6 », *La Décade philosophique, littéraire et politique* (vendémiaire an VI), pp. 534-37 (p. 534).
[56] Ibid., p. 535.
[57] Ibid., p. 536.

The year VI (1798) debate on moral institutions

The crisis of morality that marked the end of the *ancien régime* continued throughout the Revolution and reached its peak when the Terror portrayed itself as the standard-bearer of virtue. In order to distance themselves from Robespierre's regime, while preserving the democratic achievements of the Revolution, the Thermidorians relaunched the debate on the moral improvement of the masses. It is in this context that Mercier developed his thought.

On 7 Messidor Year V (25 June 1797), Bernardin de Saint-Pierre launched the following question for the contest prize of the Class of Moral and Political Sciences of the National Institute: 'What are the most suitable means to establish the morality of a people?' From the outset of the competition, some confusion surrounded the wording of the question so that, on 15 Vendémiaire (6 October 1797), Pierre-Louis Roederer, another member of the Class of Moral and Political Sciences, had to clarify the subject's statement by specifying:

> The National Institute had proposed the following question: *What are the most suitable means to establish the morality of a people?* It is because of a drafting mistake that the question was phrased in such a way. The Class's intention was to ask *not which are the means* but *which INSTITUTIONS are the most suited to establish the morality of a people*.[57]

For Roederer, this rectification was an opportunity to specify that the Institute's question was less concerned with civil, political, or religious institutions than with moral institutions proper, which can be divided into three categories: the institutions that 'enlighten the mind such as public education; those that ignite the soul, like monuments and national ceremonies [and] those that drive all the faculties of man by *habit*, like domestic institutions'.[58] Roederer set out a sample answer by postulating the institution of work as a paragon of moral institutions: not only does work 'develop all talents', 'multiply all riches', and 'strengthen human relationships', but it is the guarantor of equality, property, and freedom.[59]

To our knowledge, of the fifteen essays that were submitted, the only one that was published was by Louis-Claude de Saint-Martin (1743–1803). Stating from the outset that he does not aspire to win the prize, Saint-Martin approaches the subject in an unconventional way and claims that his principal contribution is to highlight the difficulty of the question proposed by the Institute. Referring

---

[57] 'Précis des Observations sur la question proposée par l'Institut national pour le sujet du premier prix de la classe des sciences morales et politiques, lues dans la séance du 15 vendémiaire an 6', *La Décade philosophique, littéraire et politique* (Vendémiaire, year VI), pp. 534–37 (p. 534, our translation).
[58] Ibid., p. 535.
[59] Ibid., p. 536.

en relief la difficulté de la question proposée par l'Institut. Référant à la mise au point de Roederer, il reproche à l'Institut de se limiter aux « institutions qui ont pour objet spécial la morale des citoyens » et de rejeter tacitement « les institutions civiles, politiques et religieuses ».[58] Pour Saint-Martin, il est risqué de construire un système moral qui fasse fi de ces institutions puisque leur influence ne manquerait de se faire ressentir tôt ou tard, ce qui pourrait invalider l'ensemble du système.[59] Adoptant le point de vue du « philosophe observateur »,[60] l'auteur part de l'idée selon laquelle il existe dans l'homme « plusieurs sortes de moralités » parce que l'homme est en relation simultanée avec plusieurs instances interdépendantes : le politique, le social et le divin.[61] L'absence de consensus sur la doctrine divine a des répercussions dans les deux autres sphères et entraîne une discordance sociale et politique généralisée.[62] Saint-Martin affirme que

> [l]es institutions ont été presque partout l'anéantissement de la doctrine ou de la morale dans chaque classe. La morale avait par elle-même le pouvoir et l'intention de lier les hommes ; les institutions n'en ont presque pas eu d'autre que celui de les diviser. Voilà pourquoi j'ai dit plus haut que ce n'était point aux institutions à fonder la morale, mais que c'était à la morale à fonder les institutions et à leur fournir leur véritable soutien.[63]

Critiquant la création *ex nihilo* des institutions révolutionnaires et l'idéologie de la table rase, l'auteur préfère la conservation des bonnes institutions existantes à la création d'institutions nouvelles aux effets incertains. Pour lui, la pierre de touche de la moralité est l'exemple donné par le législateur :

> La première et la plus puissante des institutions, c'est l'exemple. Quel succès le législateur ne pourrait-il pas se promettre, s'il s'attachait à devenir, pour ainsi dire, lui-même l'institution vivante de toutes ces fécondes et salutaires moralités si nécessaires aux hommes en général, et particulièrement aux républicains ?[64]

Saint-Martin finit donc par remplacer la question initiale par celle-ci : comment moraliser le législateur ?

Le mémoire de Saint-Martin, comme il l'avait prédit, ne remporte pas le concours. Ni aucun autre, d'ailleurs. Le comité décide en effet de n'attribuer la palme à aucun des discours en lice. Bernardin de Saint-Pierre, président-rapporteur du concours, s'en explique dans son rapport du 15 messidor (3 juillet 1798) :

---

[58] *Réflexions d'un observateur sur la question : Quelles sont les institutions les plus propres à fonder la morale d'un peuple ?* ([Paris] : [s. n.], an VI), p. 6.
[59] Ibid., p. 7.
[60] Ibid., p. 8.
[61] Ibid., p. 7.
[62] Ibid., p. 21.
[63] Ibid., p. 22.
[64] Ibid., p. 44.

to Roederer's clarification, he criticizes the Institute for limiting itself to 'institutions whose special objective is the morality of citizens' and for tacitly rejecting the 'civil, political and religious institutions'.[60] For Saint-Martin, it is risky to build a moral system that would ignore those institutions since their influence would nonetheless be felt sooner or later and could threaten the entire system.[61] The author, who adopts the stance of an 'observing philosopher',[62] takes as his starting point the idea that there are in man 'many kinds of moralities' because he interacts simultaneously with many interdependent authorities: the political, the social, and the divine.[63] The lack of a consensus on divine doctrine has repercussions for the other two spheres, and brings about a general social and political conflict.[64] He states that:

> institutions have, almost everywhere, annihilated the doctrine or morality in each class. Morality in itself had the power and the intention to unite men; institutions have had almost no other power than to separate them. That is why I have said previously that it is not for institutions to establish morality, but for morality to establish the institutions and to provide them with reliable support.[65]

In criticizing the revolutionary creations *ex nihilo* as well as the *tabula rasa* ideology, the author shows his preference for preserving those good institutions that are in place rather than creating new ones that could have unknown effects. For him, the touchstone of morality is the example given by the legislator:

> The first and most powerful of institutions is example. What success would the legislator have if he were striving himself to become, so to speak, the living institution of all fruitful and salutary moralities so necessary to men in general and, in particular, to republicans?[66]

Saint-Martin thus ends up replacing the initial question with this one: how can the legislator be moralized?

Saint-Martin's essay, as he had predicted, did not win the contest. Nor did any other for that matter. The committee decided not to award the prize to any of the essays that had been submitted. Bernardin de Saint-Pierre, chair of the contest, explained the decision in his report dated 15 Messidor (3 July 1798):

> The authors of the fifteen essays of the contest, although quite laudable in many respects, have only defined it [morality] by its effects, when

---

[60] *Réflexions d'un observateur sur la question: Quelles sont les institutions les plus propres à fonder la morale d'un peuple?* ([Paris]: [n. pub.], year VI), p. 6 (our translation).
[61] Ibid., p. 21.
[62] Ibid., p. 8.
[63] Ibid., p. 7.
[64] Ibid., p. 21.
[65] Ibid., p. 22.
[66] Ibid., p. 44.

> Les auteurs des quinze mémoires du concours, quoique très estimables à bien des égards, ne l'ont définie [la morale] que par ses effets, quand ils l'ont définie. Il en est résulté qu'ils se sont trouvés dans un grand embarras pour en asseoir les fondements.[65]

Pour pallier ces problèmes de définition, Bernardin de Saint-Pierre fait paraître une partie de son rapport (une trentaine de pages), qui se présente comme un discours sur la nature de la morale. Il établit ainsi l'existence de deux morales :

> L'une humaine et l'autre divine ; l'une résulte de nos passions, l'autre est la raison qui les gouverne ; l'une est la connaissance des usages particuliers à chaque société, l'autre est le sentiment des lois que Dieu a établies de l'homme à l'homme ; l'une est une science qui s'acquiert par la connaissance du monde, l'autre est une conscience donnée par la nature.[66]

La morale céleste, pour Bernardin, est innée : sertie dans chaque être, elle régit les relations humaines comme les lois physiques régissent l'univers. Elle a de surcroît un rôle fédérateur puisque c'est elle « qui réunit les sciences, les lettres, les arts qui sans leur moralité, deviendraient funestes au genre humain ».[67] C'est sur elle, enfin, que repose la vaste entreprise de régénération sociale entamée par la Révolution.

Un mois plus tard, c'est au tour de Dupont de Nemours à intervenir sur cette question à la séance du 22 thermidor an VI (9 août 1798).[68] À peu près au même moment, Destutt de Tracy fait paraître un discours dans lequel il reprend la première version de la question de l'Institut : *Quels sont les moyens de fonder la morale chez un peuple ?* La réflexion sur les institutions morales se voit dès lors reléguée au second plan. Contrairement à Roederer, Saint-Martin et Bernardin, Destutt de Tracy adopte une approche pragmatique qui se démarque par son recours à la coercition. Critiquant l'idée d'une universalité de la morale (qu'il associe à Voltaire, mais qui est aussi la marque de la morale kantienne, par exemple), il croit peu en l'instinct moral de l'homme et s'en remet aux mesures disciplinaires faites pour le contraindre. Cette position est diamétralement opposée à celle que défendra Mercier, qui se fera le chantre de la liberté kantienne — l'idée que le sens moral est universel et inné et qu'il n'est pleinement déployé que lorsque le sujet agit en toute liberté, sans contrainte ni

---

[65] *De la nature de la morale. Fragment d'un rapport sur les mémoires qui ont concouru pour le prix de l'Institut national, dans sa séance publique du 15 messidor de l'an 6, sur cette question : Quelles sont les institutions les plus propres à fonder la morale d'un Peuple ?*, 2ᵉ édition (Paris : imprimerie-librairie du Cercle social, an VI), p. 5.
[66] Ibid., p. 7.
[67] Ibid., pp. 30-31.
[68] « Des bases de la morale. Observations lues le 22 thermidor an 6 à la classe des sciences morales et politiques de l'Institut national, sur la question qu'elle avait proposée : Quelles sont les institutions les plus propres à fonder la morale du peuple ? », dans *Opuscules morales et politiques, retirées de différents journaux* (Paris : Delance, an VIII).

they did define it. The result was that they found themselves incapable of establishing its foundations.[67]

To overcome problems of definition, Bernardin de Saint-Pierre issued part of his report (some thirty pages) as a speech on the nature of morality. He established the existence of two moralities:

> One is human and the other divine; the first is the result of our passions and the other is reason, by which they are governed; one is knowledge of the customs peculiar to each society, the other is the sense of the laws that God has established in each man; one is a science acquired through knowledge of the world, the other is a conscience given by nature.[68]

For Bernardin, celestial morality is innate: imprinted in each individual, it governs human relations just as the laws of physics govern the universe. It has a further federative role since it 'combines the sciences, literature, the arts, which without their morality would become fatal for mankind'.[69] The vast enterprise of social regeneration launched by the Revolution was based, after all, on this divine morality.

A month later, it was Dupont de Nemours's turn to intervene on this matter at the meeting of the 22 Thermidor year VI (9 August 1798).[70] At about the same time, Destutt de Tracy published an essay in which he revisited the first version of the question proposed by the Institute: 'What are the means for establishing morality in a people?' The reflection on moral institutions is thenceforth relegated to the background. Unlike Roederer, Saint-Martin, and Bernardin, Destutt de Tracy adopts a pragmatic approach remarkable for its recourse to coercion. Criticizing the idea of a universal morality (which he associates with Voltaire but which is also the stamp of Kantian morality, for instance), he professes little belief in the moral instinct of man, and relies on disciplinary measures designed to constrain him. This stance is diametrically opposed to the one that Mercier would defend, and that promotes Kantian freedom — the idea that morality is innate and universal and that it is fully deployed only when the subject acts freely, without any form of coercion. For Destutt de Tracy, morality on the contrary is only 'the knowledge of the effects that our inclinations and our feelings have on our happiness, it is but an application of

---

[67] *De la nature de la morale. Fragment d'un rapport sur les mémoires qui ont concouru pour le prix de l'Institut national, dans sa séance publique du 15 messidor de l'an 6, sur cette question: Quelles sont les institutions les plus propres à fonder la morale d'un peuple?*, 2nd edn (Paris: Imprimerie-librairie du Cercle social, year VI), p. 5 (our translation).
[68] Ibid., p. 7.
[69] Ibid., pp. 30–31.
[70] 'Des bases de la morale. Observations lues le 22 thermidor an 6 à la classe des sciences morales et politiques de l'Institut national, sur la question qu'elle avait proposée: Quelles sont les institutions les plus propres à fonder la morale du peuple?', in *Opuscules morales et politiques, retirées de différents journaux* (Paris: Delance, year VIII).

intérêt. Pour Destutt de Tracy, la morale n'est au contraire « que la connaissance des effets de nos penchants et de nos sentiments sur notre bonheur, elle n'est qu'une application de la science de génération de ces sentiments et des idées dont ils dérivent ».[69] Chaque homme ayant une morale qui lui est propre, il est inutile de l'enseigner aux adultes, puisqu'elle est habituellement déduite à partir de ce qu'il faut éviter (la punition, le blâme, le remords, etc.). Il ne croit pas à l'approche volontariste des moralistes (qui est aussi celle de Kant et de Mercier) et considère que certains hommes sont incapables de morale. Comme Saint-Martin, Destutt de Tracy se tourne vers les législateurs, qu'il enjoint de servir d'exemples : pour lui, « l'instruction morale [...] est tout entière dans les actes de législation et d'administration ».[70] C'est pourquoi il considère qu'après l'exécution des lois répressives, c'est par la régularisation interne de l'État que passe l'éducation morale.

Mercier, entre les débats de l'Institut et la philosophie critique

Comment Mercier prend-il position dans ce débat ? En quoi sa réponse est-elle originale ? Et pourquoi est-elle si tardive ? Comme l'indique bien Sophie-Anne Leterrier, sa prise de position dans ce débat se fait plutôt comme « contradicteur que comme porte-parole de ses confrères » de l'Institut.[71]

Si Mercier ne termine son programme d'éducation morale qu'en l'an IX (1801), il prend position sur le sujet dès le début des débats à l'Institut. Plusieurs documents du Fonds Mercier en témoignent, dont un texte manuscrit daté du 21 messidor an VI (9 juillet 1798), qui reprend le premier énoncé de la question de l'Institut (« Quels sont les moyens les plus propres à fonder la morale d'un Peuple ? »), bien qu'il suive de près de neuf mois la rectification de Roederer — avec qui Mercier entretient par ailleurs des relations fort tendues.[72] Cette focalisation sur les moyens plutôt que sur les institutions se fera d'ailleurs ressentir à toutes les étapes de l'élaboration de ce projet. Dans le texte de l'an VI, Mercier semble résumer un texte antérieur dans lequel il aurait traité cette question — à moins qu'il ne fasse qu'anticiper un texte à venir, ce qui est tout aussi probable vu la souplesse de son rapport à l'œuvre à venir.[73] Quoi qu'il en soit de la réalité éditoriale de ce texte, la perspective kantienne, qui fera l'originalité de son traité de l'an IX, est déjà bien plantée :

---

[69] *Quels sont les moyens de fonder la morale chez un peuple ?* (Paris : Agasse, an VI), p. 19.
[70] Ibid., p. 22.
[71] Leterrier, p. 303.
[72] Ibid., pp. 300-02.
[73] Voir à ce sujet l'article de Véronique Costa, « L. S. Mercier ou le livre de sable : la bibliographie de l'an 7 — de l'œuvre complète à l'œuvre virtuelle », SVEC, 370 (1999), 95–110. Il est important de noter que le traité qui est édité ici n'est pas mentionné dans la bibliographie largement prospective de l'an VII étudiée par Costa.

the science of the generation of these feelings and the ideas from which they derive'.[71] Since every man has his own morality, it is useless to teach it to adults, since it is usually deduced from what we need to avoid (punishment, blame, remorse, etc.). He does not believe in the moralists' voluntarist approach (which is also that of Kant and Mercier) and considers that certain men are simply incapable of morality. Like Saint-Martin, Destutt de Tracy holds the legislators accountable for morality and argues that they should be role models: for him, 'moral education [...] lies entirely in acts of legislation and administration'.[72] Therefore, he considers that along with the implementation of repressive laws, moral education is governed through the internal regularization of the state.

Mercier's position: from the debates of the Institute to critical philosophy

What was Mercier's position in this debate? How is his answer original? And why did it come so late? As Sophie-Anne Leterrier has noted, his role was rather that of an 'opponent and not of a spokesman' of his colleagues at the Institute.[73]

If Mercier did not conclude his moral educational programme until year IX (1801), he nonetheless took a stand on the subject at the beginning of the debates at the Institute. Many documents of the Fonds Mercier confirm this, including a manuscript text dated 21 Messidor Year VI (9 July 1798). In it, Mercier uses the Institute's initial wording on the question ('What are the most suitable means to establish the morality of a people?'), although the date of the manuscript places it nearly nine months after the rectification made by Roederer — with whom, moreover, relations were very tense.[74] The focus on the means rather than on the institutions is present at all stages of Mercier's project. In the year VI text, Mercier seems to summarize a previous work, and in which he seems to have dealt with this question. Although it is just as likely that he was anticipating an as yet unwritten text, given the flexibility with which he envisioned future publications.[75] Whatever the publishing history of this unidentified text may be, the Kantian perspective, which would form the originality of his year IX treatise, was already well established:

> What are the means for establishing the morality of a people?
> Such is the wording of the subject proposed by the Institute and which

---

[71] *Quels sont les moyens de fonder la morale chez un peuple*? (Paris: Agasse, year VI), p. 19 (our translation).
[72] Ibid., p. 22.
[73] Leterrier, p. 303 (our translation).
[74] Ibid., pp. 300–02.
[75] On this matter, see Véronique Costa, 'L. S. Mercier ou le livre de sable: la bibliographie de l'an 7 — de l'œuvre complète à l'œuvre virtuelle', *SVEC*, 370 (1999), 95–110. It is important to note that the treatise that is edited here is not announced by Mercier in the year VII bibliography analyzed by Costa.

> Quels sont les moyens les plus propres à fonder la morale d'un Peuple ?
>
> Tel est le texte du sujet proposé par l'Institut et que l'auteur a traité tout au long dans un discours qui a pour épigraphe: Savoir ce que l'on doit, c'est la vraie liberté. [...]
>
> [L'auteur] fait consister la moralité de l'homme dans la maxime d'une volonté libre, par laquelle maxime, elle se soumet absolument à la Loi de la raison pratique, malgré la [mot illisible] de la sensualité. [...]
>
> La volonté libre subordonne la sensualité à la raison, jamais la raison à la sensualité.
>
> Sans la raison pratique et sans la conscience, son interprète, nous n'aurions aucune idée du juste et de l'injuste, du bien et du mal. Il n'y aurait pour nous aucune loi morale sans la sensualité qui combat contre la conscience, la pratique et la loi morale ne nous coûterait aucun effort. Elle ne serait pas vertu. Sans la liberté, ni la pratique, ni la violation de la loi morale ne pourraient nous être imputées, il n'y aurait ni mérite ni coulpe.
>
> Or les décisions de la conscience nous imposent un devoir ; les émotions de la sensualité nous sollicitent.
>
> Au moyen de la liberté nous nous décidons nous mêmes en faveur du devoir ou des sollicitations.
>
> L'auteur s'est fortement appuyé dans la fondation de [mot illisible] morale sur la philosophie critique de Kant.[74]

On reconnaît là, dans leur formulation même, les prémisses philosophiques qui serviront de base au programme pédagogique élaboré par Mercier. Au centre de ces réflexions se trouve l'idée kantienne selon laquelle il n'est pas de véritable moralité sans liberté : ce n'est qu'en s'affranchissant volontairement de ses sens et en se soumettant de plein gré à la raison pratique que le sujet s'élève moralement et accède à la vertu. Au cours de l'an VII, Mercier semble avoir transformé ses réflexions initiales en ébauche de programme. C'est du moins le titre qu'il donne à un texte daté de pluviôse an VII (février 1799) : « Programme sur la question de fonder la morale d'un peuple ».[75] Bien que son texte n'ait rien d'un programme structuré — il s'agit plutôt d'une diatribe contre les sociétés savantes — , Mercier construit peu à peu son système politico-moral en défendant l'innéisme et la loi naturelle,[76] comme en témoignent ses communications présentées à l'Institut entre pluviôse et prairial de l'an VII (de février à mai 1799).[77] Le traité de l'an IX semble ainsi marquer une transition entre deux phases d'intervention de Mercier à l'Institut : il se situe entre des

---

[74] BA, Fonds Mercier, MS 15085 (2), pp. 60 a-b.
[75] « Programme sur la question de fonder la morale d'un peuple » (pluviôse an VII), BA, Fonds Mercier, MS 15079 (2a), pp. 100-01.
[76] On trouve d'ailleurs dans le Fonds Mercier un manuscrit de près de 400 pages consacré à ce sujet : MS 15084 (2a). Voir Leterrier, p. 306, n. 1.
[77] Louis Sébastien Mercier, « Vues sur la morale » le 22 pluviôse an 7 (10 février 1799) ; « Vues politico-morales » le 2 ventôse an 7 (20 février 1799) et « De la grande loi non écrite » le 7 prairial an 7 (26 mai 1799). BA, MS Fonds Mercier. Voir Leterrier, p. 305.

the author dealt with at length in an essay with the following epigraph: To know what we ought to know, that is true freedom. [...]

[The author] grounds the morality of man in the maxim of free will by which morality submits itself to the Law of practical reason despite the [illegible word] of sensuality. [...]

Free will subordinates sensuality to reason, and never reason to sensuality.

Without practical reason and without conscience, its interpreter, we would have no idea of the just and the unjust, of good and evil. There would be no moral law for us if our conscience did not combat sensuality; the practise of moral law would thus be effortless for us. It would not be virtue. Without freedom, neither the practise nor the violation of moral law could be imputed to us, there would be neither merit nor guilt.

Yet, the decisions of conscience impose a duty upon us, while the emotions brought about by sensuality call upon us.

Through freedom, we alone decide between duty and these sensual promptings.

The author has strongly relied on the moral foundation [illegible word] on Kant's critical philosophy.[76]

Here, in their very formulation, one recognises the philosophical premises that form the basis of the pedagogical programme developed by Mercier. At the heart of these reflections is the Kantian idea according to which there is no real morality without free will: it is only by setting oneself free from the senses and by willingly submitting to practical reason that one can elevate oneself morally and practise virtue. In year VII, Mercier seems to have developed his initial reflections into a draft programme. This transpires in the title he gives to a text dated Pluviôse of year VII (February 1799): 'Programme on the question of establishing the morality of a people'.[77] Although his text in no way resembles a structured programme — it is rather a diatribe against learned societies — Mercier slowly builds his political and moral system by defending innatism and natural law,[78] as he did in his lectures at the Institute between Pluviôse and Prairial of year VII (from February to May 1799).[79] Thus, the treatise of year IX seems to mark a transition between two phases of Mercier's work at the Institute. It is at the crossroads of general reflections on morality and politics and the heated metaphysical debates of year X (1802), when Mercier would use the Kantian system to invalidate sensualism, which won him the animosity of

---

[76] BA, Fonds Mercier, MS 15085 (2), pp. 60 a–b (our translation).
[77] 'Programme sur la question de fonder la morale d'un peuple' (Pluviôse year VII), BA, Fonds Mercier, MS 15079 (2a), pp. 100–01.
[78] A manuscript of almost 400 pages on this subject can be found in the Fonds Mercier: BA, MS 15084 (2a). See Leterrier, p. 306, n. 1.
[79] 'Vues sur la morale' on 22 Pluviôse year VII (10 February 1799); 'Vues politico-morales' on 2 Ventôse Year 7 (20 February 1799) and 'De la grande loi non écrite' on 7 Prairial year VII (26 May 1799), BA, Fonds Mercier. See Leterrier, p. 305.

prises de position plus générales sur la morale et la politique et les houleux débats métaphysiques de l'an x (1802) au cours desquels Mercier utilisera le système kantien dans l'espoir de terrasser le sensualisme, ce qui lui a attiré les foudres de ses collègues, déjà peu favorables à ses idées.[78]

Tout au long du traité, à côté de la figure de Kant se ressent également la présence de Rousseau. D'un côté, une philosophie-phare des Lumières tardives et une synthèse des grands courants intellectuels de l'époque et de l'autre, un monument des Lumières célébrant la renaissance de la moralité de l'homme à travers l'éducation. Vu l'habileté de Mercier à capter le *zeitgeist* de son époque, on s'étonne peu de le voir sculpter l'homme nouveau à partir de ces deux systèmes philosophiques majeurs et tracer la voie à cette ère nouvelle où le républicanisme et la moralité s'alimentent mutuellement. Loin de la fausse vertu de la Terreur, le nouvel homme moral que Mercier se propose de forger est une synthèse de ses revendications prérévolutionnaires, des fantasmes de régénération qu'il a nourris au début de la Révolution et du nouveau champ des possibles ouvert par une République pacifiée dont il ne soupçonne pas la fin imminente.

GENEVIÈVE BOUCHER ET MICHAEL J. MULRYAN

---

[78] Voir Leterrier, p. 310. Pour une analyse détaillée de la réception de Kant en France, voir François Azouvi et Dominique Bourrel, *De Königsberg à Paris, la réception de Kant en France : 1788-1804* (Paris : Vrin, 1991).

his colleagues who already took a dim view of his ideas.[80]

Throughout the treatise the influences of both Kant and Rousseau are palpable. On the one hand, we have a seminal philosophy of the late Enlightenment and a synthesis of its great intellectual currents; on the other a monument of the Enlightenment celebrating the rebirth of the morality of man through education. Given Mercier's ability to capture the Zeitgeist of an era, it is not surprising to see him forge *l'homme nouveau* from these two major philosophical systems and pave the way for this new era in which republicanism and morality go hand in hand. Far from the false virtue promoted by the orchestrators of the Terror, the new moral man that Mercier wished to create represents a synthesis of his pre-revolutionary demands, of the regeneration fantasies he fostered at the beginning of the Revolution, and of the new possibilities offered by a now pacified Republic whose imminent end he did not yet suspect.

GENEVIÈVE BOUCHER AND MICHAEL J. MULRYAN

---

[80] See Leterrier, p. 310. For a comprehensive understanding of Kant's reception in France, see François Azouvi and Dominique Bourrel, *De Königsberg à Paris, la réception de Kant en France: 1788-1804* (Paris: Vrin, 1991).

an 9.

Citoyens françois, Vous voulez la morale du peuple ! Ce dessein est noble & grand, & parfaitement digne d'hommes libres. Il embrasse la vraie destination de toutes les liaisons sociales, de toutes les constitutions, de toutes les institutions destinées à former les hommes ; en un mot, la destination de l'humanité. Depuis des siècles les hommes ont vécu en société ; depuis des siècles il a existé des gouvernemens & des institutions d'éducation ; & cependant jamais notre question n'a été résolue dans la pratique. Nul état entre tous ceux qui existent et qui ont existé, ne sauroit nous fournir les moyens que nous cherchons ; aucun ne s'est élevé à ce degré des lumières, à cette hauteur dans la pratique que de se proposer pour but ce qui est l'unique but de l'humanité. Même dans ces états, où le gouvernement, bien intentionné pour le peuple, prend des mesures tendantes non seulement au bienêtre, mais encor à la moralité publique, même dans les états administrés avec humanité, il s'en faut bien que toutes les parties tendent au but sublime de rendre les peuples capables de se passer de lois coercitives ; ou ce qui revient au même, de les conduire à ce degré d'intelligence & de bonne volonté, qui mettroit chaque individu en état, & inspireroit à chacun

« Citoyens françois, vous voulez la morale du peuple ! » (1801), Textes de morale, Paris, La Bibliothèque de l'Arsenal, Fonds Mercier, Ms. 15084(3), p. 1.

[1. Introduction : la morale du peuple à l'aube d'une ère nouvelle]
[1.1   Page 1]
An IX[1]

Citoyens français, Vous voulez la morale du peuple ![2] Ce dessein est noble et grand, et parfaitement digne d'hommes libres. Il embrasse la vraie destination de toutes les liaisons sociales, de toutes les constitutions, de toutes les institutions destinées à former les hommes ; en un mot, la destination de l'humanité. Depuis des siècles les hommes ont vécu en société. Depuis des siècles il a existé des gouvernements et des institutions d'éducation. Et cependant jamais notre question n'a été résolue dans la pratique. Nul État entre tous ceux qui existent et qui ont existé, ne saurait nous fournir les moyens que nous cherchons ; aucun ne s'est élevé à ce degré de lumières, à cette hauteur dans la pratique que de se proposer pour but ce qui est l'unique but de l'humanité. Même dans ces États, où le gouvernement, bien intentionné pour le peuple, prend des mesures tendant non seulement au bien-être, mais encore à la moralité publique, même dans les États administrés avec humanité, il s'en faut bien que toutes les parties tendent au but sublime de rendre les peuples capables de se passer de lois coercitives, ou, ce qui revient au même, de les conduire à ce degré d'intelligence et de bonne volonté, qui mettrait chaque individu en état et inspirerait

[1.2   Page 2]
à chacun la disposition, de s'abstenir de lui-même de tout attentat aux droits d'autrui et de remplir sans contrainte extérieure tous ses devoirs envers les autres ; en un mot, tant s'en faut que le but de l'humanité, la moralité des hommes, soit le but du gouvernement dans aucun État. — La République française doit s'élever à ce comble de perfection ; voilà ce Vous désirez, Citoyens. Et qui est-ce qui, nourrissant dans son cœur un vrai amour de l'humanité, pourrait refuser son suffrage à ce vœu, et ne se sentirait point poussé à faire tous ses efforts pour en hâter l'accomplissement ? Le hâter, dis-je, car, Vous le savez Vous-mêmes, ce moment est le plus favorable pour exécuter votre respectable entreprise. Les formes anciennes sont brisées sous la main écrasante de la révolution, et l'on en est encore à introduire des formes nouvelles ; la nation est plus que jamais affranchie de l'adhérence aveugle et opiniâtre aux anciennes institutions ; plus

---

[1] Ce texte est en préparation depuis plusieurs années. On trouve dans le Fonds Mercier une demi-douzaine de documents manuscrits renvoyant explicitement à ce traité, qu'il s'agisse d'annonces, de résumés ou de développements préliminaires. Si ce traité est daté de l'an IX (1800–01), les plus anciens remontent à messidor an VI (juin–juillet 1798), moment où émerge, à l'Institut, le débat sur la morale du peuple.

[2] En l'an VI, l'Institut lance la question suivante pour son concours annuel : « Quelles sont les institutions les plus propres à fonder la morale d'un peuple ? ». Sur ce concours, voir l'Introduction ci-dessus, pp. 25–35.

1. INTRODUCTION

[1. Introduction: The Morality of the People at the Dawn of a New Era]

[1.1   Page 1]

Year IX of the Republic[1]

French Citizens, You wish to see morality in the people![2] This is a great and noble objective, one perfectly worthy of free men. It encompasses the true purpose of all social bonds, of all constitutions, of all institutions meant to educate men; in a word, the purpose of humanity. Men have lived in society for centuries. Governments and educational institutions have existed for centuries. Nonetheless, our question has never been resolved in practice. Not a single state among those that exist and have existed could provide us with the means we are searching for; not a single one has risen to this degree of enlightenment, to such heights in practice as to have as its goal that which is the sole goal of humanity. Even in those states where the government, well-meaning towards the people, takes measures not only for public welfare, but also for public morality, even in states administered with humanity, all parts are far from aiming for the sublime goal of making people capable of doing without coercive laws, or, which amounts to the same thing, of guiding them to a level of intelligence and good will, which would put each individual in such a position, and would dispose

[1.2   Page 2]

each one to refrain on his own accord from infringing upon others' rights and to fulfil, without any external constraint, all of his duties towards others; in a word, humanity's goal, the morality of men, is far from being the government's goal in any state. — The French Republic must rise to this height of perfection; that is what You desire, Citizens. And who, harbouring in his heart a true love for humanity, could refuse to support this resolution, and would not feel driven to make every possible effort to hasten its accomplishment? Hasten it, I say, because, You know it Yourselves, this moment is the most favourable to carry out your respectable endeavour. The old ways are broken under the heavy hand of the Revolution, and we are still introducing new ones; the nation is now

---

[1]   Mercier had been preparing this text for many years. The Fonds Mercier at the Bibliothèque de l'Arsenal holds half a dozen manuscript documents referring directly to this treatise (advertisements, abstracts, previous versions). This treatise was written in year IX (1800-01), but the oldest related documents are dated from Messidor year VI (June–July 1798), which is precisely when the debate on the morality of the people started at the Institut national.

[2]   'What are the Most Appropriate Institutions for Establishing the Moral Character of a People?' was the subject of an essay contest proposed during year VI of the Republic by the Institut national. On this competition, see the Introduction, above, pp. 24-34.

« Citoyens françois, vous voulez la morale du peuple ! » (1801), Textes de morale, Paris, La Bibliothèque de l'Arsenal, Fonds Mercier, Ms. 15084(3), p. 2.

« Citoyens françois, vous voulez la morale du peuple ! » (1801), Textes de morale, Paris, La Bibliothèque de l'Arsenal, Fonds Mercier, Ms. 15084(3), p. 3

que jamais susceptible de se prêter à des arrangements nouveaux. L'ancien système de despotisme est renversé, qui, regardant le peuple comme une espèce inférieure, croyait devoir le retenir dans la stupidité pour mieux

[1.3   Page 3]
le tenir dans la dépendance : dans la République je trouve à la tête des affaires une assemblée nombreuse de représentants de la nation, qui savent et sont fortement avertis par la constitution même, qu'ils sont, non les dominateurs, mais les mandataires de leurs frères, libres comme eux. Quel moment serait plus propre à nos desseins ? Mais ce moment exige aussi impérieusement l'exécution de cette entreprise. Si, dans la République naissante, on ne se hâte de prévenir l'anarchie morale, ou de supprimer celle qui peut exister, si l'on ne s'empresse de fonder l'empire de la morale, Vous n'éviterez pas l'anarchie civile, et la constitution de la liberté et de l'égalité ne sera pas de longue durée. Car comment l'homme immoral, qui, vendu en esclave à la sensualité, a renoncé à la liberté intérieure, saurait-il apprécier dignement la liberté extérieure et s'en prévaloir avec sagesse ? Ceux-là, seuls, qui chérissent la liberté morale par-dessus tout, sont capables et dignes de la liberté politique. — Entrons donc en matière sans autre préliminaire.

Nous devons indiquer quels moyens sont les plus propres à fonder la morale d'un peuple.

[1.4   Page 4]
Un peuple est une collection d'individus. Pour fonder la morale d'un peuple, il nous faut donc savoir comment on peut et on doit la fonder chez un individu. Il nous faut donc, avant toutes choses, fixer l'idée distincte et précise de la morale, sans quoi nous risquons en lieu d'un génie tutélaire — de la morale pure — d'invoquer un fantôme illusoire. Car pour proposer les moyens convenables de produire une disposition quelconque, ou — seule chose que nous puissions faire dans le cas en question — d'en favoriser la naissance dans l'homme, il faut connaître cette disposition à fond et non pas superficiellement.

Le terme de morale, compté avec raison parmi tous ceux qu'on ne croit entendre que parce qu'ils sont généralement en vogue, se trouve dans la bouche de tout le monde. La plupart n'y attachent qu'une idée obscure, confuse, tout au plus claire ; nous ne saurions nous contenter d'une idée si vague ; notre dessein demande une idée distincte et précise de la morale, qui, de même que toutes les notions de cette sorte, ne peut être donnée que par la science des principes, c'est-à-dire par la philosophie.

Mais par malheur ! les interprètes de cette science se sont jusqu'à nos jours si peu accordés sur la notion de la morale qu'ils

more than ever liberated from a blind and opinionated adherence to the old institutions; it is now more than ever likely to lend itself to new arrangements. The old system of despotism has been overthrown, which, seeing the people as if it were an inferior species, felt obliged to maintain them in their stupidity the better to

[1.3   Page 3]
keep them in a state of dependency: in the Republic I find at the head of affairs a numerous assembly of representatives of the nation, who know and are well informed by the Constitution itself that they are not the rulers but rather the authorized representatives of their brothers, who are as free as they are. What moment would be better suited to our plans? But this moment also imperiously demands that this undertaking be brought to fruition. If, in the nascent Republic, we do not hurry to prevent moral anarchy, or to suppress any that exists, if we do not hasten to build the empire of morality, You will not avoid civil anarchy, and the constitution of liberty and equality will be of short duration. For how could the immoral man know how to appreciate external freedom with dignity and use it wisely when he has sold himself as a slave to sensuality and renounced inner freedom? Only those who cherish moral freedom above all else are capable and worthy of political freedom. Let us proceed without any further preliminaries.

We must indicate which means are best suited to found the morality of a people.

[1.4   Page 4]
A people is a collection of individuals. In order to found the morality of a people, we then have to know how we can and must do so for an individual. We must therefore, prior to anything else, identify the distinct and precise idea of morality, without which we risk invoking, instead of a tutelary genius — pure morality — an illusory phantom. For, in order to propose the appropriate means for producing any sort of disposition, or — all that we can do in the case in question — to promote its birth in men, we must be fully familiar with said disposition, and not only superficially.

The term morality, rightfully counted among those that we think we hear only because they happen to be fashionable, is on everyone's lips. Most people only have an obscure, confused idea of what it entails, at best a clear one; we could never be satisfied with such a vague idea; our plan requires a distinct and precise idea of morality, which, like all notions of this kind, can only be provided by the science of principles, that is to say by philosophy.

But alas! the practitioners of this branch of knowledge have until now so little agreed on what constitutes morality that they

[1.5   Page 5]

se sont divisés en plusieurs parties, précisément sur cette notion ; et que nous trouvons presque autant de définitions différentes de la morale qu'il y a de sectes de philosophes. Pour se convaincre de la vérité de cette assertion, il suffit de jeter un coup d'œil fugitif sur l'histoire de la philosophie ancienne et moderne ; et nous passerions les bornes de ce discours, si nous voulions seulement en soumettre ici les principales à l'examen. Le philosophe allemand Kant en a fait la critique avec un tel succès, que la philosophie critique (épithète que lui a attiré sa manière de procéder) a produit une révolution dans cette science, aussi bien que dans toutes celles qui empruntent leurs principes de la philosophie ; révolution dont on peut attendre une influence dans la pratique de la vie, aussi grande que celle de la révolution française sur la constitution civile. Si cette assertion paraît outrée, on aura du moins l'équité de ne pas la condamner péremptoirement, avant d'avoir fait une étude sérieuse et assidue de la philosophie critique et en avoir bien pénétré l'esprit.

[1.5   Page 5]
have split into several factions, precisely concerning this notion; and we find almost as many definitions of morality as we do sects of philosophers. In order to be convinced of the truth of this assertion, we need only take a fleeting glance at the history of ancient and modern philosophy; and we would exceed the limits of this essay, if we were only to examine the main definitions here. The German philosopher Kant wrote such a successful critique of them that critical (an epithet which derives from his way of proceeding) philosophy has produced a revolution in this branch of knowledge, as well as in all those that borrow their principles from philosophy; a revolution from which we can expect an influence in how life is lived, as great as that of the French Revolution on the civil constitution. If this assertion seems far-fetched, people should at least have the fairness to not condemn it out of hand, before conducting a serious and assiduous study of critical philosophy and having a firmly rooted understanding of it.

[2. La moralité : définition, principes et notions]
[2.1   Page 5]
Je me hâte de fixer la notion de la morale. Le terme de morale signifie également les principes et la science des mœurs, et le caractère d'un

[2.2   Page 6]
homme moral ou vertueux. C'est surtout la dernière signification dont il s'agit ici ; notre question est, savoir : comment former les hommes à la vertu ? Mais croyant qu'il vaut mieux dans un discours philosophique, où on ne saurait mettre trop de précision, avoir deux termes pour deux idées, nous nous permettrons d'employer le mot de moralité pour désigner le caractère moral de l'homme.

Voici donc la définition de la moralité, que, fondée sur les raisons les plus impérieuses je regarde comme la seule vraie :

La moralité de l'homme *consiste dans la maxime d'une volonté* libre, par laquelle maxime *elle se soumet absolument à la loi de la raison pratique, malgré la résistance de la sensualité.* — Je dis *absolument* ou *purement et simplement* c'est-à-dire par obéissance à la loi (sans égard aux avantages, au plaisir, ou aux autres *suites* qui peuvent résulter d'une action) et par conséquent *dans tous les cas* et sans exception.[1]

Mais dans cette définition se trouvent quatre notions principales, dont la différence précise et les rapports réciproques sont d'une grande importance pour notre dessein. Ce sont les suivantes :

[2.3   Page 7]
1. Une *loi de la raison pratique*,[(x)] c'est-à-dire de la raison, en tant qu'elle commande une sorte de conduite et interdit la contraire purement et simplement, loi qui s'annonce par la *conscience*.

[(x)] Quiconque aurait peine à se persuader que la raison est *de soi pratique*, c'est-à-dire législative de la volonté, et qu'elle dicte sa loi (qu'elle ne tire que d'elle-même, et non de l'empirisme) à tout homme par l'organe de la conscience, n'a qu'à lire la *Critique de la raison pratique* par Kant.

[1] On reconnaît ici les thèses des *Fondements de la métaphysique des mœurs* (1785) et de la *Critique de la raison pratique* (1788) de Kant, où le sujet moral est défini par sa liberté et son autonomie, qui est « l'unique principe de toutes les lois morales et des devoirs conformes à ces lois ». Kant, *Critique de la raison pratique*, éd. par Ferdinand Alquié, traduit de l'allemand par Luc Ferry et Heinz Wismann (Paris : Gallimard, 1985), p. 57. Dans le système kantien, la loi morale est présente dans chaque individu, elle se manifeste par la raison et s'oppose à toute forme d'empirisme ou de rapport au monde qui proviendrait des sens. « La critique de la raison pratique en général a donc pour tâche d'éloigner la raison conditionnée empiriquement de la prétention de vouloir constituer seule et exclusivement le principe déterminant de la volonté » (p. 34, v, 16). L'intérêt de Mercier pour la philosophie de Kant est indissociable de sa critique de l'empirisme et du débat qu'il engage avec les Idéologues.

[2. Definition, Principles and Notions of Morality]

[2.1   Page 5]

I hasten to define the notion of morality. The term morality altogether means the principles and the science of mores, and the character of a

[2.2   Page 6]

moral or virtuous man. It is above all the last meaning with which we are concerned here; our question is this: how to shape men for a life of virtue? But believing that it is better, in a philosophical discourse, in which one can never be too precise, to have two terms for two ideas, we shall allow ourselves to use the word morality to refer to the moral character of man.

Here, therefore, is the definition of morality, which, founded upon the most pressing of reasons, I regard as the only true one:

The morality of man *consists in the maxim of free will power,* through which maxim *it submits itself totally to the law of practical reason, in spite of the resistance of sensuality* — I say *totally* or *purely and simply,* that is to say by obedience to the law (without regard for the advantages, to the pleasure, or to the other *consequences* that can result from a particular action) and consequently *in all cases* without exception.[1]

But this definition includes four main notions, whose precise difference and reciprocal relationships are of a great significance for our plan. They are as follows:

[2.3   Page 7]

1. A *law of practical reason,*[(x)] that is to say of reason, insofar as it commands a kind of behaviour and forbids the opposite behaviour purely and simply, a law which is heralded by *conscience.*

[(x)] Whoever might have difficulty persuading themselves that reason, *by its very nature,* is *practical,* that is to say, legislative of the will, and that it lays down its law (which it only draws from itself, and not from empiricism) to every man through the instrument of conscience, only needs to read the *Critique of Practical Reason* by Kant.

[1] Mercier was greatly influenced by the ideas that Kant develops in his *Fundamental Principles of the Metaphysics of Morals* (1785) as well as in his *Critique of Practical Reason* (1788). We recognize here the idea that the moral subject is defined through his freedom and the autonomy of the will which is 'the sole principle of all moral laws, and of all duties which conform to them'. Kant, *Critique of Practical Reason*, trans. by Thomas Kingsmill Abbott (London: Longmans, 1909), p. 122. In the Kantian system, moral law is present in each individual, it is expressed through reason and opposes all forms of empiricism or sensuous relationship to the world: 'The critique, then, of practical reason generally is bound to prevent the empirically conditioned reason from claiming exclusively to furnish the ground of determination of the will' (p. 102, Introduction). Mercier's interest in Kant's philosophy is inseparable from his critique of empiricism and from the debate in which he engages with the Ideologues.

« Citoyens françois, vous voulez la morale du peuple ! » (1801), Textes de morale, Paris, La Bibliothèque de l'Arsenal, Fonds Mercier, Ms. 15084(3), p. 6.

2. Definition principles, and notions of morality 49

« Citoyens françois, vous voulez la morale du peuple ! » (1801), Textes de morale, Paris, La Bibliothèque de l'Arsenal, Fonds Mercier, Ms. 15084(3), p. 7.

2. *La sensualité*,(xx) contraire à cette loi.

(xx) Dans le langage de la philosophie critique *la sensualité*, considérée comme propriété de la faculté appétitive, étendue à tout ce qui peut s'appeler désir, embrasse non seulement les appétits, les penchants, les désirs, qui trouvent leur satisfaction dans les impressions corporelles ; mais *tous les penchants, tous les désirs* pour le contentement desquels l'homme a besoin de *quelque objet hors de son moi*. En conséquence, les désirs des richesses, de la société, de la gloire, de la liberté extérieure sont des *désirs sensuels*, tout aussi bien que la faim et la soif. Ce langage est pleinement fondé dans la nature de la chose que je ne puis qu'effleurer ici. Tout ce qui n'est l'homme lui-même, son moi pur, ne peut tenir à lui qu'autant qu'il en est affecté, qu'il le sent, soit immédiatement par une impression corporelle, ou médiatement par l'idée. La faculté de l'âme de pouvoir être affectée médiatement par des objets, n'est qu'une modification de la réceptivité et porte à juste titre le même nom générique. Les différences spécifiques ne peuvent autoriser que la distinction entre la sensualité grossière et la subtile. Sans cette détermination précise de l'idée de sensualité, il était impossible de tirer au clair celle de la morale. Car on ne pouvait sans cela tirer une ligne de démarcation précise et décidée entre la loi de la raison et les instigations des sens, entre la liberté de la volonté et la dépendance de la faculté appétitive. Le tout est traité à fond, tant dans les ouvrages de Kant, que dans ceux de Reinhold, de Fichte, de Heydenreich et d'autres philosophes allemands qui ont traité de la philosophie critique et ont pénétré plus avant dans la route que Kant a ouverte.[2] Dans ce discours nous prenons toujours dans ce sens le terme de sensualité.

[2.4   Page 8]
3. *Volonté libre*,(x) le pouvoir de l'homme de se soumettre également à la loi de la raison, comme aux instigations de la sensualité.

(x) *La liberté de la volonté* est le pouvoir propre et indépendant de l'homme, en vertu duquel il peut se décider lui-même, tout seul, être l'unique cause de ses actions et demeurer indépendant de tout ce qui n'est pas lui, et par conséquent de tous appétits et penchants.[3]

---

[2]   Karl Leonhard Reinhold (1757-1823) est un philosophe d'origine autrichienne qui se revendique de la philosophie critique. Son œuvre est en dialogue constant avec celle de Kant, comme le montrent notamment ses *Lettres sur la philosophie kantienne*, publiées à partir de 1786 dans le *Mercure allemand*. Figure de proue de l'idéalisme allemand, Johann Gottlieb Fichte (1762-1814) est à la fois un disciple de Kant et l'auteur d'une œuvre forte et originale. Il est souvent considéré comme l'un des fondateurs de l'éducation moderne, en particulier pour les propos sur l'éducation qu'il développe dans ses *Fondements du droit naturel selon les principes de la doctrine de la science* (1796-97) et ses *Discours à la nation allemande* (1808). Quant à Karl Heinrich Heydenreich (1764-1801), il s'agit aussi d'un important disciple de Kant. Selon Benjamin D. Crowe, son ouvrage intitulé *Betrachtungen über die Philosophie der natürlichen Religion* (*Considérations sur la philosophie de la religion naturelle*), publié en deux volumes en 1790 et 1791, offre un premier exemple de théologie philosophique kantienne. Voir « *Theismus des Gefühls*: Heydenreich, Fichte, and the Transcendental Philosophy of Religion », *Journal of the History of Ideas*, 70 (octobre 2009), 569-92.
[3]   « Il ne faut donc jamais compter comme loi pratique un précepte pratique comportant une condition matérielle (empirique par conséquent). Car la loi de la volonté pure, qui est libre, place cette volonté dans une tout autre sphère que la sphère empirique, et la nécessité qu'elle exprime, puisqu'elle ne doit pas être une nécessité de la nature, ne peut donc consister que dans les conditions formelles de la possibilité d'une loi en général. » Kant, *Critique de la raison pratique*, p. 58, V, 34.

2. DEFINITION PRINCIPLES, AND NOTIONS OF MORALITY

2. *Sensuality*,^(xx) conflicting with this law.

---

^(xx) In the language of critical philosophy, *sensuality*, considered as belonging to the appetitive faculty, extended to everything that can be called desire, not only encompasses appetites, inclinations, desires, which are satisfied in physical sensations, but *all inclinations, all desires* for the satisfaction of which man needs *some object outside of his ego*. Consequently, desires for wealth, for company, for glory, for outward freedom are *sensual desires*, just as much as hunger and thirst. This language is fully grounded in the nature of the thing that I can only touch upon here. Everything that is not man himself, his pure ego, can only concern him insomuch as he is affected by it, that he feels it, either directly with a physical impression, or indirectly through the idea of it. The faculty of the soul to be able to be affected indirectly by some objects is but a modification of receptivity and rightly bears the same generic name. Specific differences can only allow the distinction between vulgar and subtle sensuality. Without this precise determination of the idea of sensuality, it would have been impossible to get to the bottom of the idea of morality. Because otherwise, it would have been impossible to draw a precise and decisive demarcation line between the law of reason and the instigations of the senses, between freedom of the will and dependence on the appetitive faculty. All of this is treated fully in the works of Kant as well as in those of Reinhold, of Fichte, Heydenreich, and other German philosophers who dealt with critical philosophy and have gone even further down the road paved by Kant.[2] In this essay we shall always use the term sensuality in this sense.

[2.4   Page 8]
3. *Free will power*,^(x) the power of man to submit himself to the law of reason, as well as to the demands of sensuality.

---

^(x) *Free will power* is the proper and independent power of man, thanks to which he alone can make up his mind, be solely responsible for his actions and remain independent from everything that is outside of him, and consequently independent from all inclinations and desires.[3]

---

[2] Karl Leonhard Reinhold (1757-1823) was an Austrian philosopher who practised critical philosophy. His work is in constant dialogue with Kant's, as shown in his *Letters on the Kantian Philosophy* published in 1786 in *Die Neue Teutsche Merkur*. Figurehead of German idealism, Johann Gottlieb Fichte (1762-1814) was a disciple of Kant and author of a powerful and original body of work. He is often considered as one of the founders of modern education, in particular for the pedagogical ideas developed in *Foundations of Natural Right* (1796-1797) and his *Addresses to the German Nation* (1808). As for Karl Heinrich Heydenreich (1764-1801), he was also an important disciple of Kant. According to Benjamin D. Crowe, his work entitled *Betrachtungen über die Philosophie der natürlichen Religion* (*Considerations on the Philosophy of Natural Religion*), published in two volumes in 1790 and 1791, offers the first example of Kantian theological philosophy. Benjamin D. Crowe, '*Theismus des Gefühls*: Heydenreich, Fichte, and the Transcendental Philosophy of Religion', *Journal of the History of Ideas*, 70 (2009), 569-92.
[3] 'Hence a practical precept, which contains a material (and therefore empirical) condition, must never be reckoned a practical law. For the law of the pure will, which is free, brings the will into a sphere quite different from the empirical; and as the necessity involved in the law is not a physical necessity, it can only consist in the formal conditions of the possibility of a law in general.' Kant, *Critique of Practical Reason*, pp. 122-23, § 8, Remark I.

[2.5   Page 9]

4. *La Maxime*(xx) de la volonté libre, de subordonner la sensualité à la raison purement et simplement, jamais au contraire, la raison à la sensualité.

Les trois premiers numéros constituent *les facultés morales* de l'homme ; le quatrième détermine *l'usage* qu'il *doit* faire de ces facultés. Les facultés sont un don de la nature ; l'usage, une action de la personne. Par les premières, l'homme est un *être moral* (par opposition à ceux qui ne le sont pas, c'est-à-dire qui n'ont ni raison, ni liberté, mais seulement de l'instinct, aux animaux). Par l'autre, il devient un *homme moral* (vertueux ; par opposition à l'immoral, qui use mal, qui abuse de sa liberté).

(xx) Nous entendons ici et partout ailleurs par *maxime*, non pas quelque proposition ou sentence, mais *la règle sur laquelle un homme décide sa conduite*, la règle de ses actions. La loi devient ma maxime quand je forme la résolution de la suivre toujours ; sinon, ma maxime serait la non observation de la loi. En un mot, une maxime est une loi fondamentale subjective.[4]

[2.6   Page 10]

En qualité *d'être moral*, chaque homme est *fin lui-même*, et il n'est pas permis de l'employer comme *simple moyen*, comme chose ;[5] en qualité d'*homme moral* il acquiert de la *dignité* et cette dignité n'est commensurable à aucun *prix* (mesure des choses). En qualité d'être moral il a des devoirs indispensables et des droits inaliénables ; en qualité d'homme moral il observe ses devoirs et respecte les droits d'autrui.

J'ajoute les remarques suivantes pour justifier la définition de la moralité et la préciser davantage.

Sans la raison pratique, et sans la conscience, son interprète, nous n'aurions aucune idée du juste et de l'injuste, du bien et du mal ; il n'y aurait pour nous *aucune loi morale*. *Sans la sensualité*, qui combat contre la conscience, la pratique de la loi morale ne nous coûterait aucun effort, elle ne serait pas *vertu*. *Sans la liberté*, ni la pratique, ni la violation de la loi morale ne pourrait

---

[4] « Des principes pratiques sont des propositions renfermant une détermination générale de la volonté dont dépendent plusieurs règles pratiques. Ils sont subjectifs, ou sont des *maximes*, lorsque la condition est considérée par le sujet comme valable seulement pour sa volonté ; mais ils sont objectifs, ou sont des *lois* pratiques, quand cette condition est reconnue comme objective, c'est-à-dire valable pour la volonté de tout être raisonnable. » Kant, *Critique de la raison pratique*, p. 37, chapitre premier, § 1, v, 19. L'idéal moral de Kant consiste à faire coïncider les principes subjectifs et les principes objectifs. Aussi la « loi fondamentale de la raison pure pratique » est-elle la suivante : « Agis de telle sorte que la maxime de ta volonté puisse en même temps toujours valoir comme principe d'une législation universelle » (p. 53, § 7, v, 30).
[5] L'idée selon laquelle l'homme est une fin et non un moyen est l'un des fondements de l'approche pédagogique de Rousseau dans l'*Émile*. Elle implique qu'il ne faut pas former l'homme dans l'optique de telle ou telle finalité, car l'homme, dans son humanité même, est sa propre finalité. Kant reprendra cette idée et y apportera des développements nouveaux, notamment en ce qui concerne la morale. L'usage qu'en fait Mercier dans ce traité est marqué par cette double influence.

2. DEFINITION PRINCIPLES, AND NOTIONS OF MORALITY 53

[2.5   Page 9]
4. *The Maxim*^(xx) of free will to subordinate sensuality purely and simply to reason, never the opposite, that is, reason to sensuality.

The first three items constitute the *moral faculties* of man; the fourth determines *the use* that he *must* make of these faculties. Faculties are a gift from nature; the use of them, an action of the individual. With the first ones, man is a *moral being* (in contrast to those that are not moral, that is to say, those who have neither reason nor liberty, only instinct, to animals). With the fourth, he becomes a *moral man* (virtuous; in contrast to the immoral man, who uses his freedom poorly, who abuses it).

---

^(xx) By *maxim*, we mean throughout this essay not some proposition nor a saying but rather *the rule upon which a man determines his behaviour*, the rule for his actions. The law becomes my maxim when I resolve always to follow it; if not, my maxim would be the non-observance of the law. In a word, a maxim is a law that is fundamentally subjective.[4]

[2.6   Page 10]
As a *moral being*, every man is *an end unto himself*, and it is not permitted to use him as a *simple means*, as a thing;[5] as a *moral man* he acquires *dignity*, and that dignity is not commensurable with any *price* (the measure of things). As a moral being he has vital duties and inalienable rights; as a moral man he carries out his duties and respects the rights of others.

I add the following remarks to justify the definition of morality and to clarify it further.

Without practical reason, and without conscience, its interpreter, we would have no idea of what is just or unjust, of good and of evil; there would be for us *no moral law*. *Without sensuality*, which fights against conscience, the practice of moral law would not cost us any effort, it would not be *virtue*. *Without freedom*, neither the practice, nor the violation of moral law could be imputed

---

[4] 'Practical principles are propositions which contain a general determination of the will, having under it several practical rules. They are subjective, or *Maxims*, when the condition is regarded by the subjective as valid only for his own will, but are objective, or practical *laws*, when the condition is recognized as objective, that is, valid for the will of every rational being.' Kant, *Critique of Practical Reason*, p. 105, chap. 1, § 1. Kant's moral ideal consists of aligning subjective and objective principles. The fundamental law of practical reason is, as Kant states: 'Act so that the maxim of thy will can always at the same time hold good as a principle of universal legislation.' Kant, *Critique of Practical Reason*, p. 119, § 7.

[5] The idea that man is an end and not a means is one of the foundations of Rousseau's pedagogical approach in *Emile, or On Education* (1762). It implies that we must not train man with a predetermined finality in mind, because man in his very humanity, is his own finality. Kant will take up this idea and develop it in new directions, especially on the subject of morality. The use that Mercier makes of it in this treatise is marked by this double influence.

nous être imputée, il n'y aurait *ni mérite ni coulpe*. La décision de la conscience nous impose des *devoirs*, les émotions de la sensualité nous *sollicitent*, au moyen de la liberté nous nous *décidons nous-mêmes* en faveur du devoir ou des sollicitations. Quiconque soumet *aveuglément* sa volonté aux sollicitations de la sensualité suit *la maxime de la brute sensualité*. Quiconque cherche à satisfaire ses appétits, de *manière* qu'il *calcule* la durée de l'intensité de la jouissance

[2.7   Page 11]
et qu'il cède ou résiste en conséquence de son calcul, suit *la maxime de la prudence*. Quiconque soumet *purement et simplement* ses appétits aux décisions de la conscience, suit *la maxime de la sagesse*. Les deux premières maximes, *sans être également pernicieuses, sont également immorales. Point également pernicieuses*: la prudence connaissant mieux son intérêt que la brute sensualité, elle regarde plus à l'*utile* (à l'agrément médiat par exemple au gain, à l'honneur etc.), tandis que l'autre ne regarde qu'à l'agrément immédiat, il arrive même souvent que la prudence conseille d'agir conformément au devoir, parce qu'elle s'en promet le plus grand avantage. Mais *l'immoralité est égale* : car la prudence soumet la volonté à l'appétit, aussi bien que la brute sensualité, et fait aussi peu de cas que celle-ci de la *loi morale en elle-même*, et quoiqu'elle remplisse *matériellement* le devoir assez souvent, elle ne le fait que parce qu'elle le regarde comme le *meilleur moyen* de satisfaire un appétit quelconque ; elle ne remplit donc point le devoir *formellement* ; elle agit bien *conformément* au devoir, mais non *par devoir* ; ses actions sont *légales*, mais non *morales*, elle a *l'apparence* de la vertu, mais elle *n'est point la vertu*. La brute sensualité peut aussi agir quelquefois conformément au devoir, quand, par hasard, l'instigation de l'appétit s'accorde avec la loi de la raison : elle est par exemple bienfaisante par tempérament, instiguée par la compassion. Mais elle n'agit point par devoir,

[2.8   Page 12]
puisqu'elle ne cherche qu'à satisfaire l'appétit. Rien que le *sage* agit *conformément* au *devoir par devoir*, agit *légalement parce que* la loi morale l'ordonne. Il faut donc bien distinguer entre la *prudence* et *la sagesse*, entre *la légalité et la conscience*, entre *les bonnes mœurs et la moralité*.

On verra dans la suite de ce discours l'utilité de ces distinctions : ici seulement deux mots en passant. Celui qui veut produire un effet déterminé quelconque, doit se faire une idée distincte et de cet effet, et des forces par lesquelles, selon l'ordre de la nature, un tel *effet* peut être produit, sinon, il se donne des peines inutiles, et se verra peut-être trompé par un effet tout contraire. Voulez-vous éteindre un incendie ? N'y versez pas d'huile. Ce serait exposer à une erreur

2. DEFINITION PRINCIPLES, AND NOTIONS OF MORALITY 55

to us, there would be *neither merit nor guilt*. A decision of conscience imposes *duties* upon us, the emotions brought about by sensuality *call upon* us, and through freedom *we alone decide* between duty and these sensual promptings. Whoever submits his will *blindly* to the promptings of sensuality is following *the maxim of crude sensuality*. Whoever seeks to satisfy his appetites, in such a *way* as to *calculate* the duration of the intensity of his pleasure,

[2.7   Page 11]
and either yields or resists as a consequence of his calculation, is following *the maxim of prudence*. Whoever submits his desires *purely and simply* to the decisions of his conscience follows *the maxim of wisdom*. The first two maxims, *without being equally pernicious, are equally immoral. They are not equally pernicious* because prudence, more aware than crude sensuality of its interests, pertains more to the *useful* (to the indirect pleasure secured by profit, honour etc. for example), whereas sensuality only pertains to pleasure directly; it even often happens that prudence advises one to act in accordance with duty, because it is likely to derive the greatest advantage from that. However, *prudence is no less immoral than crude sensuality* because prudence submits the will to desire, as much as crude sensuality does; it pays as little heed to *moral law as such*, and although it fulfils duty *materially* fairly often, prudence only does so because it regards it as the *best means* to satisfy any desire; thus it does not fulfil its duty *formally*; it acts *in accordance with* duty, but not *because of a sense of duty*, its actions are *legal*, but not *moral*, it *has the appearance* of virtue, but it is not virtue. Crude sensuality can also sometimes act in accordance with duty, when, by chance, the incentive of desire coincides with the law of reason: it is, for example, beneficial by temperament, when triggered by compassion. But it does not act out of duty,

[2.8   Page 12]
since it only seeks to satisfy desire. Only the *wise man* acts *in accordance* with *duty out of a sense of duty*, acting *legally because* moral law commands it. It is thus necessary to distinguish *prudence* from *wisdom*, *legality* from *conscience*, and *good conduct* from *morality*.

We shall see further on in this discourse the usefulness of these distinctions: but for now, just a few words in passing. He who wants to produce any given effect, must have a distinct idea both of this effect and of the forces by which, according to the order of nature, such an *effect* can be produced; otherwise he goes to a lot of trouble for nothing, and will perhaps be deceived by the opposite effect. You want to put out a fire? Do not pour any oil on it. One would

pareille que de vouloir fonder la moralité des hommes, sans une connaissance distincte et précise des dispositions naturelles de l'homme à la moralité, sur laquelle on puisse régler ses moyens, et il est plus aisé d'errer en morale qu'en physique, la marche des facultés de l'homme étant bien plus cachée que celle des forces de la nature. Et précisément dans l'affaire dont il s'agit on s'est cruellement trompé jusqu'à nos jours presque généralement. Ainsi par exemple on a pensé, et plusieurs pensent encore, de fonder la moralité, en rendant les hommes bien attentifs aux suites avantageuses d'une conduite

[Les pages 13 et 14 manquent.]

[2.9   Page 15]
[...] l'homme d'honneur, comme on l'appelle, n'étant disposé à bien faire et à observer l'honnêteté conventionnelle qu'autant qu'il en a de l'honneur, n'évite l'injustice et la déshonnêteté, qu'autant qu'ils le couvriraient de honte. Qu'est-ce qui l'empêcherait de tromper ou de mentir, sitôt qu'il se croira sûr de n'être pas découvert ? Pourquoi s'abstenir des vices que son siècle ou le cercle où il vit n'estime point déshonorants ? Ce n'est ni la justice ni la vérité qui lui est sacrée, ni la vertu qu'il regarde comme inestimable ; il ne cherche que son honneur.[6]

Pardonnez, Citoyens français, si je m'arrête si longtemps sur ce point, il est de la dernière importance lorsqu'il s'agit de la moralité, et particulièrement pour la France. Car, Vous le savez bien, il n'y a aucune nation chez laquelle l'honneur ait joué un plus grand rôle ; et Vous avez dans votre expérience une preuve frappante de mon assertion qu'exciter ce sentiment n'est rien moins qu'un moyen propre à fonder la moralité. Rappelez-Vous la ci-devant noblesse : quelle tyrannie l'honneur n'exerçait-il pas sur elle ! L'honneur était leur idole, et ils lui sacrifiaient toute autre chose, et trop souvent même la vertu. Et Vous ne Vous imaginerez pas que cette façon de penser, enracinée et soigneusement nourrie chez les ci-devant prétendus

[2.10   Page 16]
grands, soit demeurée sans influence sur le reste de la nation ; vu que les sentiments se communiquent à tous. Vous ne croirez pas non plus que cette influence eût cessé tout d'un coup à la suppression de la noblesse. Non Citoyens ; l'expérience de l'homme nous prouve le contraire. Le mal a trop pénétré toutes

---

[6] Pour une compréhension détaillée de la fonction morale de l'honneur au XVIIIe siècle, voir notamment Alain Faudenay, *La Distinction à l'âge classique* (Paris : Honoré Champion, 1992) ; James Bowman, *Honor: A History* (New York, NY : Encounters Books, 2006) ; Alexander Welsh, *What Is Honor? A Question of Moral Imperatives* (New Haven, CT : Yale University Press, 2008) et *Penser et vivre l'honneur à l'époque moderne*, éd. par Hervé Drévillon et Diego Venturino (Rennes : Presses universitaires de Rennes, 2011).

be risking a similar error by wanting to found the morality of men, without a distinct and precise knowledge of the natural disposition of man for morality, upon which we could adjust the means, and it is easier to err in morality than in physics, the operation of man's faculties being much less easy to discover than that of the forces of nature. And precisely concerning the matter at hand, we have cruelly been mistaken until now, almost as a rule. Thus, for example, we thought, and several people still think this, to found morality by rendering men very conscious of the advantageous consequences of some behaviour

[Pages 13 and 14 are missing]

[2.9   Page 15]
[...] the man of honour, as they call him, being disposed to do what is right and to observe conventional honesty only if it brings him honour, avoids injustice and impropriety only when it would disgrace him. What would prevent him from cheating or lying, if he feels sure he will not be found out? Why abstain from the vices that his times or his circle do not deem dishonourable? It is neither justice nor truth that is sacred to him, nor virtue that he views as priceless; he is only seeking honour.[6]

Forgive me French Citizens, if I dwell on this point, it is of the utmost importance when morality is at stake, and, in particular, for France. Because, as You well know, there is no other nation where honour has played a greater role; and from Your experience You have striking proof of my assertion that to stimulate this feeling is no less than a means that can be used to found morality. Recall the former nobility: what tyranny did honour not exert over it? Honour was their idol, and they sacrificed everything for it, and too often even virtue. And do not imagine that this way of thinking, rooted and carefully nourished by the so-called

[2.10   Page 16]
great men of the monarchy remained without any influence on the rest of the nation, given that sentiments spread to everybody. You must not believe either that this influence ended immediately with the abolition of the nobility. No Citizens; man's experience proves the opposite. Evil has spread too much throughout all the parts of the body politic to be removed by the sacrifice of a

---

[6] For a detailed understanding of the moral function of honour in the eighteenth century, see Alain Faudenay, *La Distinction à l'âge classique* (Paris: Honoré Champion, 1992); James Bowman, *Honor: A History* (New York, NY: Encounters Books, 2006); Alexander Welsh, *What Is Honor? A Question of Moral Imperatives* (New Haven, CT: Yale University Press, 2008) and *Penser et vivre l'honneur à l'époque moderne*, ed. by Hervé Drévillon and Diego Venturino (Rennes: University of Rennes Press, 2011).

les parties du corps politique pour être enlevé par le sacrifice d'un membre.[7] Et n'imputons point le mal à la seule noblesse. L'honneur, de sa nature, est trop enclin à franchir les bornes chez tous les hommes ; il ne manque d'aiguillon dans aucune société, et nous n'avons pas besoin d'aucun sacrifice pour l'exciter. C'est pourquoi nous le voyons régner chez tous les peuples et dans toutes les conditions ; mais il est le plus inflammable et le plus enclin à des écarts avec une imagination vive ; ce qui est justement le cas de la nation française. Il est aisé de comprendre par là, comment son empire est devenu si grand, que même plusieurs langues en ont été subjuguées, et que le mot d'honneur a pris un sens plus achevé que celui de morale. Qui n'aime mieux passer pour *un homme d'honneur* que pour *un homme moral*, c'est-à-dire vertueux ? — Le résultat de tout ceci est qu'il nous faut chercher d'autres moyens que l'honneur pour fonder la moralité ; si toutefois nous tendons à la vraie moralité, c'est-à-dire au respect pur

[2.11   Page 17]

et simple et à la pratique inviolable de la vertu. Ces moyens, nous les verrons en suivant, les yeux tournés vers notre but, le développement de l'idée de la moralité.

Nous ne pouvons rien mettre dans l'homme, à quoi la nature ne lui ait donné la disposition. Si donc nous voulons fonder la moralité, il faut donc nous tenir exactement aux dispositions que l'homme peut y avoir. Si ces dispositions sont, comme nous l'avons dit, *la raison*, et la *sensualité* et la *liberté* ; c'est à elles que nous devons nous adresser. Le *but*, où nous tendons, est *la moralité*, ou la maxime de soumettre purement et simplement les appétits à la raison. Nous voulons former les hommes à *la résolution de suivre leur conscience*, et d'*exécuter* cette résolution *dans tous les cas*. Si nous avions le bonheur de réussir généralement, il y aurait bien encore parmi les hommes plusieurs *erreurs* et peut-être plusieurs *fautes*, mais aucun *vice* ; tous les gouvernements cesseraient d'eux-mêmes, comme superflus ; les hommes poussés par des motifs désintéressés, contenant, de leur propre et libre mouvement, leurs appétits sensuels, toute coaction serait inutile pour prévenir les injustices. Les gouvernements auraient atteint leur dernière fin, et par cela

[2.12   Page 18]

même leur terme. Belle image de l'âge d'or dans le sens moral ! — Mais sera-t-

---

[7] Pour penser la dégénérescence sociale, Mercier, comme nombre de ses contemporains, a recours à un imaginaire pathologique appuyé par des métaphores corporelles. Le *Tableau de Paris* et *Le nouveau Paris* sont aussi largement nourris de cet imaginaire. À ce sujet, voir notamment Judith Schlanger, *Les Métaphores de l'organisme*, 2e édition (Paris : Éditions l'Harmattan, 1995) et Antoine de Baecque, *Le Corps de l'histoire* (Paris : Calmann-Lévy, 1993).

2. DEFINITION PRINCIPLES, AND NOTIONS OF MORALITY

single limb.[7] And let us not impute evil to the nobility alone. By its very nature honour is only too inclined to go too far in all men; no society lacks such an incentive, and no sacrifice needs to be made to trigger it. That's why we see it rule all people from all social strata; but it is the most flammable and the most inclined to lapse with a lively imagination; this is precisely the case with the French nation. It is easy to understand how its empire has become so great in this way, that even several languages have been subjugated by it, and that the word honour has taken on a more developed meaning than that of morality. Who would not rather be taken for *a man of honour* than for *a moral man*, that is to say, a virtuous one? — The result of all this is that we need to look for means other than honour to found morality; if, however, we tend towards true morality, that is to say towards pure and simple respect

[2.11   Page 17]

and towards the impregnable practice of virtue. We shall see what these means are by following the development of the idea of morality, with our eyes turned towards our goal.

We cannot put anything in man for which nature has not already predisposed him. Thus, if we want to found morality, we must therefore keep exactly to the dispositions that man already has for it. If these dispositions are as we have already stated, *reason* and *sensuality* and *liberty*, it is to these that we must address ourselves. The *goal*, towards which we are headed, is *morality*, or the maxim of submitting, purely and simply, desires to reason. We want to educate men so that they *resolve to follow their conscience*, and *to follow through* with such a resolution *in all cases*. If we were generally fortunate enough to succeed in this matter, there would still be several *errors* among men, and perhaps several *moral failings*, but absolutely no *vice*; all governments would cease to exist of their own accord, due to being superfluous; men being driven by disinterested motives, containing their sensual desires out of their own volition, all concerted action would be useless for preventing injustices. Governments would have attained their ultimate objective and, because of that,

[2.12   Page 18]

their own end. What a beautiful image of the golden age in the moral sense! — But will this ever come to pass? Will it not be forever a pure fiction, which, like

---

[7] In order to reflect upon social degeneration, Mercier, like many of his contemporaries, uses an imagery of pathology supported by corporal metaphors. *Tableau de Paris* and *Le nouveau Paris* are also much nourished by this imagery. On this subject, see Judith Schlanger, *Les Métaphores de l'organisme* (Paris: L'Harmattan, 1995 [1971]) and Antoine de Baecque, *Le Corps de l'histoire* (Paris: Calmann-Lévy, 1993).

elle jamais réalisée ? Ne sera-t-elle pas à toujours une pure fiction, qui, comme un songe agréable, peut bien occuper l'esprit de l'enthousiaste, mais que le froid raisonneur rejette comme une chimère ? On le croirait ; non seulement d'après l'expérience, mais aussi [d']après la théorie de la morale que nous avons établie ; si, fidèles à nos principes, nous poursuivons, sans inconséquence, le fil de nos raisonnements. — Car, la moralité suppose *l'entière disposition de la liberté*, dans la plus grande rigueur du terme. Elle doit être l'ouvrage *propre* de l'homme, sans quoi elle n'est point moralité ; et cependant nous prétendons fonder la moralité *en autrui* ? n'est-ce pas une contradiction manifeste ? n'est-ce pas renverser une disposition immuable de la nature ? Pouvons-nous donc y espérer du succès ?

Si, *fonder la moralité en autrui*, c'est *en effet rendre un homme moral (vertueux)*, et si le terme *fonder* signifie rigoureusement *produire* : notre entreprise est en effet contradictoire à la nature, et peut-être vaine. Car l'homme, comme un être moral, n'est point une machine, dont nous puissions calculer les effets sur les lois de la mécanique, ou les déterminer d'avance avec une certitude absolue ;

[2.13   Page 19]
il n'est pas non plus un simple animal, qui obéisse irrésistiblement aux lois de l'instinct et des impressions reçues. Nous pouvons bien donner aux machines une action déterminée, et dresser un animal selon nos vues ; mais, l'homme étant un être moral, nous ne saurions en faire de même. La disposition à la moralité consiste dans la *liberté*, et la moralité actuelle est le produit de cette liberté. Quiconque entreprendrait d'agir sur l'homme de manière à restreindre sa liberté détruirait, autant qu'il serait en lui, la moralité, et rabaisserait l'homme à la condition de machine ou d'animal : et comment pourrait-il fonder la moralité ? Il s'ensuit de là, sans contredit, qu'il n'existe aucun moyen, qui puisse produire *nécessairement* la moralité en autrui et qui soit avec elle dans un rapport nécessaire de cause et d'effet, en sorte qu'on pût dire qu'il l'a *produit*.[8] Mais de là il ne s'ensuit nullement que nous ne puissions aider les autres à devenir moraux, et employer des moyens de *fonder* leur moralité, en sorte qu'ils puissent ensuite l'*établir eux-mêmes* plus aisément et plus solidement sur le fondement, que nous leur aurons préparé.[9] Et si nous avons *bien choisi nos moyens*, nous ne manquerons pas de raisons de nous promettre avec beaucoup de vraisemblance le succès que nous désirons,

---

[8] Noté dans la marge de droite, vraisemblablement par Mercier : « à revoir / mal copié ».
[9] Cette mise au point lexicale est importante pour comprendre à la fois l'objectif poursuivi par Mercier dans ce traité et les bases de sa philosophie morale. Conformément à la pédagogie rousseauiste et à la morale kantienne, Mercier considère comme inviolable l'autonomie du sujet, qu'il s'agit moins de former que d'encourager à se former lui-même en lui fournissant un terreau propice au déploiement d'une vertu authentique.

a pleasant dream, can quite well occupy the mind of the enthusiastic person, whereas the cold reasoner rejects it as a chimera? It would seem so; based not only on experience, but also on the theory of morality that we have established; if we are faithful to our principles and we pursue, without inconsistency, the thread of our reasoning. — Because morality implies the *unqualified disposition of freedom*, in the strictest meaning of the term. It must be man's *own* work, without which it is not morality at all; and yet we claim to found morality *in other people*? Is that not a manifest contradiction? Is this not overturning an immutable disposition of nature? Can we thus hope to succeed?

If *to found morality in other people* is *to indeed make a man moral (virtuous)*, and if the term *to found* rigorously means to *produce*: our endeavour is indeed contrary to nature, and perhaps vain. Because man, as a moral being, is not a machine, for which we can calculate the effects according to mechanical laws, or determine them in advance with absolute certainty;

[2.13   Page 19]
he is not a simple animal either, who irresistibly obeys the laws of instinct and perceptions. We can of course make machines carry out a determined action, and train an animal in accordance with our wishes; but, man being a moral being, we would not be able to do likewise. Disposition towards morality consists in *liberty*, and the current morality is the product of that liberty. Anyone who would set about acting on man in such a way as to restrict his liberty would destroy such morality as existed within him, and would reduce him to the condition of a machine or an animal: and how could he establish morality? It follows indisputably from this that no means exists that could *necessarily* produce morality in other people, and which would be in a relationship of cause and effect with morality, in such a way that one could say that it has *produced* it.[8] But it does not follow at all that we can help others to become moral beings, and employ means for *establishing* their morality, so that they can subsequently *establish it themselves* more easily and more solidly on the foundation we will have prepared for them.[9] And if we have *chosen our means well*, we will not be lacking for reasons very plausibly to expect the success that we desire,

---

[8] In the right-hand margin, a note reads: 'to be reviewed / poorly copied'; this was probably written by Mercier.
[9] This lexical clarification is important for understanding both Mercier's goal in this treatise and the basis of his moral philosophy. In accordance with Rousseauist pedagogy and Kantian morals, Mercier considers the autonomy of the subject as inviolable. The goal is not merely to train the individual but to encourage self-training by providing conditions suitable to the spread of authentic virtue.

[2.14   Page 20]
et, si nous ne pouvons pas prédire, comme un phénomène physique, l'existence de l'âge d'or moral, parce que tout dépend de la liberté, nous pouvons pourtant contribuer beaucoup à ce que notre espèce s'en approche toujours davantage et à plus grands pas, quand même elle ne devrait jamais l'atteindre. Eh bien ! faisons-en d'abord l'essai avec *un* peuple.

Nous pouvons maintenant proposer en principes les propositions suivantes.

1. *La moralité* d'un homme, et particulièrement d'un peuple *ne saurait être fondée par compression de la liberté* ou *par la contrainte*.

La contrainte n'est pas compatible avec la moralité qu'autant que réprimant les emportements de la licence, elle favorise la liberté en la sauvant de l'oppression de la sensualité ; hors de là, quelque forme qu'elle emprunte, soit politique, soit hiérarchique, soit institutive, elle tourne en despotisme illicite. Et tout despotisme, soit sensible ou subtil, est destructif de la moralité ; la liberté seule la favorise ; de là

2. *La moralité* d'un peuple *peut être fondée, en favorisant et en assurant l'usage de la liberté*.

Cette proposition demande quelque explication. Il ne s'agit pas ici de la liberté *politique*,

[2.15   Page 21]
mais de la liberté *morale* ; non de la liberté *extérieure*, mais de la liberté *intérieure*. La première peut, dans l'occasion, influer avantageusement sur celle-ci, mais elle est loin de la constituer. Encore moins faut-il entendre ici la *licence*, qui s'abandonne sans réserve aux impulsions de la sensualité et qui, dans le fond, est le plus honteux esclavage.[10] La liberté que nous entendons, c'est la liberté de la volonté, liberté qui fait une partie essentielle de la disposition de l'homme à la moralité. Mais en tant que *disposition*, elle ne peut *encore s'exercer*, elle est *faculté*, et non *pouvoir*.[11] Ce n'est que par le développement de cette faculté que l'homme parvient à l'usage et à la jouissance de la liberté. Nous pouvons *favoriser* ce développement en autrui et aider aussi les autres à acquérir l'usage de la liberté ; nous pouvons encore contribuer à leur *assurer* cet usage et à affermir leur liberté. Notre définition de la moralité nous indique ce que nous avons à faire pour cela. La liberté doit décider le choix entre la raison et la sensualité. Elle n'est *liberté qu'autant que ce choix dépend uniquement d'elle*. Pour jouir entièrement de sa liberté, il faut donc que l'homme ait le sentiment *et* de la loi de la raison *et* de l'impulsion

---

[10] Mercier prévient ici l'association qui pourrait être faite entre liberté morale et libertinage.
[11] Tout l'enjeu du programme de Mercier est de faire passer cette moralité en puissance à une moralité en acte.

2. Definition principles, and notions of morality 63

[2.14   Page 20]

and if we cannot predict the existence of a golden age of morality as if it were a physical phenomenon, because everything depends on freedom, we can however contribute much towards our species, increasingly and more rapidly, approaching this state, even if it can never actually reach it. Well! Let us first make the attempt with *one* people.

We can now put forward the following propositions as principles.

1. *The morality* of a man, and particularly of a people *could never be established through the reduction of freedom* or *through coercion.*

Coercion is only compatible with morality when, while repressing licentious impulses, it favours liberty by saving it from the oppression of sensuality; outside of that, whatever form it takes, whether political, hierarchical, or institutional, it turns into illicit despotism. And despotism in all its guises, be it sensible or subtle, is destructive of morality; only liberty promotes it; from there

2. *The morality* of a people *can be established by favouring and securing the use of liberty.*

This proposition requires some explanation. It is not a question of *political* freedom here,

[2.15   Page 21]

but of *moral* freedom; not of *external* freedom, but of *internal* freedom. The first can, on occasion, influence the second in a beneficial way, but it is far from being the same. Even less do we here mean *licentiousness*, which gives itself entirely to the impulses of sensuality, and which in fact is the most shameful type of slavery.[10] The freedom we speak of is the freedom of the will, freedom which is an essential part of man's disposition towards morality. But as a *disposition*, it cannot *yet act*, it is a *faculty* not a *power*.[11] It is only by developing this faculty that man can attain the use and enjoyment of freedom. We can *promote* this development in other people and also help them to acquire the use of freedom; we can yet contribute to *ensuring* that they have this use, and to strengthen their freedom. Our definition of morality points to what we have to do to achieve that. Freedom must determine the choice between reason and sensuality. It is *freedom only insofar as this choice depends on it alone*. In order to enjoy his freedom entirely, man must feel the law of *both* reason *and* the impulse

---

[10] Mercier is attempting to prevent the association that could be made between moral freedom and libertinism.

[11] The goal of Mercier's programme is to move from potential morality to one based on actions.

[2.16   Page 22]
de la sensualité. Dans le silence, soit de la conscience, soit de la sensualité, il n'y a plus de moralité possible, parce qu'il n'y a aucun choix. Les sens se réveillent dans l'homme avant la raison. Tant que celle-ci ne se fait point entendre, l'homme n'a aucune liberté, il est sous la loi de l'instinct. Dès que celle-ci parle, l'usage de la liberté commence, l'homme conçoit qu'il *doit* choisir et il sent qu'il le *peut*. Si par des soins désavoués de la nature, la sensualité n'avait pas acquis de bonne heure une impétuosité qu'elle n'aurait point sous les auspices de la nature intègre, *il dépendrait sans doute entièrement de la nature de l'homme*, dès le moment où sa raison vient d'éclore, *de décider son choix*, c'est-à-dire d'être *bon* ou *méchant*. En ce cas l'homme serait *vraiment libre*, et *le mérite* et *la coulpe* seraient entièrement *siens*. Malheureusement il y a chez nous peu d'enfants dans ce cas ; d'où il s'ensuit que la plupart commencent par des chutes, dont ensuite ils se relèvent à peine. La faute en est en grande partie à ceux qui, par leurs artifices, ont donné à la sensualité une énergie monstrueuse, en même temps qu'ils ont négligé le développement de la raison pratique. Pardonnons-leur ; la plupart ne savaient pas ce qu'ils faisaient.[12]

[2.17   Page 23]
Mais nous savons maintenant ce que nous avons à faire ; ces recherches nous ont montré le chemin. Il nous faut cultiver la raison pratique et retenir ou repousser dans leurs bornes les penchants. Le premier demande *les lumières morales* ; le second, *la discipline morale*. Plus nous réussirons en l'un et l'autre point et plus nous réussirons à rendre l'homme *tellement libre* qu'il dépendra *uniquement* de sa volonté d'être bon ou de ne pas l'être. Nous avons donc trouvé le principe sur lequel nous avons à chercher les moyens de fonder la moralité d'un peuple. Le voici en peu de mots.

RENDEZ LE PEUPLE MORALEMENT LIBRE, EN RÉPANDANT LES LUMIÈRES MORALES ET EN EMPLOYANT LA DISCIPLINE MORALE.

Citoyens ! Remplissez de votre mieux cette tâche et Vous aurez fait pour la moralité du peuple tout ce que Vous *pouvez* et qu'il Vous *est permis* de faire. La nature ne supporte et la raison ne permet rien de plus. Ah ! si les gouvernements et les instituteurs des peuples avaient toujours rempli cette tâche et qu'ils n'eussent jamais entrepris de faire davantage ;

[2.18   Page 24]
certainement, il y aurait dans le monde plus de vraie moralité qu'il n'y en a et nous ne serions pas obligés d'ajouter au principe que nous avons établi l'addition suivante, indispensable dans l'état de dégénération où se trouve la moralité des peuples.

---

[12] Référence détournée à Luc 23.34.

[2.16   Page 22]
of sensuality. If either conscience or sensuality remains silent, morality is no longer possible, because there is no choice involved whatsoever. Senses awaken in man before reason does. As long as reason does not make itself heard, man has no liberty at all; he is subjected to the law of instinct. As soon as reason speaks, the use of liberty begins, man understands that he *must* choose and he senses that he *can*. If through neglect by nature, sensuality had not early on acquired an impetuosity which it would not have under the auspices of pure nature, *it would undoubtedly depend entirely on the nature of man*, from the moment when his reason begins to blossom, *to determine his choice*, that is to say to be *good* or *evil*. In this case man would be *truly free*, and *merit* and *guilt* would be entirely *his*. Unfortunately, there are few children like that among us; whereby it follows that most of them start off with failures, from which they hardly recover. The blame falls mostly on those who, through their pretences, have invested a monstrous energy in sensuality, while at the same time neglecting the development of practical reason. Forgive them; most of them did not know what they were doing.[12]

[2.17   Page 23]
But we now know what we have to do; this research has shown us the way. We must cultivate practical reason and keep inclinations within their boundaries. The first requires *moral enlightenment*; the second requires *moral discipline*. The more we succeed in both domains, the more we will succeed in making man *so free* that it will depend *solely* on his will to be good or not. We have thus found the principle according to which which we must seek the means for establishing the moral character of a people. Here it is in a few words.

MAKE THE PEOPLE MORALLY FREE BY SPREADING MORAL ENLIGHTENMENT AND BY USING MORAL DISCIPLINE.

Citizens! Fulfil this task as best you can, and You will have accomplished for the morality of the people everything You *can* and which You are *permitted* to do. Nature does not tolerate, and reason does not allow, anything more. Ah! If only the governments and teachers of peoples had always fulfilled this task and had never sought to do more;

[2.18   Page 24]
certainly, there would be more true morality in the world than there currently is, and we would not be forced to add to the principle that we have established, the following additions, indispensable given the current state of degeneration of peoples' morality.

---

[12] Oblique reference to Luke 23.34.

pulsions de la sensualité. Dans le silence, soit de la conscience, soit de la sensualité, il n'y a plus de moralité possible, parce qu'il n'y a aucun choix. Les sens se réveillent dans l'homme avant la raison. Tant que celle-ci ne se fait point entendre, l'homme n'a aucune liberté; il est sous la loi de l'instinct. Dès que celle-ci parle, l'usage de la liberté commence; l'homme conçoit qu'il doit choisir & il sent qu'il le peut. Si par des soins désavoués de la nature, la sensualité n'avoit pas acquis de bonne heure une impétuosité qu'elle n'auroit point sous les auspices de la nature intégre, il dependroit sans doute entièrement de l'homme, dès le moment où sa raison vient d'éclore, de décider son choix, c. a. d. d'être bon ou méchant. En ce cas l'homme seroit vraiment libre, & le merite & la coulpe seroient entièrement siens. Malheureusement il y a chez nous peu d'enfans dans ce cas; d'où il s'enfuit que la plupart commencent par des chutes, dont ensuite ils se relèvent à peine. La faute en est en grande partie à ceux qui, par leurs artifices, ont donné à la sensualité une énergie monstrueuse, en même tems qu'ils ont negligé le développement de la raison pratique. Pardonnons leur, la plupart ne savoient ce qu'ils faisoient. Mais

« Citoyens françois, vous voulez la morale du peuple ! » (1801), Textes de morale, Paris, La Bibliothèque de l'Arsenal, Fonds Mercier, Ms. 15084(3), p. 22.

« Citoyens françois, vous voulez la morale du peuple ! » (1801), Textes de morale, Paris, La Bibliothèque de l'Arsenal, Fonds Mercier, Ms. 15084(3), p. 23.

Addition aux lumières morales : *Combattez les préjugés pernicieux à la moralité*. Addition à la discipline morale : *Écartez les séductions à l'immoralité*, malheureusement fréquentes.

Il nous faut tâcher d'influer sur les adultes comme sur la jeunesse : l'homme étant *lui-même fin* nous ne pouvons négliger personne.[13] Et même pour l'amour de la jeunesse, il ne nous est pas permis d'abandonner les adultes ; car ceux-ci influent puissamment sur ceux-là par leur conversation et leur exemple ; d'ailleurs, la jeunesse devient adulte, et même en ne pensant qu'à elle seule, il faudrait prendre des mesures pour assurer la moralité dans l'âge viril.

Les moyens de fonder la moralité de la jeunesse, c'est-à-dire selon le principe que nous avons établi :

[2.19   Page 25]
Les moyens de morale et de discipline morale pour la jeunesse.

On s'attend bien que nous proposerons des écoles. Sans doute ; et il ne s'agit que de savoir comment les organiser. Dans des écoles bien instituées, on peut faire beaucoup pour la moralité ; mais bien plus dans des instituts d'éducation, où la jeunesse réside et où les maîtres sont en même temps instituteurs dans toute l'étendue du terme. Si les enfants ne passent que quelques heures chaque jour sous la conduite d'instituteurs éclairés, au logis il se perd toujours quelque chose de la bonne semence et il s'y mêle maint mauvais germe. Voulez-Vous donc avoir des succès plus pleins et plus rapides, établissez par tout le pays des instituts d'éducation publique, dont la seule vue doit être de fonder la moralité, à laquelle toute autre vue doit être subordonnée : au moins ne faut-il admettre aucun but temporaire sans s'être assuré qu'il ne contredira jamais la dernière fin.

Nous ne considérons ici les instituts publics d'éducation que sous leurs rapports moraux, comme les moyens de lumières

[2.20   Page 26]
et de discipline morales. Nous n'avons donc point à distinguer entre écoles nationales et écoles savantes. La morale et ses moyens sont partout les mêmes : partout il s'agit de former *l'homme* ; voilà la dernière fin. Il s'agit d'abord *des instituts pour les garçons*. Après la cinquième année accomplie, ils peuvent y être admis.

---

[13] Voir la note 5.

2. DEFINITION PRINCIPLES, AND NOTIONS OF MORALITY 69

Addition to moral enlightenment: *Fight against the prejudices that are pernicious to morality*. Addition to moral discipline: *Remove seductions to immorality*, which are unfortunately frequent.

We must try to have an influence on adults as well as on youth: man being *himself an end*, we cannot neglect anyone.[13] And even out of love for the young, we are not permitted to forsake adults; because the latter influence the former powerfully through their conversation and their example; besides, the young become adults, and even if only thinking of the young, we would still need to take measures to ensure morality in those of a virile age.

The means of founding the morality of the young, that is to say according to the principle that we have established:

[2.19   Page 25]
The means of morality and moral discipline for youth.

One might expect that we will propose schools. Undoubtedly; and it is only a question of knowing how to organize them. In schools that are well established, we can do a great deal for morality; but we can do even more in educational establishments where the young live and where schoolmasters are also teachers in every meaning of the word. If children only spend a few hours each day under the guidance of enlightened instructors, some of the good seeds of learning are always lost at home in some measure, and numerous bad seedlings are mixed up with the good ones. If You want to have more solid and rapid success, create schools for public education throughout the land, whose sole goal must be to establish morality, to which every other goal must be subordinate: at least not a single temporary goal should be allowed without having first guaranteed that it does not contradict the ultimate objective.

Here, we are only considering public educational establishments in in their moral connection, as means of moral enlightenment

[2.20   Page 26]
and of moral discipline. We thus have no need to distinguish between national schools and learned schools. Morality and its means are the same everywhere: everywhere it is a matter of educating *man*; that is the ultimate goal. It is first a matter of *institutes for boys*, where they can be admitted upon their sixth birthday.

---

[13]   See note 5.

[3. Moyens de faire acquérir à la jeunesse des lumières morales]
[3.1 Page 26]
Cherchons maintenant *les moyens des lumières morales* dans nos instituts.

Toutes les lumières ne sont pas des lumières morales, tant s'en faut ; tout développement de l'intellect n'est pas culture de la raison pratique.[1] Un homme peut être très savant, très exercé à penser, sans que sa raison pratique soit développée ; et en ce cas, il aura bien des lumières, sans lumières morales ; et il est possible que celles-ci se trouvent chez l'ignorant doué de l'usage du simple bon sens à un plus haut degré que chez le savant, fut-il même exercé à la philosophie. Le cas n'est pas rare dans la vie. Il n'y a de lumières morales que là où la raison présente nettement à l'esprit la loi morale, et où il existe un jugement sain pour appliquer cette loi aux diverses circonstances. Elle n'est donc pas une prérogative de la science,

[3.2 Page 27]
mais elle *peut* et *doit* être le partage commun de tous les hommes.

Le premier moyen de lumières morales pour la jeunesse est :
L'instruction en morale pure.
Ce que nous entendons par *morale pure* s'explique par la définition de la moralité. L'objet de la morale pure, c'est le *juste* et l'*injuste, le bien et le mal en soi*, sans égard aux *suites*. Les suites des actions nous apprennent ce qui est *agréable* ou *fâcheux, utile* ou *inutile* ; mais non ce qui est juste ou injuste, bien ou mal ; et il n'y a que la raison pratique qui puisse nous en instruire ; car ce n'est autre chose que sa forme originelle qu'elle exprime en commandements et en interdictions par l'organe de la conscience. Voilà proprement le sens du mot de *pure*, qui emporte le caractère d'une loi existante *pour elle-même* et *universellement obligatoire, sans mélange d'aucun empirisme*, d'aucune matière ni suite d'action. Citoyens, j'ai la confiance en Votre impartialité, en Votre

---

[1] Cette opposition entre lumières de l'intellect et lumières morales est caractéristique du discours sur l'éducation au tournant des Lumières. Si le discours des Lumières au sujet de l'éducation était surtout centré sur la diffusion des connaissances scientifiques, il apparaît, dès le début des années 1760, que ces dernières sont insuffisantes et que toute formation doit aussi comporter une dimension morale. Rousseau n'est pas le seul à tenir ces propos. Déjà en 1761, la Société royale de Nancy lance cette question : « Lequel serait plus utile dans notre siècle, d'écrire des ouvrages purement de belles-lettres, ou de morale ? ». La lauréate, une certaine Mlle de Bermann, soutient que, la vertu étant la clé de voûte de la vie en société, l'étude de la morale doit primer sur le reste. Mlle de Bermann, *Est-il plus utile à notre siècle de faire des ouvrages de pure littérature, que d'écrire sur la morale ?* (Nancy : [s. n.], 1761). En 1762, l'année même où paraît l'*Émile*, J.-B. Daragon dénonce à son tour la négligence de la morale au profit des connaissances dans sa *Lettre de M*** à M. l'abbé *** sur la nécessité et la manière de faire entrer un Cours de morale dans l'éducation publique* (Paris : Durand, 1762). Encore en 1784, ce constat est le point de départ des *Principes de morale* de Mably (Paris : Alexandre Jombert jeune, 1784).

[3. The Means of Achieving Moral Enlightenment for Young People]
[3.1   Page 26]
Let us now seek out *the means for establishing moral enlightenment* in our educational establishments.

All enlightenment is not moral enlightenment, far from it; every development involving intellect does not cultivate practical reason.[1] A man can be very knowledgeable, well exercised in the art of thinking, without having developed his practical reason; and, in this case, he will have a great deal of wisdom without moral enlightenment; and it is possible that the ignoramus endowed with simple common sense is more enlightened morally than the scholar well-versed in philosophy. This type of case is not rare in life. There is only moral enlightenment when reason introduces moral law clearly to the mind, and when a sane judgment is available for applying this law to diverse circumstances. Hence this is not the sole prerogative of knowledge

[3.2   Page 27]
but it *can* and *must* be shared in common by all men.

The first means of moral enlightenment for young people is:
Education in pure morality.

What we mean by *pure morality* can be understood if we define morality. The object of pure morality is the *just* and the *unjust, good and evil in and of themselves*, without regard for the *consequences*. The consequences of our actions teach us what is *pleasant* or *annoying, useful* or *useless*; they do not teach us what is just or unjust, good or evil; and only practical reason can instruct us in this matter; because it is nothing else but the original form of practical reason, expressed in commandments and in prohibitions through the instrument of conscience. That is the proper meaning of the word *pure*, which takes on the character of a law that exists *for itself,* which is *universally*

---

[1]   This opposition between intellectual and moral enlightenment is typical of the discourse on education at the end of the eighteenth century. While the Enlightenment discourse on education was mostly centred on the dissemination of scientific knowledge, from the beginning of the 1760s this knowledge was seen as insufficient and it was deemed that all education must also include a moral component. Rousseau was not the only one promoting these ideas. Already in 1761, the Royal Society of Nancy raised the question: 'In our time, would it be more useful to write works of literature or to write on morals?'. The laureate, Mlle de Bermann, supported the idea that since virtue is the keystone of life in society, the study of morality should prevail over all else. Mlle de Bermann, *Est-il plus utile à notre siècle de faire des ouvrages de pure littérature, que d'écrire sur la morale?* (Nancy: [n. pub.], 1761). In 1762, the year when Rousseau's *Emile* was published, J.-B. Daragon also denounced the neglect of morality in favour of knowledge. J.-B. Daragon, *Lettre de M*** à M. L'Abbé **, professeur de philosophie à l'Université de Paris, sur la nécessité et la manière de faire entrer un cours de morale dans l'éducation publique* (Paris: Durand, 1762). In 1784, still, this argument was the starting point of Gabriel Bonnot de Mably's *Principes de morale* (Paris: Alexandre Jombert jeune, 1784).

amour de la vérité, en Votre zèle pour le bonheur public, que Vous soumettrez ce sujet à l'examen le plus approfondi. Je ne saurais m'y étendre davantage ; mais la chose est de la plus haute

[3.3   Page 28]

importance pour la morale ; et il s'en faut bien que ces notions, même chez les professeurs en morale soient développées comme elles doivent l'être, avant que l'instruction de morale pure puisse être mise en vogue. Vous ne penserez pas, j'espère, que nous reconnaissions pour pure la morale des stoïciens.[2] La morale dont nous parlons est essentiellement différente tant de celle de Zénon que de celle d'Épicure. Le système moral de la philosophie critique comprend ce qu'il y a de vrai dans tous les systèmes qui ont existé jusqu'ici, sans mélange du faux qui se trouve dans chacun d'eux. Et cependant ce système n'a pas été trouvé, comme on pourrait se l'imaginer, par la voie éclectique ; mais il est le résultat immédiat de la contemplation de la nature de l'esprit humain. Soumettez donc, encore une fois, la chose au plus soigneux examen, pour l'amour du plus cher intérêt de la grande nation sur laquelle Vous voulez agir, nous Vous en conjurons au nom de l'humanité.

Pour donner à notre jeunesse cette instruction, il nous faut des instituteurs qui réunissent les lumières de la morale pure à la connaissance psychologique de l'homme.

[3.4   Page 29]

Ils n'ont pas besoin pour cela d'être philosophes et encore moins savants : car leur vocation n'est pas de s'enfoncer avec leurs disciples dans la métaphysique de la morale. Ce serait le plus grand écart où ils puissent tomber.

Nous ne saurions donner ici la théorie de l'instruction que demandent nos vues. Cette théorie est une partie essentielle et la plus considérable de la théorie de l'instruction et de l'éducation en général, à laquelle il nous faut renvoyer, en nous bornant ici à quelques remarques.

Ne Vous pressez pas de commencer l'instruction morale avec les enfants. Tant que l'enfant est *innocent* dans toute la force du terme, il ne faut regarder l'instruction en morale que comme une leçon de mal.[3] Cela paraît

---

[2] Mercier s'en prend au fait que la morale épicurienne et stoïcienne associe vertu et plaisir alors que, dans la perspective de la philosophie critique, la vertu authentique peut s'opposer au bonheur personnel. Cette critique est d'ailleurs formulée par Kant lui-même dans les *Fondements de la métaphysique des mœurs* (section II).

[3] Sur ce point, Mercier s'approche des thèses rousseauistes selon lesquelles l'enfant, naissant non corrompu par le mal, n'a pas besoin d'enseignement moral tant que son innocence est demeurée intacte. C'est au moment où sa conscience de lui-même s'altère au contact des autres et qu'il devient perméable aux dynamiques sociales qu'on doit lui enseigner la morale.

obligatory, without being mixed with any empiricism, with any matter or subsequent action. Citizens, I have confidence in Your impartiality, in Your love of the truth, in Your zeal for the public welfare, that You shall submit this subject to the most in-depth examination. I do not want to elaborate any further, but this is of the highest

[3.3   Page 28]
importance for morality; even among teachers of morality, these notions are far from being developed as they ought to be, before the teaching of pure morality can become fashionable. I hope that You will not think that we acknowledge the Stoics' version of morality as pure.[2] The one we are speaking of is essentially just as different from Zenon's as it is from Epicurius's. The moral system of critical philosophy includes everything that is true in all systems that have existed until now, without mixing in what is false from any of them. And yet this system was not found, as one might imagine, by eclectic means; it is rather the direct result of the contemplation of the nature of the human mind. Therefore, once again, do submit it to the most rigorous scrutiny, for the love of the dearest interest of the great nation upon which You wish to act, we implore You to do so in the name of humanity.

In order to provide this kind of education to our youth, we need teachers who bring together the enlightenment of pure morality and the psychological knowledge of man.

[3.4   Page 29]
They have no need to be philosophers for that purpose, much less scholars: because their vocation is not to immerse themselves, with their students, in the metaphysics of morality. This would be the greatest mistake they could make.

This is not the place to provide the theory of education that our views require. This theory is an essential and the most considerable part of the theory of instruction and of education in general, to which we must refer, while making only a few remarks here .

Do not rush to begin moral teaching with children. As long as the child is *innocent* in the full meaning of the word, the teaching of morality should only be considered as a lesson in evil.[3] This may seem contradictory, but, indeed,

---

[2] Mercier criticizes the fact that Epicurean and Stoic morality associates virtue with pleasure whereas critical philosophy considers that authentic virtue can stand in opposition to personal happiness. Kant himself had expressed this criticism in the *Fundamental Principles of the Metaphysic of Morals* (second section).

[3] On this point, Mercier is close to Rousseau's idea that the child, because he is born innocent, does not need moral teaching so long as his innocence has remained intact. It is when his self-conscience is altered by contact with others and he becomes sensitive to social dynamics that he must be taught morality.

contradictoire ; mais il n'en est pas autrement en effet. L'innocence est cet état dans lequel l'homme ne suit que son penchant, sans rien faire qui blesse la loi morale. Dans cet état la conscience ne se fait point du tout entendre, l'homme est encore sous l'empire de l'instinct ; mais ses penchants sont en une telle harmonie avec la nature, qu'ils ne tombent sur rien de contraire à la loi.

[3.5 Page 30]
L'innocence ne sait pas ce qui est juste et bon ; mais elle est toujours portée à le faire ; elle ne sait pas ce qui est injuste et mal, mais elle ne sent aucune tentation à le commettre. Si l'instituteur adresse ses questions du juste et de l'injuste, du bien et du mal à cette âme simple, il lui faudra, pour se faire entendre, montrer le fruit défendu et en même temps la possibilité d'en goûter. N'est-ce pas induire l'enfant en tentation et donner l'éveil à sa convoitise ? L'innocence s'évanouit, et le dangereux combat de la vertu commence. Pourquoi hâter ce moment critique, quand la nature et les circonstances nous permettent de le reculer et de laisser aux facultés supérieures de l'esprit et surtout la raison pratique le temps de mûrir davantage et de pouvoir mieux soutenir la tentation ? Mais peut-être cette règle de prudence sera-t-elle superflue auprès des élèves ? Peut-être que ceux qui entourent les petits enfants et les parents eux-mêmes auront soin de mettre les instituteurs dans le cas de n'avoir pas besoin de notre règle. Il n'y a peut-être parmi nous pas un enfant de cinq ou quatre ans, qui ne soit déjà gâté, dont les sens soient encore dans l'équilibre de la nature, qui ne soit déjà porté à l'entêtement, à la gourmandise, peut-être même au mensonge.

[3.6 Page 31]
Je n'entreprends pas de réfuter cette objection ; car, hélas ! où trouver cette céleste innocence sur la terre ? quelle mère a le bonheur de porter dans ses bras cet ange de lumière et de le presser à sa mamelle ? — Mais ne désespérons point : tâchons plutôt de rappeler l'innocence exilée, d'en rétablir l'image dans nos frères en fondant la moralité dans les cœurs de nos contemporains, afin qu'ils sachent apprécier, conserver et cultiver l'innocence dans leurs enfants. Alors notre précaution ne sera point superflue et elle trouvera son usage dans la génération future.

Cependant quoique les enfants de cinq ans, qui entreront dans nos instituts, ne soient pas innocents dans toute la rigueur du terme, il sera toujours bon de ne point commencer d'abord avec eux l'instruction morale, mais d'attendre la sixième année. Nous saurons bien empêcher qu'ils ne se gâtent en attendant, et nous avons pour cela notre discipline morale, dont nous parlerons plus bas. Nous ne manquerons pas non plus d'occupation ; la nature et la vie commune nous offriront ample matière au développement des facultés perceptives et à préparer l'intelligence.

it cannot be otherwise. Innocence is a state in which man only follows his inclinations, without doing anything that might infringe upon moral law. In such a state, his conscience does not speak at all, man is yet under the influence of instinct; but his inclinations are in such harmony with nature, that they do not involve anything that is contrary to moral law.

[3.5   Page 30]
Innocence does not know what is just and good; but it is always inclined to do it; it does not know what is unjust and evil, but it never feels tempted to commit evil or unjust acts. If the teacher addresses the issues of what is just and what is unjust, of good and evil with such a simple soul, he will need, in order to be understood, to show the forbidden fruit, and the possibility of tasting it at the same time. Would this not be leading that child into temptation, and awakening his covetousness? Innocence fades away, and the dangerous combat of virtue begins. Why hasten this critical moment, when nature and circumstances allow us to delay it and to allow the higher faculties of the mind, and above all practical reason, the time to become more mature and to be better able to withstand temptation? But perhaps this rule of prudence would be superfluous with our students? Perhaps those who look after small children and the parents themselves would take care so that teachers would not need this rule. There is perhaps among us not a single four or five-year-old child who is not already spoiled, whose senses are still in a state of balance with nature, who is not already inclined towards stubbornness, towards gluttony, even towards lying.

[3.6   Page 31]
I am not attempting to refute this objection; because, alas! where to find this celestial innocence on Earth? What mother has the happiness to carry such an angel of light in her arms and to hold him against her breast? — But we should not despair: let us try instead to recall this lost innocence and to re-establish its image in our brethren, by building morality in the hearts of our contemporaries, so they know how to appreciate, preserve and cultivate innocence in their children. Then our precaution will not be superfluous and will come into its own among future generations.

However, even though the five-year-old children who will be admitted into our institutes, will not be innocent in the strictest sense of the term, it would always be good not to start off with moral education with them, but to wait until they are six. We will certainly manage to prevent them from being spoiled in the meantime, and we have our moral discipline for that purpose, which we will talk about later on. We will not lack for anything to occupy us either; nature and communal life will offer us ample material for the development of perceptive faculties and intelligence.

Aussitôt que nous commencerons l'instruction morale, notre premier soin doit être *d'exercer le jugement moral.*

[3.7   Page 32]
Pour cela il nous faut des récits d'actions morales, que nous raconterons ou que nous ferons lire. Nous demanderons : cet homme a-t-il *bien* ou *mal* fait ? Nous expliquerons les motifs et laisserons aux enfants à juger. Nous n'avons pas lieu de craindre que les enfants ne nous entendent pas. Pourvu que nos exemples soient pris dans la sphère de leur expérience et placés dans le jour moral,[4] il n'y aura aucun objet sur lequel ils soient plus capables de prononcer que sur celui-ci. Un enfant distingue très bien dans la question concrète la moralité et la légalité pourvu que nous sachions bien présenter les faits à sa conscience. Au reste il s'entend qu'il faut aller par degré du facile au difficile. D'abord des actions dont la justice ou l'injustice, la moralité ou l'immoralité sautent aux yeux ; ensuite des actes d'une moralité moins frappante, comme ceux dont il faut auparavant conjecturer les motifs. Voilà une abondante matière à l'exercice du jugement moral. Pour les questions difficiles, comme par exemple celle de la collision des devoirs, nous n'y touchons point du tout, avant que la raison pratique ait été longtemps exercée, sans quoi elles ne feraient qu'exciter des doutes contre l'autorité générale des décisions de la conscience.

[3.8   Page 33]
Ces exercices demandent une collection d'anecdotes morales, que d'habiles instituteurs enrichiront successivement de nouveaux traits. Mais les actions doivent être simplement narrées, de manière que la qualification morale sorte bien ; mais sans aucun jugement de la part du narrateur. Ce sont les enfants qui doivent juger *eux-mêmes.* On peut tirer un grand parti de l'histoire tant ancienne que moderne. Il vaut mieux que les faits, surtout les bons, soient vrais ; les enfants y apprendront que la vertu, que leur conscience réclame, n'est point une chimère et que l'homme *peut* effectivement remplir le devoir. Remarquons encore que nous ne prétendons aucunement employer ces traits moraux comme un aiguillon pour nos enfants à *l'imitation* des grands hommes. C'est un abus trop commun et qui est directement contraire au but ; puisque l'enfant apprend par là à ne point consulter *sa propre* conscience, et que le héros de l'histoire est élevé à une autorité qui n'appartient qu'à la loi seule, c'est-à-dire de servir de règle de conduite. Pour former les hommes à la vertu, il faut les former à la consistance et à l'indépendance du caractère, qui est en contradiction directe avec l'imitation. Il y a même ici une illusion de cachée. Il n'est pas possible d'égaler un grand homme par l'imitation ; car le grand homme, s'il l'est en effet,

---

[4] En cela, Mercier s'éloigne de la conception classique de l'exemplarité et cherche des modèles plus accessibles et plus près de l'expérience des élèves.

As soon as we begin moral education, our first concern must be *to practise moral judgement.*

[3.7   Page 32]
For this, we need tales of moral actions, which we shall recount or have read. We shall ask: has this man acted *well* or *badly*? We shall explain the motives and allow the children to judge for themselves. We have no reason to fear that the children will not understand us. Provided that the examples we use refer to their realm of experience and are shown in a moral light,[4] there will be no subject upon which they will be able to shed greater light than this one. A child can very well discern the morality and legality of a concrete question, provided that we succeed in presenting the facts to his conscience well. Of course, one must proceed from what is easiest to what is most difficult. First, actions of which the justice, injustice, morality, or immorality is obvious; then, acts of a less striking morality, like those for which the motives must be speculated upon beforehand. There is abundant material here for the exercise of moral judgment. Difficult issues, such as, for example, the conflicts of duties, shall not be touched upon at all, before practical reason has been exercised for quite some time, otherwise such issues would only arouse doubts concerning the general authority of the decisions of the conscience.

[3.8   Page 33]
These exercises require a collection of moral anecdotes, which talented teachers will enhance progressively with new features. However, the actions must be simply narrated, in such a way that what makes them moral stands out, but without the narrator passing any judgment. It is the children *themselves* who must judge. Advantageous use can be made of both modern and ancient history. It is better if the deeds, above all the good ones, are true; children will learn from them that virtue, which their conscience demands, is not a chimera and that man *can* indeed fulfil his duty. Let us note in addition that we are not suggesting at all that these moral characteristics should be used as an incentive for our children *to imitate* great men. This is too common a misuse and one that is the complete opposite of our goal; for from that, the child does not learn to consult *his own* conscience, and the hero from history is elevated to an authority which is the sole prerogative of the law, that is to say to serve as a rule for behaviour. In order to educate men to act virtuously, they must learn to strengthen their character and independence, which directly goes against imitation. Furthermore, there is here a hidden illusion. It is impossible to be the equal of a great man through imitation, because the great man, if he is such indeed,

---

[4] In this way, Mercier moves away from the classical conception of the exemplary and searches for models that are more accessible and closer to the pupil's experience.

[3.9   Page 34]

n'est point *imitateur*, il agit de sa *propre* impulsion, et on ne peut l'égaler qu'en *n'imitant pas*.

Il serait superflu de répéter qu'on ne doit point regarder aux suites avantageuses ou nuisibles des actions, pour recommander les bonnes et détourner des mauvaises. Ce ne sont pas les suites qui font la moralité ! Ce sont les appétits qui regardent aux conséquences ; ils se mettent peu en peine de la bonté intrinsèque des actions, pourvu qu'elles produisent des effets désirables. Il faut sans doute tourner les yeux des enfants sur les conséquences des actions, pour les rendre prudents et les préserver des dangers ; mais c'est une leçon à part, qui ne doit jamais se confondre avec la morale. Quiconque prend l'une pour l'autre est dans la plus dangereuse des erreurs ; et il ne faut pas s'étonner que nos prétendus ouvrages de morale pour la jeunesse aient jusqu'ici produit peu de fruits.

On propose quelquefois à la jeunesse des cas où on ne passe point à l'exécution ; on pose distinctement la question, et on demande aux jeunes gens, comment ils agiraient dans l'occasion. S'ils répondent juste, on ajoute quelque nouvelle détermination, et l'on répète la question. Ceci peut être poussé loin et entretenir la jeunesse de manière à soutenir son attention. Nous aurons quelquefois des décisions différentes, et c'est ce qu'il y a de mieux dans nos vues d'exercer le jugement moral, pourvu que l'instituteur

[3.10   Page 35]

sache tirer du fond de l'âme des enfants la loi essentielle de la raison pratique. S'il possède cet art, il n'aura pas besoin de rectifier les jugements des enfants ; ils sauront les rectifier eux-mêmes ; et c'est ce qu'il faut pour que ces jugements soient en effet rectifiés. Si l'instituteur dicte la décision, il n'y aura que l'expression, et non le jugement de corrigé.

Pour bien exercer le jugement moral, il faut aussi tourner l'attention des enfants sur la moralité de leur propre conduite. Cet exercice bien fait est d'un grand usage pour le progrès des lumières morales ; mais n'appartient pas dans les leçons publiques ; c'est l'affaire d'un entretien particulier entre l'instituteur et l'enfant. Nous en parlerons à l'article de la discipline.

Le jugement moral une fois formé au point de décider avec facilité de la bonté des actions journalières, l'élève est en état d'entendre avec fruit des leçons sur le devoir ; leçons que, dans la règle, nous ne commencerons pas avant la onzième année : car il s'agit des *notions*, et elles supposent une maturité de raison, qu'on ne saurait se promettre au-dessous de cet âge.

Comment se feront ces leçons de devoir ? Voici quelques notions sur ce point.

[3.9   Page 34]
is not an *imitator*: he acts on *his own* drive, and one can only be his equal by *not imitating*.

It would be superfluous to repeat that we should not consider the advantageous or harmful consequences of actions in order to recommend good ones or thwart bad ones. Morality does not rely on consequences! Only desires care about consequences; they care little about the intrinsic goodness of actions, provided that they produce desirable results. Children undoubtedly must be made aware of the consequences of their actions, to make them prudent and to protect them from danger; but that is a separate lesson, which should never be confused with morality. Whoever mistakes one for the other falls into the most dangerous of errors; and it should not be surprising that our so-called works of morality for the young have thus far not been very fruitful.

We sometimes propose to young people situations that are not enacted; we set out the question clearly, and we ask them how they would act in such a situation. If they answer correctly, we add some new criterion and we repeat the question. This method can be pushed far and sustain young people's attention. We will sometimes have different decisions, and that is what is best, in our view, for exercising moral judgment, provided that the teacher

[3.10   Page 35]
knows how to draw from the depths of children's souls the basic law of practical reason. If he possesses this art, he will not need to rectify the children's judgments; they will know themselves how to rectify them; and this is what is needed for their judgments to be indeed corrected. If the teacher dictates the decision, only expression will be corrected and not judgment.

In order to exercise moral judgment properly, the children's attention must also be directed towards the morality of their own behaviour. If this is done properly, it is of great use for the progress of moral enlightenment, but this is not a part of public lessons; it should rather be the subject of a private conversation between the teacher and the child. We will address this point again when we consider discipline.

Once moral judgment has been developed to the point where it is easy to decide what is good in daily actions, the student is in a position where he can fruitfully understand lessons on duty; lessons which, as a rule, we would only begin once the child is eleven years old: because it is a question of *notions* and this requires maturity of reason that we could not expect at a younger age.

How will these lessons on duty be given? Here are some notions on this point.

[3.11   Page 36]
Le maître ne dictera absolument point les notions morales ; c'est le disciple qui doit les trouver sous la direction du maître.⁵ D'après les instructions préliminaires de nos élèves rien n'est plus facile. Ils ont déjà appliqué la loi de leur raison pratique sur des faits donnés dans les exemples que nous leur avons mis sous les yeux, et sur leurs propres actions auxquelles nous les avons rendus attentifs. Mais cette loi, sur laquelle ils fondaient leur décision, n'était point encore explicite, et n'avait point de formule exprimée devant leurs yeux ; ils l'appliquaient sans la connaître, comme ils exécutent en marchant la loi de l'équilibre qu'ils ignorent ; ce n'est qu'après plusieurs années d'exercice qu'ils pourront avoir de cette loi une idée distincte.

Voici le moment où nos élèves doivent être introduits dans le sanctuaire de notre nature morale, et où leurs yeux seront ouverts sur ce qui se passe depuis si longtemps dans leur intérieur. Jusqu'ici ils ont distingué entre les décisions de la conscience et les impulsions des sens ; maintenant ils doivent apprendre *en quoi consiste cette différence*. Ils ont jusqu'ici donné à la conscience une préférence absolue sur la sensualité ; à cette heure ils doivent se rendre raison, *pourquoi la conscience doit avoir la préférence*.

[Les pages 37 à 44 manquent.]

---

⁵   On reconnaît les bases de la pédagogie rousseauiste, ici appliquées à la morale : liberté et autonomie de l'élève, refus du principe d'autorité, rejet des contenus préétablis.

3. THE MEANS OF ACHIEVING MORAL ENLIGHTENMENT

[3.11   Page 36]

The teacher will absolutely not dictate moral notions; it is the student who must discover them for himself under the guidance of his teacher.[5] According to the preliminary instructions that have already been given to our students, nothing is easier. They have already applied the law of their practical reason to deeds given in the examples that we put before their eyes, and to their own actions, to which we have made them attentive. But this law, upon which they based their decision, was not yet explicit, and did not have a formula unveiled before their eyes; they applied it without really knowing it just as they apply the law of balance when walking while not knowing what it is; it is only after several years of practice that they will be able to have a clear idea of what the law is.

This is the moment when our students must be introduced to the sanctuary of our moral nature, and when their eyes will be opened to what has been happening inside of them for so long. Until now they have only distinguished between the decisions of their conscience and the impulses of their senses; now they must learn *what that difference consists of*. Until now they have unfailingly preferred their conscience to sensuality; now they must learn *why conscience must be preferred*.

[Pages 37 through 44 are missing.]

---

[5]   The basis of Rousseau's pedagogy can be recognised here, applied to morality: freedom and autonomy of the student, rejection of authority and of pre-established content.

[4. Principes du droit et religion morale]
[4.1   Page 45]
Le principe fondamental du droit est dans la notion de l'homme considéré comme étant *sa fin à lui-même*, ou comme être raisonnable et libre, en conséquence de laquelle sa liberté ne saurait être entravée dans ses vues et ses actions raisonnables par le bon plaisir d'autrui ; et l'homme lui-même ne saurait être employé comme simple moyen. Ce qui est vrai d'un individu est vrai de tout le genre humain, et la liberté est une loi générale qui produit l'égalité ; loi, qui n'a d'autre condition que de ne point entraver la liberté d'autrui c'est-à-dire de ne point se contrarier elle-même. Voilà la notion fondamentale du *droit* et l'étendue de la *contrainte permise*. Une liberté générale, où *la liberté et l'égalité* inséparablement unies sont le seul vrai principe d'une confédération légitime et de la fondation d'un État. Ce principe donne en même temps la fin ! La fin de la confédération est d'assurer et de défendre *la liberté de chacun par le pouvoir de tous*. Heureuse la nation française, dont la constitution est fondée sur la liberté et l'égalité ! et plus heureuse encore, si les représentants et les délégués ne blessent jamais ce principe sacré par des inconséquences dans la législation

[4.2   Page 46]
ou dans l'administration. Dans la France, les institutions de la jeunesse ne se trouvent plus alors dans la malheureuse alternative ou de tordre la vérité par des sophismes artificiels, ou de faire mépriser les lois en dévoilant leur injustice. Nos élèves ont appris à ne respecter que ce qui est conforme à la raison, mais aussi à la mettre au-dessus tout. Si donc les lois sont justes, nous n'aurons aucun besoin de prendre des mesures dans nos écoles pour les faire respecter ; ce respect est déjà préparé dans les cœurs des élèves, dès avant que nous leur parlions des lois ; et il est fondé sur la loi sacrée de la justice, comme loi morale. C'est à ce titre qu'ils doivent toujours respecter les lois et ils ne doivent jamais regarder qu'à cette sanction intérieure ; d'autant plus que la sanction intérieure ne peut jamais commander un sincère respect, mais seulement un respect de démonstration. Notre jeunesse respectera le gouvernement qui, fidèle organe de la raison, donnera des lois justes, et en maintiendra l'observation avec justice ; elle aimera la patrie, dans le sein de laquelle la liberté est nourrie et protégée ; elle sera dévouée

[4.3   Page 47]
à la constitution, dont la puissance réprime l'audace effrénée, qui empiète sur les droits ; elle défendra au besoin la patrie et la constitution ; car elle ne combattra pas pour un morceau de terre, mais pour le séjour de la liberté, non pour des formules arbitrairement imaginées, mais pour les lois immuables de

[4. The Principles of Law and Moral Religion]
[4.1   Page 45]
The fundamental principle of law is the notion of man considered as *an end unto himself*, or as a reasonable and free being, and as a consequence of which his freedom in his outlook and his reasonable actions ought not to be impeded on to the whim of others; and man himself ought never to be used as a simple means. What is true for an individual is true for all mankind, and freedom is a general law that produces equality; a law that has no other condition than to not hinder the freedom of others, that is to say not to contradict itself. That is the fundamental notion of the *law* and the extent of *permissible coercion*: a global freedom, where *liberty* and *equality* inseparably united are, together, the only true principle of a legitimate confederation and the foundation of a state. This principle yields the final goal at the same time! The purpose of the confederation is to ensure and defend *the freedom of every individual through power of all*. Happy is the French nation, whose constitution is founded on liberty and equality! And even happier still, if the representatives and delegates never offend against this sacred principle with thoughtless developments in legislation

[4.2   Page 46]
or in administration. In France, institutions for young people no longer find themselves faced with the unfortunate choice of having either to distort the truth by deceitful sophisms, or to encourage contempt for laws by unveiling their injustice. Our students have learned to respect only that which conforms to reason, but also to put it above all else. Therefore, if the laws are just, we will have no need at all to take measures in our schools to have them obeyed; this respect has already been formed in the students' hearts, even before we tell them about the laws; and it is founded upon the sacred law of justice, as a moral law. It is on these grounds that they must always respect the laws, and they should never think of this internal sanction alone; especially since an internal sanction can never command sincere respect, but only a display of respect. Our young people will respect a government which, as a faithful organ of reason, will create laws that are just, and will apply them with justice; young people will love their country, in the bosom of which freedom is fostered and protected; they shall be devoted

[4.3   Page 47]
to the constitution, the power of which represses unbridled impertinence that encroaches upon rights; when needed, they will defend the country and the constitution; because they will not be fighting for a piece of land, but for the home of liberty, not for arbitrarily imagined formulas, but rather for the

l'humanité. Voilà comment naissent du respect des lois, l'amour de la patrie, le zèle pour la constitution, le courage dans les combats. Jugez, Vous-mêmes, Citoyens, laquelle est la plus digne de l'homme, ou de cette manière d'inspirer l'amour de la patrie, ou bien de la manière ordinaire de l'enflammer en excitant les sens et l'imagination ? Mais pourquoi le demander ? Ne voulez-Vous pas de la moralité ? Elle vaut mieux que le patriotisme. Mais non, elle emporte le patriotisme, elle l'ennoblit, elle en assure la durée, sous la condition que le gouvernement soit juste et que le citoyen soit vertueux.

Nous passons maintenant au second moyen des lumières morales pour la jeunesse, qui est

[4.4   Page 48]
l'Instruction de religion morale.

Nous touchons ici à un objet, Citoyens, qui, vu qu'il s'agit de la France, pourrait fournir matière à bien des réflexions importantes. Quel a été l'objet de la religion avant et durant la révolution ? et quel en est l'état actuel ? Mais parlons de la religion, telle qu'elle devrait être et telle qu'il faut qu'elle soit pour fonder la moralité.

La religion est essentiellement distincte de la morale, mais en même temps liée avec elle de la manière la plus intime. Les notions de la morale peuvent être développées dans l'homme sans la religion, mais non celles de la vraie religion sans la morale. La vraie religion tient à la morale non seulement par son usage, mais par sa *base*. Le premier a été reconnu dès longtemps par toutes les personnes sensées ; le second n'a été mis dans son vrai jour que par la philosophie critique.

Mais ne pourrait-on pas, pour fonder la moralité, se passer entièrement de la religion et les lumières morales ne sont-elles pas complétées par l'instruction morale ?

[4.5   Page 49]
La réponse naîtra d'elle-même dans l'exposition du passage de la morale à la religion, où nous verrons les rapports qu'elles ont ensemble, et comment elles ont toutes deux leur fondement dans la nature de l'esprit humain.

En nous faisant une idée précise de ce qu'exige la loi fondamentale de la morale, nous verrons qu'elle ne tend à rien moins qu'à l'harmonie parfaite de toute notre conduite avec la raison, à la perfection absolue ou à la *sainteté* : perfection infinie que l'être fini n'atteindra jamais complètement ; perfection cependant à laquelle nous devons tendre sans relâche, à moins de renier notre destination morale.

Si l'homme a bien compris cette vocation, il ne pourra qu'être frappé de la pensée : mais à quoi aboutit enfin tout cela ? N'est-il pas absurde de tendre

immutable laws of humanity. That is how love of country, enthusiasm for the constitution, and courage in combat are born out of respect for the law. Judge for Yourselves, Citizens, which is most worthy of man: this manner of inspiring love for one's country, or else the usual way of inflaming it by arousing the senses and the imagination? But why ask this? Don't You want morality? It is worth more than patriotism. But no, it rather prevails over patriotism, ennobles it, ensures it will last, on the condition that the government be fair and the citizen be virtuous.

We now proceed to the second means of establishing moral enlightenment in young people, which is

[4.4   Page 48]
the Teaching of moral religion.

We are dealing here with an object, Citizens, which, given that we are concerned with France, could furnish material for some significant thoughts. What was the purpose of religion before and during the Revolution? And what is the present state of religion? But let us rather talk about religion as it should and ought to be in order to establish morality.

Religion is essentially distinct from morality, but at the same time it is closely related to it. Notions of morality can be developed in man without religion, but not those of true religion without morality. True religion clings to morality not only through custom, but through its *foundation*. The first point was acknowledged long ago by all sensible people; the second was only shown in its true light by critical philosophy.

But couldn't we do entirely without religion in order to establish morality, and is moral enlightenment not completed by moral teaching?

[4.5   Page 49]
The answer will spring naturally when we discuss the passage from morality to religion, where we shall see their connections, and how they both have their foundation in the nature of the human mind.

By forming a precise idea of what the fundamental law of morality requires, we shall see that it tends towards nothing short of the perfect harmony of the whole of our behaviour with reason, towards absolute perfection or *sanctity*: infinite perfection that the finite being will never reach fully; a perfection, however, which we should tirelessly strive to achieve, lest we renounce our moral destiny.

If man has correctly understood this vocation, he could not help but be struck by the thought: but where is all this leading? Is it not absurd to strive

sans cesse à un but que je ne puis jamais atteindre ? Et cette pensée le conduit à celle-ci : ne vaudrait-il pas mieux pour moi suivre les impulsions des sens et me rendre la vie aussi douce que possible ? Pour peu que la fortune me favorisât, je pourrais au moins approcher du but, ce qui est

[4.6   Page 50]
impossible en morale. — Mais la conscience réclame contre cette pensée ; elle insiste sur ce que l'homme soumette ses sens à sa raison ; d'où il s'ensuit qu'il ne peut atteindre ni l'un ni l'autre but auquel la nature l'appelle. L'homme se trouve en contradiction manifeste avec lui-même, soit qu'il suit la raison ou les sens. En suivant la raison, il tend à un but inaccessible, en écoutant la voix de la sensualité, il blesse sa conscience, et il n'obtient pas la fin des appétits sensuels qui est le contentement. Comment lever cette contradiction et mettre l'homme d'accord avec lui-même ? Il n'y a d'autre moyen que de mettre ces deux buts en un tel rapport entre eux que la tendance vers l'un soit la condition unique sous laquelle on puisse atteindre l'autre : c'est-à-dire que l'homme ne puisse avoir de contentement *qu'autant* qu'il s'efforce d'être moral, ou que la mesure de sa *bonté* soit celle de son *bonheur*. Et cela serait conforme à la justice, qui veut que le sort des êtres moraux réponde à leurs mérites et que leur bonheur soit égal à leur vertu. Mais cet ordre si juste où existe-t-il ? Où voyons-nous cette *harmonie parfaite* de la vertu et du bonheur ? — Nulle part dans le

[4.7   Page 51]
monde visible. Aussi loin que portent nos regards, cette justice est bien loin d'être la loi générale. La destinée des êtres moraux dépend de circonstances amenées en partie par le cours physique de la nature, et en partie par l'action de l'homme. Si donc nous nous en rapportons aux faits qui se passent sous nos yeux, il n'existe qu'un chaos et non un *monde* c'est-à-dire un *tout* bien ordonné, tendant à *un* but convenable.

Nous ne saurions nous tirer de ce labyrinthe de contradictions et dans le monde et dans notre propre nature par aucun raisonnement, quelque subtil qu'il soit, à moins de recourir à la religion. Mais aussi la religion nous en tire infailliblement ; par elle toutes les énigmes s'expliquent tout à coup, toutes les ténèbres se dissipent, toutes les dissensions se composent, tout désordre se change en harmonie. Passons donc du monde sensible au monde intellectuel, et de la science à la foi. Voici notre route.

S'il est vrai que la conscience impose la bonté morale à l'homme comme une loi indispensable ; s'il est vrai qu'elle insiste sur la justice rigoureuse et inviolable,

4. THE PRINCIPLES OF LAW AND MORAL RELIGION

endlessly to reach a goal that I can never reach? And that thought leads to this one: would it not be more worth my while to follow physical impulses and to make my life as pleasant as possible? If only I were fortunate, I could at least bring myself closer to the goal, which is

[4.6   Page 50]
impossible in morality. — But conscience cries out against this thought; it insists that man submit his senses to reason; from which it follows that he can reach neither of the goals to which nature calls him. Man finds himself in a state of manifest contradiction with himself, whether he follows the path of reason or his senses. By following reason, he is tending towards an inaccessible goal; by listening to the voice of sensuality, he is hurting his conscience, and he does not achieve the purpose of sensual desires, which is contentment. How do we solve this contradiction and make man be in harmony with himself? There is no other means of doing so than to put these two goals in such a relationship with each other that to strive for one becomes the unique condition under which you can achieve the other: that is to say, man can only reach satisfaction *insofar* as he strives to be moral, or that the extent of his *goodness* is the same as that of his *happiness*. And that would be in keeping with justice, since justice demands that the fate of moral beings correspond to their merits and their happiness be equal to their virtue. But this order that is so just, where does it exist exactly? Where do we see this *perfect harmony* of virtue and happiness? — Nowhere in the

[4.7   Page 51]
visible world. As far as we can see, such justice is far from being the general law. The destiny of moral beings depends on circumstances brought about in part by the physical course of nature, and partly by man. Therefore, if we refer to the things happening before our very eyes, there is only chaos and not a *world* as such, that is to say a well-ordered *whole*, tending towards a *single* proper goal.

We cannot escape this labyrinth of contradictions both in the world and in our own nature by any reasoning, however subtle, without having recourse to religion. But religion infallibly gets us out of this conundrum: through religion, all enigmas can be suddenly explained, all darkness is dispelled, all dissentions, all disorder turn into harmony. Let us now move from the world of the senses to the intellectual world, and from science to faith. Here is the road we shall take.

If it is true that conscience imposes moral goodness on man as an indispensable law; if it is true that it insists on rigorous and inviolable justice,

[4.8   Page 52]
il faut que tout ce qui en est une condition nécessaire, et sans quoi la loi de la raison pratique ne saurait être accomplie, soit aussi indubitablement vrai. Car ce serait une absurdité d'admettre une fin, sans admettre les conditions sous lesquelles seules il est possible d'y atteindre. Il faut donc qu'il existe dans le monde un ordre donné par la loi morale, et que tout l'univers soit subordonné à cet ordre. On ne saurait concevoir cet ordre absolu sans l'idée d'un Dieu c'est-à-dire d'*un être moral suprême*, *auteur* et *régulateur* de l'univers. Ce Dieu doit avoir toutes les perfections nécessaires à l'accomplissement de la fin de l'univers. Il doit donc d'abord être *saint*, mû uniquement par la loi morale, afin de *vouloir* réaliser l'idée de la justice ; il faut de plus qu'il possède et *la souveraine puissance* et *la souveraine intelligence*, qu'il ait en son pouvoir la nature entière et le sort de tous les êtres raisonnables, et qu'il connaisse exactement le mérite et le démérite de chacun, — afin de *pouvoir* réaliser cette idée. De la souveraine intelligence jointe à la sainteté résulte la *sagesse suprême*.

Dieu est l'auteur et l'exécuteur de la loi morale ; il a donc aussi gravé cette loi

[4.9   Page 53]
dans *nos cœurs*, et il *nous* jugera sur cette loi. La sagesse suprême ne peut rien faire sans but. Si donc il nous a donné une destination infinie, celle d'atteindre la perfection morale, vers laquelle nous avons à tendre à l'infini, il faut donc qu'il nous donne une durée infinie, une *immortalité*.

Voilà toute la religion, déduite de la nature morale de l'homme. L'existence de Dieu et l'immortalité de l'âme en sont les uniques articles de foi ; ou, si l'on veut, l'existence de Dieu seule : car l'idée d'un Dieu saint et tout-puissant emporte l'idée de l'immortalité de l'homme. Tous les dogmes qui n'en résultent pas, ne peuvent appartenir à la *vraie* religion, car celle-ci est toute morale.

Que les lumières morales ne gagnent à la religion, et que celle-ci ne serve à fonder la moralité, c'est ce dont on ne saurait douter, si l'on en a bien compris l'esprit ; et l'on conviendra avec nous que les lumières morales ne trouvent leur complément que dans la religion morale. Car maintenant nous regardons la loi morale, non plus seulement comme la règle de notre conduite, mais aussi comme la règle de notre *destinée* ; et c'est ce que la morale seule ne pouvait pas nous enseigner. Maintenant nous sommes convaincus par des

[4.10   Page 54]
raisons inébranlables, que notre sort sera décidé selon la loi de la justice, quelque peu d'apparence qu'il y ait dans quelques courtes périodes du temps. Le Saint, le Tout-puissant en dispose, et nous avons devant nous une durée infinie.

4. THE PRINCIPLES OF LAW AND MORAL RELIGION

[4.8   Page 52]

then everything that is a necessary condition for it, and without which the law of practical reason could not be fulfilled, must also be undoubtedly true. For it would be absurd to accept an end without accepting the sole conditions under which such an end might be achieved. Thus, there must be in the world an order given by moral law, and the whole universe must be dependant on that order. We cannot conceive this absolute order without the idea of God, that is to say of *a supreme moral being, author,* and *regulator* of the universe. This God must have all the perfections necessary for accomplishing the purpose of the universe. He must therefore, first and foremost, be *holy*, driven solely by moral law, in order to *want* to make the idea of justice a reality; furthermore, he must possess *sovereign power* and *sovereign intelligence*, and have power over the whole of nature and the fate of all reasonable beings, and he must know precisely the merit and the lack of merit of every person, — in order *to be able to* make this idea a reality. *Supreme wisdom* results from the fusion of sovereign intelligence and holiness.

God is the author and enforcer of moral law; he has thus also engraved this law

[4.9   Page 53]

in our *hearts*, and he will judge *us* according to this law. Supreme wisdom can do nothing without a goal. If, therefore, he has given us an infinite destination, that of reaching moral perfection towards which we must aim infinitely, he must grant us an infinite duration, *immortality*.

That is the whole of religion, deduced from the moral nature of man. The existence of God and the immortality of the soul are the sole articles of faith; or, if one likes, the existence of God alone: for the idea of a holy and omnipotent God entails the immortality of men. Any dogma that does not result from this cannot belong to the *true* religion, because the latter is perfectly moral.

That moral enlightenment will improve with the help of religion, and that religion will serve to establish morality, we should be in no doubt, if we have correctly understood the idea; and one will concede that moral enlightenment finds its complement in moral religion only. Because we now consider moral law no longer as the rule for our behaviour only, but also as the rule for our *destiny*; and this is what morality alone could not teach us. Now we are convinced by

[4.10   Page 54]

unshakeable reasons, that our fate will be determined by the law of justice, however little apparent this may be in a few short periods of time. The Holy, the Almighty is in charge of it, and we have ahead of us an infinite duration of

Ce qui est vrai de notre destinée, l'est également de tous les êtres raisonnables. Ainsi le monde moral existe pour l'homme, éclairé par la vraie religion, non plus seulement dans son intérieur mais il a au-dehors une existence réelle ; le but de ses efforts n'est plus seulement son but à lui, mais le but de toute la création, il ne se trouve plus isolé avec sa vertu, mais il se voit citoyen de la cité de Dieu et membre de la société morale, dont la loi morale est la constitution et Dieu le pouvoir exécutif. Qui ne conviendrait que les lumières morales ont infiniment gagné par la religion et qu'elles y ont eu leur complément ? Car que pouvait-il encore leur manquer à cette heure, qu'elles embrassent l'univers et qu'elles atteignent l'éternité au-delà des bornes du temps ?

On ne saurait donc douter que la vraie religion n'ait une influence salutaire sur la pratique de la vertu. La foi morale est précisément celle qui contient les germes féconds en bonnes œuvres,

[4.11   Page 55]

et c'est la seule qui les contienne. Car étant le fruit de la raison pratique, elle n'exerce dans toutes ses opérations que les seules puissances morales de l'homme ; et plus celles-ci sont exercées, plus elles acquièrent de force contre la sensualité, et plus il sera facile à la volonté de vaincre dans le combat de la vertu. Il est aisé de montrer que l'homme, tel qu'il est, sensuel de sa nature et environné des tentations les plus violentes au vice, a besoin d'un secours puissant et tel que la religion seule est capable de lui donner, pour résister à la séduction et pour marcher d'un pas ferme dans le sentier de la vertu. Mais passons là-dessus ; nous avons encore trop de choses à dire pour résoudre notre question.

Et d'abord, à ce que nous avons dit de la religion en général, nous avons quelques remarques à ajouter sur la manière de la proposer à la jeunesse.

La religion étant fondée sur la morale, il s'ensuit que l'instruction en celle-ci doit précéder l'étude de celle-là. Nous ne pouvons donc commencer la religion avant la treizième année, à peu près vers le temps de l'étude des lois et de la constitution. C'est au maître à juger individuellement la capacité de ses élèves :

[4.12   Page 56]

et cette capacité dépend du progrès dans la morale. Au reste ce n'est pas à dire qu'on ne doit point parler de l'existence de Dieu avant cette époque. On peut dire aux jeunes gens de fort bonne heure : le monde que nous habitons doit sa beauté à un être tout-puissant et tout sage, et cet être, nous le nommons Dieu. C'est de lui que nous viennent originellement toutes choses, et c'est lui qui nous transférera après la mort dans une vie bien heureuse, si nous avons été bons. Il est le père des hommes. — Mais voilà tout ce qu'on en peut dire ; les enfants ne comprendraient rien au-delà ; il ne leur en faut pas davantage pour

time. What is true of our destiny is also true of all reasonable beings. In this way, the moral world exists for man, enlightened by the true religion, not only deep down but it also has a real existence on the outside; the goal of his efforts is not only his own goal, but the goal of all of creation; he no longer finds himself isolated with his virtue but rather sees himself as a citizen of the city of God and as a member of moral society, of which moral law is the constitution and God the executive power. Who would not admit that moral enlightenment has infinitely benefited from religion and that it found in it its complement? Because what more could it be missing now for it to embrace the universe and reach eternity beyond the limits of time?

Thus, we cannot doubt that true religion has a salutary influence on the practise of virtue. Moral faith is precisely that which contains fertile germs in good works,

[4.11   Page 55]
and it is the only one that contains them. Because, being the fruit of practical reason, in all its processes it only applies the sole moral powers of man; and the more they are implemented, the more they gather strength against sensuality, and the easier it will be for the will to win in the combat of virtue. It is easy to show that man, such as he is, sensual by nature and surrounded by vice's most violent temptations, needs much help that only religion is capable of providing for him, in order to resist seduction and in order to walk steadfast in the path of virtue. But let us move on; we still have too much to say to solve our question.

And first, concerning what we said about religion in general, we have a few remarks to add on the appropriate manner for introducing it to young people.

Religion being founded on morality, it follows that the teaching of morality must precede the teaching of religion. Thus, we cannot start teaching religion until a child is thirteen years old, just about the time of the study of the laws and the constitution. It is for the teacher to judge the ability of his students individually:

[4.12   Page 56]
and that ability depends on progress in morality. Besides, that does not mean that we should not speak about the existence of God prior to this period. We can say to the young very early: the world in which we live owes its beauty to an almighty and perfectly wise being, which we call God. It is from him that all things originate and come to us, and it is he who will take us to a blessed life after death if we have been good. He is the father of men — but that is all we can say; children would understand nothing beyond that; they need nothing more to answer the question that they might ask themselves about the origin of the

se résoudre la question qui pourrait s'élever dans leur esprit sur l'origine du monde, et se tranquilliser par l'idée d'une vie future sur les fréquents ravages de la mort qu'ils ont sous les yeux. Ces préliminaires de religion n'ont pas besoin de faire le sujet de leçons régulières dans l'école ; il vaut mieux que l'enfant par ses questions nous fournisse l'occasion de l'instruire. Nous pouvons toujours attendre cette occasion ; car tant que l'enfant n'a aucun besoin de savoir quelque chose de Dieu, il vaut mieux qu'il n'en entende point parler. C'est une règle fondamentale de ne jamais entretenir

[4.13   Page 57]
trop de Dieu les enfants au-dessous de la douzième année : sans cette précaution les idées de Dieu prennent dans leur âme des formes matérielles, qui rendent ensuite bien plus difficile le développement des idées intellectuelles de la divinité.

 Ce développement ne peut avoir lieu qu'après l'instruction dans la morale, ainsi que nous l'avons dit. Les règles qu'on y doit observer résultent des dispositions de l'homme à la religion, et de la notion de la religion elle-même, ainsi que nous avons déterminé l'un et l'autre. La première règle par exemple est de favoriser dans la jeunesse la naissance *du besoin* de la religion morale. Instituteurs de la jeunesse : si vous ne savez pas amener vos disciples à vous dire, non par complaisance, mais par le sentiment intérieur de la vérité ; dans les moments de recueillement au moins : *l'homme a besoin de religion* ; gardez plutôt le silence sur ce point ; vos disciples feraient peu de cas de la religion, et, qui pis est, ils n'en tireraient aucun fruit. Mais sachez, qu'ayant cultivé vos élèves depuis plusieurs années, la faute est à vous, si dans leur quatorzième année, ils ne sont pas susceptibles de sentir le besoin de la religion.

[4.14   Page 58]
Car ce besoin n'est pas un de ceux qui ne naissent qu'à force d'artifice ; c'est un besoin inhérent à la nature humaine, qu'on ne saurait étouffer, et qui se fait sentir lui-même lorsque les facultés ont acquis quelque développement et que la raison pratique n'a point été négligée. Mais gardez-vous d'illusion, et si quelque disciple d'un cœur sensible témoigne un vif désir d'une vie future à quelque occasion, ne prenez point ce mouvement de désir de la vie purement animal, et qui se manifeste quelquefois chez les plus petits enfants, pour un sentiment du besoin de la religion morale. Ce sentiment s'annonce d'une tout autre manière ; il consiste dans *un désir que la justice règne partout*. Si donc vous remarquez dans votre élève une sincère indignation, lorsqu'il aperçoit que le vice triomphe et que la vertu est opprimée ; si vous l'entendez demander : mais comment se peut-il qu'il en soit ainsi dans le monde ? et le sort des bons et des méchants ne sera-t-il jamais réglé ? — C'est alors que vous reconnaîtrez qu'il sent le besoin que vous attendez. L'histoire vous servira à faire naître ce désir et à vous assurer de son existence. Une autre marque à laquelle

world, and to soothe themselves with the idea of a life beyond, faced with the frequent heart-breaking effects of death they see before their own eyes. These preliminaries on religion need not be the subject of regular lessons in school; it is better that the child create opportunities for teaching him by the questions he asks. We can wait for these occasions; for so long as the child has no need to know anything about God, it is better that he hears nothing about it. It is a fundamental rule never to talk

[4.13   Page 57]
too much about God with children younger than twelve: without this precaution their ideas about God take on a material form within their soul, which makes their intellectual development of ideas about divinity far more difficult later on.

This development can only take place after the teaching of morality as we have said before. The rules we must observe result from man's dispositions towards religion, and from the notion of religion itself, as we have defined both of them. The first rule, for example, is to promote the birth of *the need* for moral religion in young people. School teachers for the young: if you do not know how to lead your students to say to you, not from deference, but rather from an internal sense of truth, at least during times of contemplation: *man needs religion*, be silent on this matter; if not, your students will not think much of religion and, what is worse, they will derive nothing from it. But know that, having educated your students for several years, it is your fault if, by the time they are fourteen, they are not inclined to feel the need for religion.

[4.14   Page 58]
For this need is not one of those born from artifice; it is a need inherent to human nature, that cannot be suppressed, and which makes itself felt when one's faculties have reached a certain level of development and when practical reason has not been neglected. But do not give in to any illusions, and if some student with a sensitive heart expresses a strong desire for an afterlife at some point, do not mistake this purely animal impulse of a desire for life, and which sometimes shows up even in the youngest children, for a feeling of need for moral religion. That type of feeling manifests itself in an entirely different way; it consists of *a desire for justice to reign everywhere*. Thus, if you notice a sincere indignation in your student when he sees that vice triumphs and virtue is oppressed; if you hear him ask: but how can it be so in the world? And will the fate of good and bad people ever be settled? — This is when you will recognize that he feels the need that you were waiting for. History will help you to make them feel this desire and assure you of its existence. Another sign by which

[4.15   Page 59]
vous pouvez le reconnaître, c'est leur conduite. Dans les moments de liberté entière qui doivent augmenter à mesure qu'ils avancent, sans cependant que vous les perdiez de vue, s'ils commencent à composer avec leurs sens, qui ne manqueront de prétendre aux mêmes droits que la conscience, comme étant tout aussi naturels ; si vous les voyez inquiets, *obéir* au devoir avec quelque répugnance, ou même porter en tremblant la main sur le fruit défendu : alors, prenez-y garde, alors vos élèves *ont besoin* de la religion ; ne tardez pas de la développer dans leurs âmes et de sauver du naufrage leur vertu novice.

Citoyens ! je ne saurais m'empêcher de remarquer que c'est un des traits les plus admirables de la sagesse divine dans l'ordonnance de la nature humaine, et que l'âge où les sens sont dans leur plus grande force, et où la passion la plus ardente de toutes se réveille, soit précisément l'âge susceptible de religion, du préservatif le plus puissant de la vertu. Ah ! si, bien attentifs à cette sage dispensation, nous mettions tous nos soins à en profiter ! Citoyens ! la pensée que Vous voulez y travailler de toutes vos forces excite les plus belles espérances dans le cœur de l'ami de l'humanité.

[4.16   Page 60]
Les bornes de ce discours nous obligent de laisser les autres règles de cette instruction aux traités d'éducation.

Faudra-t-il encore réfuter des objections ? Cette religion, telle que nous venons de la présenter, n'est-elle pas au-dessus de la portée des hommes ? Voici ma réponse. D'abord il s'entend qu'on ne prendra la déduction raisonnée que nous venons de donner, pour mesure de la compréhensibilité de l'instruction. Nous sondons ici la nature de l'homme pour découvrir les premiers principes, savoir *pourquoi* il existe une religion et *quelle est la vraie*, et les lois *d'après lesquelles* nous avons à l'exposer. Nous ne pouvions dans ces questions descendre à la popularité que doit avoir un instituteur de la jeunesse, et avec laquelle la religion et la morale *peuvent* bien être traitées d'après nos principes. Et puis, ce qui est *entièrement* conforme à la nature de l'homme serait-il moins compréhensible que ce qui la contredit tantôt plus tantôt moins ? Ainsi quiconque soutiendrait que la morale pure et la religion morale ne sont pas à la portée de tout le monde aurait à prouver qu'elles sont en quelque point en discordance avec la nature de l'homme, ou, ce qui revient au même,

[4.17   Page 61]
qu'elles sont fausses. Tant que ce point n'est pas démontré, il ne faut pas parler de compréhensibilité ; car puisqu'on accorde que la morale et la religion en général doivent entrer dans l'instruction nationale, il faut bien que la *vraie* morale et la *vraie* religion soient à la portée des esprits ; et il ne s'agit que de les mettre à portée. Il me semble que cela est clair.

4. THE PRINCIPLES OF LAW AND MORAL RELIGION

[4.15   Page 59]
you can recognize it is through their behaviour. In moments of total freedom, which must increase as they advance in age, without, however, your losing sight of them if they start coming to terms with their senses, which will not fail to claim the same rights as conscience, being just as natural; if you see them worried, *fulfilling* their duty with a certain disgust, or even laying a trembling hand on the forbidden fruit: then beware, then your students *need* religion; do not wait to develop religion in their souls and to prevent their inexperienced virtue from sinking.

Citizens! I cannot help but notice that one of the most admirable features of divine wisdom in the arrangement of human nature, and that the age when the senses are the strongest, and when the most ardent passion of all awakes, is precisely the age at which one becomes amenable to religion, the strongest safeguard of virtue. Ah! Supposing we were properly attentive to this wise arrangement, and we did all that we could to take advantage of it! Citizens! the sheer thought that You want to work on this with all your might awakens the greatest expectations in the heart of one who loves humanity.

[4.16   Page 60]
The limits of this essay force us to leave the other rules of this teaching to treatises on education.

Are there still objections for us to refute? This religion such as we have presented it here, is it not beyond the reach of man? Here is my answer. Firstly, it is understood that we shall not take the reasoned deduction that we have just given as a measure for the intelligibility of teaching. Here, we are probing man's nature in order to discover fundamental principles, which are to know *why* religion exists, and *which is the true one*, and the laws *according to which* we should teach it. With issues such as these, we could not match the popularity that a teacher of young people must have, and with which religion and morality *can* in fact be dealt with according to our principles. And then, would what is *fully* in keeping with the nature of man be less intelligible than that which contradicts it, sometimes more, sometimes less? Thus anyone who might maintain that pure morality and moral religion are not within everyone's reach would have to prove that they are somehow at odds with man's nature or, what amounts to the same thing,

[4.17   Page 61]
that they are false. As long as this point has not been proven, one must not speak of comprehensibility; for since it is agreed that morality and religion in general must be a part of national education, people must be intellectually able to grasp *true* morality and *true* religion; and it is only a matter of making them accessible. That seems clear to me.

Mais il ne faut en effet aucun art pour présenter ces vérités dans toute leur pureté au sens commun, d'une manière compréhensible ; ou, plus exactement, pour les développer dans un esprit d'une capacité ordinaire. La nature nous prête une main secourable, et avance beaucoup l'ouvrage, pourvu qu'on n'étouffe pas ces germes dans leurs développements : ce qui arrive par exemple en s'efforçant d'introduire une morale et une religion d'invention humaine, en partie au moins. C'est par de tels artifices qu'il est arrivé que l'on trouve dans le simple bon sens des cabanes, des idées de morale et de religion plus saines que parmi la plupart des personnes plus cultivées. Le principe moral du bon campagnard est l'honnêteté dans les discours et les actions, et sa religion est la religion

[4.18   Page 62]
d'un cœur pur ; tandis que chez bien des autres on s'est fait une morale de prudence et la religion, ou on l'a tout à fait rejetée, ou on s'est contenté d'un dieu fabricateur de l'univers, au lieu d'un dieu de sainteté.[(x)]

[(x)][1] Tant qu'on cherche à connaître Dieu et à démontrer son existence par le seul monde physique, on ne se le peut présenter que sous le rapport d'un *fabricateur* de l'univers, dont le pouvoir et l'art peuvent exciter de l'admiration et peut-être de la crainte ; mais il ne se manifeste sous aucun caractère *moral*, et il ne saurait mériter le titre de *Dieu*, de *régulateur moral de l'univers*. Ainsi, supposé même que les preuves cosmologiques et physicothéologiques de l'existence de Dieu eussent toute la force démonstrative qu'on leur attribue, et qu'elles n'ont pas en effet ; nous n'aurions point encore par leur moyen un Dieu qui, en qualité d'être moral fût pour nous un objet de religion. Car c'est donc une impossibilité absolue de prouver la sainteté et la justice du créateur par le monde physique, où règne manifestement la loi purement mécanique de la causalité. Mais ces prétendues démonstrations ne prouvent pas même ce qu'on prétend ordinairement en conclure, que le monde a un auteur tout-puissant et très sage. « Le monde doit avoir une cause » dit le cosmothéologien, « puisqu'il est contingent ; il faut donc qu'il existe un être nécessaire qui en est la cause. » Mais nous demandons : Et pourquoi la série de phénomènes ne pourrait-elle remonter à des temps infinis ? — « C'est que nous ne concevons pas une série infinie. » Fort bien. Mais concevez-vous mieux cet être nécessaire avec lequel vous tranchez la difficulté ? — Et voilà que sous ce point de vue les raisons pour l'existence et la non existence de Dieu se balancent entre elles ; et la question demeure en suspens à moins de la décider par d'autres moyens. Le théologien physique vient nous peindre l'ordre admirable et la beauté de l'univers : « tout cela peut-il être l'effet du hasard ; et ne faut-il pas qu'un être tout-puissant et tout sage ait arrangé ces choses ? » — Nous demandons à notre tour : Mais combien dans le monde de choses que vous voyez ? Sans doute une très petite partie ? Et ce que vous voyez est-il en effet tout ordre, tout harmonie ? Venez, nous vous montrerons tout autant de traces du contraire. Voyez la tempête et la grêle détruire les moissons ; les volcans couvrir des campagnes, des habitations, des villes, ensevelir des milliers sous leurs ruines. — « Ce désordre n'est qu'apparent », dites-vous. — Mais si votre ordre n'était pas plus réel ? — Voyez comment vous vous faites illusion à vous-mêmes. Vous voulez prouver l'existence d'un Dieu ; et vous commencez par la supposer. Oui, vous la supposez ; car sans cela, qu'est-ce qui vous autoriserait à admettre dans le monde un ordre général, en voyant plutôt le contraire ? à nous présenter le monde comme un tout bien organisé pour une fin, malgré l'expérience du contraire ? Vous êtes persuadé d'avance de l'existence d'un Dieu qui a ordonné le monde

---

[1] Cette longue note infrapaginale, qui s'étend sur trois pages (62, 63 et 64), a été raturée par Mercier avec cette inscription dans la marge de gauche : « à retrancher, 6 juin 1801 ».

4. THE PRINCIPLES OF LAW AND MORAL RELIGION

But indeed no art is needed to present these truths in all their purity to people's common sense, in an intelligible manner; or, more precisely, to develop them in the mind of someone of average intelligence. Nature lends us a helping hand, and does a lot of the work itself, provided that we do not crush these seeds when they are still developing: which does happen, for instance, when one strives to introduce a morality and a religion of human invention, at least in part. It is through such artifices that it has happened that we found in the simple common sense of uneducated people, ideas of morality and religion that are healthier than those found among more refined people. The moral principle of the good country person is honesty in speech and actions, and his religion is the religion

[4.18 Page 62]

of a pure heart; whereas many other people have fostered a cautious morality and they have either rejected religion altogether, or they have been satisfied with a god as creator of the universe instead of a god of holiness.(x)

(x)1 As long as we seek to know God and to demonstrate his existence solely though the physical world, he can only be portrayed as a *maker* of the universe, whose power and art can instil admiration and perhaps fear; but he is not endowed with any moral character, and he does not deserve the title of *God*, of *moral regulator of the universe*. So, even if we suppose that the cosmological and physico-theological proofs of the existence of God had all the demonstrative power that we ascribe to them, and which they do not in fact have; we would still not have by means of these proofs a God who, in his capacity as a moral being, would be for us an object of religion, because it is absolutely impossible to prove the holiness and justice of the creator using the physical world, where obviously a purely mechanical law of causality reigns. But these so-called demonstrations do not even prove what we ordinarily claim to conclude from them, which is that the world has an almighty and perfectly wise author. 'The world must have a cause' says the cosmotheologian, 'since it is contingent, a necessary being must exist that is the cause of it.' But we are asking: And why could the series of phenomena not go back in time infinitely? — 'It is because we do not conceive of an infinite series.' Very well. But do you find it easier to conceive this necessary being with which you resolve the problem? — And there, from that point of view the reasons for the existence and non-existence of God are in equilibrium; and the question remains outstanding unless it can be decided by other means. The physical theologian comes along to paint for us the admirable order and beauty of the universe: 'can all of this be due to chance; and is it not the case that an all-powerful and perfectly wise being must have arranged these things?' Then we ask in turn: But how many of the things in the world do you see? Probably a very small part? And what you see, is it indeed all order, all harmony? Come, we shall show you just as much evidence of the contrary. See the storms and hail destroying the harvests, the volcanoes covering over the countryside, homes, cities, burying thousands of people in their ruins. — 'This disorder is only apparent', you say. — But what if your supposed order were not any more real? — See how you are deluding yourselves. You want to prove the existence of a God; and you start off by assuming it. Yes, you take it for granted; for otherwise, what would allow you to posit the existence of an overall order in the world, when instead you see the opposite? To present the world as if it were a well-organized whole for a single purpose, in spite of experience to the contrary? You are convinced beforehand of the existence of a God who arranged the world for a purpose. You

---

1 This long footnote, which spreads over three pages (62, 63 and 64), was crossed-out by Mercier with this inscription in the left margin: 'to be cut, June 6 1801'.

[Suite de la note (x) de la page 62]

pour une fin. Vous avez raison, et nous ne pensons pas à ébranler votre persuasion ; mais seulement vous montrer qu'il faut d'autres fondements pour l'établir. — Les questions de l'existence de Dieu et de l'immortalité de l'âme ne se laissant décider ni pour l'affirmative ni pour la négative par des arguments théoriques, et attendent leur décision uniquement de la raison pratique, dont nous avons entendu les réponses. Enfin nous remarquons que la religion puisée d'une source qui n'est pas la vraie ne saurait jamais avoir sur la morale l'influence salutaire qu'elle doit et qu'elle peut y avoir, quand elle est fondée uniquement sur la morale même.

[4.19 Page 63]
Il n'est pas difficile de juger pour qui la morale pure et la religion morale seront le plus compréhensibles. Cependant il ne faut

[4.20 Page 64]
pas nous étonner que la vraie sagesse soit devenue un scandale au prétendu sage, et un mystère au prudent. Car l'esprit humain ne pouvait guère éviter de pareils écarts dans le progrès de son développement. Les premières perceptions lui viennent de la nature hors de lui ; et celle-ci lui offre une si riche matière qu'il ne saurait jamais l'embrasser toute : quoi de plus naturel que de penser que *toutes* ses idées, et par conséquent celles de la morale et de la religion, lui viennent également de cette source extérieure ? et quoi de plus naturel encore que les essais divers de les ramener à cette source, pour les en déduire ensuite ?

[4.21 Page 65]
Ce ne fut qu'après de longs préparatifs que la raison put enfin parvenir à comprendre qu'elle n'était redevable de ces notions qu'à elle-même. Ce n'est qu'à sa plus haute période que la culture de l'esprit se trouve de nouveau à l'unisson avec la nature ; mais aussi quand la raison philosophique a une fois atteint cette hauteur, c'est un devoir sacré pour tous ceux qui influent sur l'instruction des peuples de purger ses résultats de tout mélange impur de la demi-culture, et de leur donner une forme naturelle, sans contredit la plus propre à s'insinuer dans les esprits.

Avant de quitter cet article, il nous faut dire un mot de la religion chrétienne ; et il convient d'autant moins de la passer sous silence, qu'indépendamment de sa valeur intrinsèque, dans sa pureté originelle, qui mérite notre plus grande attention, elle a été jusqu'ici la religion universelle du peuple. Par un effet de nos leçons morales et religieuses, nos élèves sont déjà chrétiens, disciples de Jésus-Christ. Car la morale et la religion, telles que Jésus les a effectivement enseignées, sont parfaitement conformes aux principes que nous avons établis. Soyez parfait, dit-il, comme Votre père qui est dans le ciel est parfait : que la

4. THE PRINCIPLES OF LAW AND MORAL RELIGION

[Continuation of note (x) from page 62]

are right, and we do not intend to undermine your conviction, but only to show you that other foundations are required for establishing it. — Questions pertaining to the existence of God and the immortality of the soul cannot be decided in the affirmative or the negative simply by theoretical arguments, and can only be determined through practical reason, whose answers we have heard. Finally, we note that religion drawn from a source which is not the true one could never have the salutary effect that it must and can have on morality when it is founded solely on morality itself.

[4.19   Page 63]
It is not difficult to judge for whom pure morality and moral religion will be the most intelligible. However, we ought not

[4.20   Page 64]
to be surprised that true wisdom has become a scandal for the so-called wise man, and a mystery for the prudent one. For the human mind could hardly avoid such deviations in the course of its development. Its first perceptions come from outside of itself, from nature; and nature offers it such rich material that it could never take it all in: what could be more natural than to think that *all* of one's ideas, and, consequently, those having to do with morality and religion, also come from that external source? And what could be more natural still than the various attempts to bring them back to this source, and then to deduce them from that source afterwards?

[4.21   Page 65]
It was only after long preparations that reason could finally manage to understand that it was indebted only to itself for these notions. It is only in its highest stage that the culture of the mind finds itself once again in harmony with nature; but also once philosophical reason has reached this height, it is a sacred duty for all those who have an influence on the education of peoples to purge its results of any impure mix of half-culture, and to give those results a natural form, indisputably the most appropriate to worm itself into people's minds.

Before departing from this subject, we ought to say a few words about Christian religion; and it would be even more inappropriate to be silent about it, since independently of its intrinsic value, in its original purity, which deserves our greatest attention, it has been hitherto the universal religion of the people. As a result of our moral and religious lessons, our students are already Christian, disciples of Jesus Christ. For morality and religion, such as Jesus actually taught them, match perfectly the principles that we have established. Be perfect, he said, just as Your father who is in heaven is perfect: may morality,

« Citoyens françois, vous voulez la morale du peuple ! » (1801), Textes de morale, Paris, La Bibliothèque de l'Arsenal, Fonds Mercier, Ms. 15084(3), p. 62.

4. The Principles of Law and Moral Religion

« Citoyens françois, vous voulez la morale du peuple ! » (1801), Textes de morale, Paris, La Bibliothèque de l'Arsenal, Fonds Mercier, Ms. 15084(3), p. 63.

morale, la sainteté soit le but où vous tendez.² Il nous représente Dieu comme le dispensateur moral de l'univers, auprès

[4.22   Page 66]
duquel il n'y a point d'acception de personnes ;³ qui, scrutateur des cœurs, juge chacun selon ses sentiments, et administre les récompenses et les peines selon la justice. Jésus-Christ nous montre aussi Dieu comme le père universel, avec la plus touchante simplicité et la tendresse filiale la plus insinuante ; ainsi que nous l'avons présenté à nos élèves dès avant l'instruction religieuse proprement dite.⁴

Ferons-nous donc usage de la doctrine de Jésus-Christ et rejoindrons-nous à la pure religion de la raison le pur christianisme ? — Oui, et cela par les raisons suivantes.

1. Jésus-Christ est le premier qui a annoncé aux hommes une morale pure et une religion vraiment morale. C'est à lui principalement que nous sommes redevables de l'avantage d'avoir enfin appris à connaître notre nature morale, et découvert en notre raison pratique la vraie fin de la création. Il nous a enseigné *la religion des cœurs purs,* nous a ainsi ouvert le chemin de la religion *de la raison pure, la même* que l'autre *dans ses résultats.* C'est lui qui le premier a donné l'idée du règne moral de Dieu, que nous cherchons à étendre, et pour lequel nous tâchons de former des citoyens. Quoi donc de plus naturel, que de nous unir à lui, et de l'honorer et de l'aimer comme notre précurseur !

[4.23   Page 67]
2. Jésus-Christ a développé les vérités morales et religieuses les plus importantes, d'une manière si claire, si simple et si sublime ; ses discours vont si droit au cœur, sont si appropriés à la chose et à la nature de l'homme, que ses expressions mêmes sont les plus propres à nous faire bien sentir ces vérités. Pourquoi ne recueillerions-nous pas *tout ce qui porte ce caractère* dans le Nouveau Testament, pour le rendre familier à nos élèves ?

3. Jésus-Christ nous montre dans son exemple un modèle si parfait de la réunion de la vraie moralité avec la vraie religion ou de la piété, qu'aucun mortel avant et depuis lui ne nous en a donné un semblable. N'est-il donc pas raisonnable de bien nous imprimer les traits de sa vie, afin de nous mettre souvent devant les yeux l'image pure de la vertu réalisée dans sa personne ? Non pour *l'imiter* mais pour mieux tenir notre conscience éveillée par le souvenir de ses discours et ses actions. Et quel meilleur moyen, que de le distinguer de tous

---

² Allusion à l'évangile de Matthieu 5.48.
³ Actes des apôtres 10.34 et l'épître aux Romains 2.10.
⁴ La position de Mercier est révélatrice d'un renouvellement de la figure christique au tournant du siècle. À ce propos, voir notamment les travaux de Franck P. Bowman, *Le Christ des barricades. 1789–1848* (Paris : Éditions du Cerf, 1987) ; *Le Christ romantique* (Genève : Droz, 1973) ; et, de Xavier Tilliette, *Jésus romantique* (Paris : Desclée, 2002).

may holiness be the goal towards which you strive for.[2] He represents God to us as the moral dispenser of the universe,

[4.22   Page 66]
irrespective of people;[3] who, as a scrutineer of hearts, judges each person according to his feelings and administers rewards and punishments according to justice. Jesus Christ also shows us God as the universal father, with the utmost moving simplicity and the most touching filial tenderness. This is how we have introduced him to our students even before religious education begins.[4]

Shall we then use the doctrine of Jesus Christ and shall we join to the pure religion of reason pure Christianity? — Yes, and for the following reasons.

1. Jesus Christ is the first to have announced a pure morality and a truly moral religion to men. It is to him that we are principally indebted for the advantage of having finally learned how to understand our moral nature and for having discovered in our practical reason the true purpose of creation. He taught us *the religion of pure hearts*, and thus paved the way for the religion *of pure reason, the same* as the other *in terms of results*. He is the first to have given an idea of the moral reign of God that we are striving to expand, and in the favour of which we are trying to educate citizens. What could be more natural then, than to unite with him, and to honour him, and to love him as our precursor!

[4.23   Page 67]
2. Jesus Christ developed the most important moral and religious truths, in such a clear, such a simple, and such a sublime manner; his speeches go straight to the heart, are so appropriate for the matter and for man's nature, that his very words are the most appropriate for making us feel these truths. Why shouldn't we gather *everything bearing this character* in the New Testament to make him a familiar figure for our students?

3. Through his example, Jesus Christ shows us such a perfect model of the union between true morality and true religion or piety that no mortal before or since him has provided us with a similar example. Is it not reasonable therefore to impress upon ourselves the characteristics of his life, in order to put often before our eyes the pure image of virtue realized in his person? Not in order to *imitate him* but better to keep our conscience awake with the memory of his speeches and his actions. And what better means than to distinguish him from

---

[2] Allusion to Matthew 5.48.
[3] Acts 10.34 and Romans 2.10.
[4] At the turn of the century, Mercier's position is symptomatic of a renewal of the figure of Jesus Christ. On this topic, see the following works: Franck P. Bowman, *Le Christ des barricades. 1789–1848* (Paris : Éditions du Cerf, 1987); *Le Christ romantique* (Geneva: Droz, 1973); and Xavier Tilliette, *Jésus romantique* (Paris: Desclée, 2002).

les hommes, comme en effet il s'élève au-dessus d'eux par son caractère et par sa vie ; et d'honorer en lui le juste intrépide, l'ami des hommes, le docteur de la vérité, le vrai sage, notre maître et notre précurseur ?

[4.24   Page 68]
Je conseille donc de joindre à l'enseignement de la pure religion de la raison celui du vrai christianisme, et de montrer à nos élèves comment la doctrine de Jésus-Christ sur la destination de l'homme dans cette vie et dans l'autre, et sur la divinité, s'accorde parfaitement avec ce qu'ils en pensent eux-mêmes à présent. Pour cet effet, il faudrait faire un extrait du nouveau testament, contenant la propre doctrine de Jésus-Christ pour tous les hommes et pour tous les temps, en omettant tout ce qui est local et temporaire. Cet extrait contiendrait encore la vie de Jésus ; en laissant à part les miracles. On pourrait y joindre quelques remarques explicatives, où elles seraient nécessaires afin que cet ouvrage pût être compris de tout le monde.

On n'offrirait la doctrine de Jésus aux jeunes gens qu'à l'âge de quinze ans, après leur avoir enseigné son histoire, et ce serait après cette instruction que, par un acte solennel, on les agrégerait au corps de la cité morale de Dieu et des fidèles sectateurs de la vertu, comme on a coutume d'agréger solennellement les membres au corps d'un ordre. C'est ici *l'ordre des justes* qui s'unissent tous publiquement

[4.25   Page 69]
pour tendre à un même but, à la pure moralité. Voilà la vraie Église. On pourrait aisément arranger cette solennité de manière qu'elle eût quelque ressemblance avec le baptême, dont elle tiendrait la place dans le fond : et à présent, toute superstition en serait bannie.[(x)]

Ce n'est pas pour faire du christianisme la religion dominante dans l'État et restreindre la liberté universelle de conscience. Nous ne voulons contraindre aucun élève ; et si les parents professent une secte, que les enfants l'embrassent, s'ils veulent. Nous verrons plus bas les moyens que nous employons pour amener les adultes, *sans contrainte*, à la religion morale.

[(x)] On suppose ici que les enfants ne sont pas baptisés, sans quoi ce serait une confirmation. En général, il serait bon d'abolir le baptême des enfants, qui d'ailleurs a une autre origine que le christianisme,[5] et qui, même dans son origine a vraisemblablement été l'ouvrage de la superstition. Si par égard pour les faibles on croit devoir le conserver encore, il faudrait y faire des changements très considérables.

5   Dans le judaïsme, le *miqveh* est un bassin d'immersion utilisé dans le cadre de différents rites, dont celui de la conversion. On y voit l'origine du baptême chrétien. Voir « Miqveh », dans *Dictionnaire encyclopédique du judaïsme*, éd. par Geoffrey Wigoder et Sylvie Anne Goldberg (Paris : Éditions du Cerf, 1993), pp. 754-55.

all men, just as he does indeed raise himself above them through his character and through his life; and to honour in him the just, bold man, the friend to all men, the doctor of truth, the true wise man, our teacher and our precursor?

[4.24   Page 68]
I thus advise combining the teaching of the pure religion of reason with that of true Christianity, and showing our students how the doctrine of Jesus Christ concerning the destiny of man in this life and in the hereafter, and concerning divinity, is in perfect agreement with what they themselves think presently. For this purpose, one would have to take an excerpt from the New Testament, containing Jesus Christ's own doctrine for all men and for all times while omitting everything that was specific to his place and time. This excerpt would also contain the life of Jesus, while leaving aside his miracles. We could also add some explanatory remarks where necessary so that everyone could understand the work.

We would only offer Jesus's doctrine to young people from the age of fifteen onwards, after having taught them his story, and it would be after this teaching that with a solemn act, we would admit them to the body of the moral city of God and of the faithful followers of virtue, as we are accustomed solemnly to admit the members to the body of an order. Here is *the order of the righteous who are uniting publicly*

[4.25   Page 69]
in order to reach the same goal, pure morality. That is the true Church. One could easily organise this ceremony in such a way that it had some resemblance to baptism, which, in essence, it would replace: and then all superstition would be banished from the ritual.[x]

This is not to make Christianity the dominant religion of the state and to restrict the universal freedom of conscience. We do not want to force any student; and if parents profess a sect, may the children embrace it, if they wish. We shall see below the means we use to lead adults, without *coercion*, towards moral religion.

---

[x] We are supposing here that the children have not been baptized, otherwise this would be a confirmation. In general, it would be a good idea to abolish the baptism of children, which, besides, is not of Christian origin,[5] and which, even in its origin, was probably the product of superstition. If out of consideration for the weak we find it necessary to keep it still, significant changes would have to be made.

---

[5] In Judaism, the *mikveh* is an immersion bath used in various rites including the rite of conversion. It is often seen as the origin of Christian baptism. 'Miqveh', in *Dictionnaire encyclopédique du judaïsme*, ed. by Geoffrey Wigoder and Sylvie Anne Goldberg (Paris: Éditions du Cerf, 1993), pp. 754–55.

[4.26   Page 70]
Quant à l'addition aux lumières morales, *le combat contre les préjugés* régnants, nous pouvons le passer pour le moment. Il vaut mieux *prévenir* le préjugé auprès de la jeunesse par une instruction solide, que de le réfuter directement. Cependant on ne peut s'en défaire tout à fait, et il faut remarquer les principaux, à l'occasion des vérités qui les détruisent, afin de préparer les jeunes gens à les entendre sans danger prêcher et défendre dans le monde. Si nous négligeons cette précaution, ils pourraient, malgré nos soins, devenir la proie de l'erreur, étant éblouis par les sophismes dont on l'appuie, séduits par la faveur qu'elle donne aux sens, et entraînés par les applaudissements qu'on lui prodigue de tous côtés. Nous renvoyons l'attaque directe plus bas, où nous parlerons des adultes.

* * * * *

Nos disciples doivent apprendre autre chose dans nos instituts nationaux que la morale et la religion. L'histoire naturelle, la physique, les mathématiques, la géographie, surtout mathématique, et l'histoire ne sont point du tout un privilège exclusif des écoles savantes, et contiennent bien des choses utiles à l'homme et au citoyen, sans aucun égard à une vocation particulière. Il faut tirer de toutes les sciences ce qu'elles

[4.27   Page 71]
ont d'utile à tous et l'enseigner dans les écoles nationales. — Les connaissances ont-elles quelque influence sur la moralité ? Oui sans doute ; quoique moins directement que la morale et la religion. En exerçant les facultés, elles facilitent l'étude de ces dernières ; en éclairant l'esprit elles le préservent de l'erreur dans l'application des lois morales à la conduite ; en occupant l'esprit, elles ôtent aux sens mille occasions d'assaillir la volonté de leurs fantaisies : et à ce dernier égard ces études font partie de la discipline morale qu'il s'agit maintenant de traiter.

[4.26 Page 70]

As to the addition to moral enlightenment, that is *the fight against* prevailing *prejudices*, we can skip it for the time being. It is better to *prevent* prejudice among young people by means of a sound education, than to refute it directly. However, we cannot avoid it entirely, and we must point out the main prejudices when dealing with the truths that shatter them, in order to prepare young people to hear them being preached and defended in the world without danger. If we neglect to take this precaution, young people could, in spite of all our efforts, fall prey to error, being dazzled by the sophisms used to support it, seduced by the preference granted to the senses, and carried away by the applause from all sides. We shall postpone our direct attack until later, when we talk about adults.

* * * * *

Apart from morality and religion, our disciples must learn things in our national establishments. Natural history, physics, mathematics, geography, especially mathematical geography, and history are not at all the exclusive domain of specialized schools, and contain many useful things for both the individual and the citizen, without any regard for a particular vocation. One must draw from the sciences what

[4.27 Page 71]

is useful about them for everyone and teach it in the national schools. — Does knowledge have an influence on morality? Yes, perhaps; although less directly than morality and religion. By exercising the mental faculties, knowledge facilitates the study of the latter; by enlightening the mind, knowledge protects it from error when applying moral laws to behaviour; by keeping the mind busy, it deprives the senses of a thousand opportunities to assail the will with their fantasies; and in this last respect, these studies are a part of moral discipline, which we shall now consider.

[5. Moyens pour développer la discipline morale]
[5.1   Page 71]
Nous recherchons, d'après *la seconde partie* de notre principe *les moyens de discipline morale* pour nos instituts.

L'objet de la discipline morale est *la sensualité*. C'est à dompter les sens, à les retenir ou les repousser dans leurs bornes que la discipline doit s'appliquer. Elle ne doit donc pas les exciter ; mais elle ne doit pas non plus entreprendre de les étouffer ou d'affaiblir ; car les sens étant les moyens d'action au-dehors, ils sont les

[5.2   Page 72]
exécuteurs des ordres de la raison et il faut leur laisser toute l'énergie nécessaire à cet effet.

Mais comment s'y prendre ? Ce n'est pas à nous, c'est à d'autres que nous avons à faire. Nous pouvons commander à *nos* sens et leur dire : *vous vous soumettrez*. Il n'en est pas de même de nous aux autres ; et supposé qu'il fût possible, nous n'oserions commander ainsi ; car ce serait soumettre leurs sens, non *à eux*, mais *à nous* ; nous empiéterions sur leur liberté, nous les soumettrions à notre bon plaisir, au lieu de les affranchir de l'esclavage de leurs sens. Si donc la discipline morale ne doit pas dégénérer en despotisme, et manquer absolument son but, il faut qu'elle prescrive certaines bornes, et qu'elle les observe avec la plus exacte ponctualité. Voici la règle d'après laquelle les bornes doivent être déterminées dans tous les cas individuels : *La discipline doit agir sur la sensualité d'autrui de manière que, non seulement elle n'ôte rien à l'activité propre et libre de la personne, mais encore qu'elle la favorise autant qu'il est possible.*

Nous avons pour cela dans nos instituts les moyens suivants.

[5.3   Page 73]
1. *La surveillance morale proprement dite.*

On doit bien la distinguer de *la police de l'école*. Celle-ci peut user de contrainte, n'ayant pour objet que la *légalité* des actions ; mais la discipline morale ne doit s'en permettre aucune, parce qu'elle a pour objet *la moralité*. Il est important de bien observer cette différence. *Là où la conscience peut seule commander, là aussi elle doit juger seule.*

Nos élèves ont besoin de surveillance morale, tant que leur raison pratique n'a pas acquis le degré de développement nécessaire pour leur dire en chaque occasion avec précision et avec clarté ce qui est bien ou mal, conforme ou contraire au devoir. Si les moyens des lumières morales que nous avons proposés sont employés d'une manière convenable, nous pourrons nous promettre avec raison, que nos élèves parviendront à ce degré de raison avant de quitter nos

[5. The Means of Achieving Moral Discipline]
[5.1   Page 71]
We are searching for, according to *the second part* of our principle, *the means of moral discipline* for our institutes.

The object of moral discipline is *sensuality*. It is in taming the senses, in holding them back or keeping them within their boundaries, that discipline must be applied. It must not therefore stimulate them; but neither must it attempt to smother them or weaken them; because the senses being the means of outward action, they are the

[5.2   Page 72]
enforcers of the orders of reason and they must be allowed all the necessary energy required for that purpose.

But how to go about it? This is not about us; we are dealing with others. We can command *our* senses and tell them: *you will submit*. There is a difference between what applies to us and what pertains to others; and supposing it were possible, we would not dare to give orders in this way; because that would be submitting their senses, not *to themselves*, but *to us*; we would be encroaching upon their liberty, we would be submitting them to our own whims, instead of freeing them from the slavery of their senses. Thus, if moral discipline is not to degenerate into despotism, and completely miss its goal, it ought to call for certain limits, and observe them meticulously. Here is the rule according to which the limits must be determined in all individual cases: *Discipline must act on the sensuality of other people in such a way that not only does it not in any way diminish the individual's own free actions, but also favours them as much as possible.*

We have for this purpose the following means in our institutes.

[5.3   Page 73]
1. *Moral surveillance as such.*

We must distinguish it from *the school's policing*, which can use coercion, its only preoccupation being the *legality* of actions; but moral discipline cannot entail any coercion whatsoever, because its goal is *morality*. It is very important to note this difference. *When conscience alone can command, it should also be the only one to judge.*

Our students need moral surveillance, so long as their practical reason has not reached the necessary degree of development to tell them on every occasion accurately and clearly what is good and what is bad, in keeping with or contrary to one's duty. If the means of moral enlightenment which we have proposed are implemented in an appropriate way, we will rightly be able to promise ourselves that our students will have achieved this level of reasoning before leaving

instituts. Nous distinguerons donc entre nos élèves des majeurs et des mineurs. Entre ces derniers il y a bien des degrés différents, vu que les lumières morales ne viennent que par degrés. Le surveillant a deux fonctions principales : l'une, de préserver ses élèves des tentations auxquelles ils ne sont pas encore capables de résister ;

[5.4   Page 74]
l'autre d'examiner avec eux leur conduite, toutes les fois qu'il est convenable. En conséquence il ne pourra guère laisser à eux-mêmes ceux qui sont encore fort en arrière, et il pourra confier une partie de la surveillance sur eux à des élèves formés ou près de l'être. Il est clair que le maître doit connaître exactement ses élèves, et savoir les ressorts qui font agir chacun. Sans cette connaissance, l'examen moral qu'il doit faire avec eux lui serait absolument impossible.

Cet examen ne se fait pas publiquement, mais seulement entre le surveillant et l'élève. Il vaut mieux de n'assigner aucun temps fixe, mais le faire quand la conduite des élèves en fournit l'occasion. La conscience est *l'unique tribunal*, et sa sentence de condamnation *l'unique peine* ; que le maître doit savoir exciter et rendre bien sensible. Si un enfant était gâté au point que la voix de sa conscience, quelque effort qu'on fît pour la réveiller, n'eût plus de pouvoir sur lui, il ne pourrait pas demeurer dans notre institut : il donnerait trop d'affaires au maître et corromprait notre jeunesse. Mais le cas sera rare, surtout quand nos instituts auront subsisté quelques années, et que les élèves y entreront de bonne heure.
— *La sincérité* est la première

[5.5   Page 75]
des vertus. Chaque violation en exige de la part du maître un appel sérieux au tribunal de la conscience de l'élève coupable. Entre les violations de la sincérité, il ne faut pas seulement compter les mensonges manifestes, mais encore toutes sortes d'artifices, toute feinte, tout service à l'œil, etc. Nous ne nous en laissons pas imposer par l'esprit ou la ruse d'un enfant éveillé, qui proviennent souvent des parents et des maîtres au point qu'ils passent non seulement bien des traits immoraux, mais qu'ils encouragent la ruse et la feinte par leurs applaudissements.

Nous ne nous bornons pas à reprendre dans nos élèves des actions illégales ; même l'assiduité la plus régulière devient quelquefois l'objet de notre examen, lorsque nous remarquons que les *motifs* ne sont pas purs comme par exemple lorsque le point d'honneur ou la jalousie, très analogue à l'honneur, est la cause de la diligence. Notre censure rappelle l'ambitieux à la connaissance de lui-même, lui fait comprendre, qu'il n'aime pas la diligence pour elle-même, mais

our institutes. Among our students, we shall therefore distinguish between beginners and those of a more advanced level. Between these two, there are many different degrees, given that moral enlightenment can only come by degrees. The supervisor has two main functions: one is to protect students from temptations that they are yet unable to resist;

[5.4   Page 74]
the other is to examine the students' behaviour together with them, every time it is suitable to do so. Consequently, he will hardly be able to leave students who are lagging behind to their own devices, and he will be able to entrust part of their monitoring to fully or almost fully trained students. It is clear that the teacher must know his students very well, and know what triggers each one of them to act. Without this knowledge, the moral examination he must carry out with them would be totally impossible.

This examination is not done publicly, but only between the supervisor and his student. It is best not to fix a time for it, but rather to do it when the student's behaviour provides the occasion. Conscience is the *unique tribunal* and its sentence of condemnation is *the only punishment*; the teacher must know how to awaken the student's conscience and make it sensitive. If a child were so spoiled that no matter the effort made to awaken it, the voice of his conscience no longer had any power over him, he would not be able to stay in our institute: he would make too much trouble for the teacher and would corrupt our youth. But this will be a rare case, especially when our institutes will have been around for some years, and students will be admitted there at a young age. — *Sincerity is the most important*

[5.5   Page 75]
of virtues. Each violation demands that the teacher make a serious appeal to the tribunal of the guilty student's conscience. Among the violations of sincerity, we should not only include obvious lies, but rather all sorts of artifice, pretence, all types of deceit, etc. We are not impressed by the wit or cunning of an alert child, which often come from parents and teachers to the point where they not only condone immoral behaviour, but they also encourage cunning and deceit with their applause.

We do not limit ourselves to merely correcting illegal actions among our students; even the most regular diligence sometimes becomes the object of our analysis, when we notice that the *motives* for their behaviour are not pure, as for example when a point of honour, or jealousy which is quite similar to honour, is the cause of such diligence. Our reproof reminds the ambitious child of who he is, makes him understand that he does not like diligence in itself, but only for the sake of distinguishing himself from other people, and that he is

seulement pour se distinguer, et qu'il est par conséquent intéressé et l'esclave de ses penchants ; qu'il n'est donc point libre, qu'il ne se détermine

[5.6   Page 76]
point lui-même ainsi qu'il convient à l'homme. Le censeur interroge avec lui la conscience sur le fait de l'application. Celle-là lui dit : « Quiconque a des forces doit les cultiver et les employer de son mieux, doit travailler de la manière la plus utile et de toutes ses forces. » Voilà le vrai motif de l'application, et ne craignons pas que l'échange que nous faisons de l'honneur contre ce motif fasse aucun tort au labeur ; pourvu que nous sachions l'employer, il soutiendra la *vraie* application, et la garantira de l'excès destructif des facultés du corps et de l'esprit.

Le langage du surveillant sera d'une *gravité douce*. La gravité est un hommage à la conscience, et sa douceur montre à l'élève un père, un ami, qui ne cherche que le bien de son ami. La gravité inspire le respect ; et l'amour, la confiance. Le surveillant prendra bien garde de ne pas se tromper sur les sentiments de son élève, de ne pas par exemple lui imputer des motifs impurs, que celui-ci n'aurait pas en effet. Mais de pareilles erreurs sont faciles à éviter quand on connaît le cœur humain et qu'on a l'habitude avec la jeunesse ; et même l'hypocrite exercé ne trompera ni longtemps ni souvent le connaisseur. Remarquez que nous

[5.7   Page 77]
parlons d'enfants et de jeunes gens. À mesure que les élèves avancent en âge et en lumières morales, la surveillance devient moins sensible, on leur laisse plus de liberté, afin qu'ils apprennent à défendre eux-mêmes leur vertu, et selon qu'ils soutiennent l'épreuve, le surveillant se retire plus ou moins. Mais il faut qu'il s'y prenne de manière à ce que les élèves ne s'en aperçoivent point. Cet artifice, bien employé n'est rien moins que blâmable ; c'est le seul moyen de reconnaître exactement le degré de force morale de l'élève dans les circonstances données, et de conduire chacun selon le besoin de ses facultés ; et le seul en même temps de faire que la surveillance ne nuise point à la liberté des élèves mais en favorise l'usage. Se retirant ainsi peu à peu, la surveillance cesse entièrement dès que le jeune homme atteint la maturité morale. Nous ne la pouvons guère attendre avant l'âge de quatorze ans, et même quand elle se montre, il ne faut pas pour cela que le mentor perde son élève de vue. Le jeune homme, parvenu à cette maturité, devient l'assistant du maître auprès des jeunes élèves, et l'exercice de cette fonction sera pour le maître une nouvelle pierre de touche de la moralité du jeune homme.

[5.8   Page 78]
De ce que nous venons de dire de la surveillance morale, il résulte qu'elle est

consequently self-serving and slave to his inclinations; that he is therefore not free, that he does not make up his own mind

[5.6   Page 76]
as behoves mankind. The examiner helps him question his conscience about how it affects his decisions. His conscience tells him: 'whoever has strengths must cultivate them and use them the best he can, he must work in the most useful manner and with all his strength.' That is the true motive for application and there is no need to worry that if we exchange honour for this motive, harm will be done to the effort involved; providing that we know how to use this motive, it will support *true* application, and will protect it from the destructive excess of the faculties of the body and mind.

The language of the supervisor will be of a *gentle solemnity*. Solemnity is a tribute to conscience, and its gentleness reveals to the student a father, a friend, who is only seeking the good of his friend. Solemnity inspires respect; and love inspires trust. The supervisor will take great care not to be mistaken about his student's feelings, not, for instance, to impute to him impure motives that he does not indeed have. But such errors are easy to avoid when one knows the human heart and when one is accustomed to young people; and even the seasoned hypocrite will not trick the expert very long nor often. Note that we

[5.7   Page 77]
are speaking about children and young people. As the students advance in age and in moral enlightenment, monitoring becomes less obvious, we give them more freedom, so they can learn to defend their virtue by themselves, and depending on how they cope with the ordeal, the supervisor withdraws to a greater or lesser degree. But he must do so in such a way that the students do not notice it. Put to good use, this artifice is nothing less than blameworthy; it is the only means of identifying exactly the degree of moral strength the student possesses under given circumstances, and to guide each one according to his faculties' needs; and, at the same time, it is the only way of ensuring that the supervisor does not hamper the students' freedom but rather favours their use of it. Thus, supervision withdrawing gradually, it stops completely as soon as the young man reaches moral maturity. We should not expect this to happen before the age of fourteen, and even when it becomes manifest, it does not mean that the mentor should no longer keep an eye on his student. The young man, having reached this level of maturity, becomes the teacher's assistant with the young students, and how he exercises this function will be, in the teacher's eyes, a new touchstone in the morality of the young man.

[5.8   Page 78]
From what we have just said about moral supervision, it follows that such

encore un excellent moyen de perfectionner les lumières morales.

Est-il nécessaire d'avertir que la conduite du surveillant ne doit pas se trouver en contradiction avec celle qu'il impose à ses élèves ? Cela s'entend, je pense ; sa conduite doit rendre la vertu aimable et la faire respecter.

Le second moyen de discipline morale est :

2. *Une sage police dans l'école.*

Nous avons déjà dit en quoi elle diffère de la surveillance morale. La police est pour l'école ce que la police publique est pour l'État. Son objet en général est *l'ordre extérieur*. Cette police sera *sage*, c'est-à-dire que les lois seront fondées sur la *justice*, et ses *moyens* compatibles avec le but principal de l'institut, l'établissement de la moralité. Comme elle ne s'étend qu'à la légalité, les devoirs moraux, ni les motifs ne sont point de son ressort. Si elle passe ces bornes, elle dégénère en despotisme et empiète sur la liberté des jeunes gens. La police ne peut influer sur la moralité qu'indirectement, en s'y arrogeant une influence directe, elle méconnaît sa destination et manque son but, quelques bonnes que soient ses intentions.

[5.9   Page 79]

Le surveillant moral peut être en même temps inspecteur de police ; mais il doit bien prendre garde chaque fois en quelle qualité il agit. Dans la dernière, il forme avec ses collègues un conseil qui dirige tout l'institut, règle la police et les actions des élèves et surveille l'ordre. Entre les élèves ceux qui ont atteint la maturité morale, y sont admis. Tous les élèves participent à la législation et obéissent ainsi à leurs propres lois et non à des lois étrangères. Les lois ne sont également ici que l'expression de la volonté générale, autant que la nature des choses le permet : car il faut avoir une volonté raisonnable pour avoir une voix. L'enfant ne refusera pas non plus son assentiment aux lois subsistantes, si elles sont justes : la justice se faisant trop vivement sentir au cœur, avant même que l'enfant ait une idée distincte du juste et de l'injuste ; et d'ailleurs, le surveillant moral tâche par degrés et à mesure que leur raison se développe d'amener les enfants par ses questions à comprendre la justice des lois de l'école.

Les principaux points de la police de l'école sont les suivants :

[5.10   Page 80]

a. *une occupation régulière*, adaptée aux forces des élèves, tant dans les leçons que dans les heures de travail manuel. Car il faut que nos élèves aient, outre leurs études, des travaux mécaniques réglés, comme par exemple la culture des jardins et des champs ; des ouvrages de menuisier, de tourneur, de vannier, de relieur, d'horloger. Ces travaux seront assignés à chacun selon ses facultés, que les maîtres s'appliqueront à connaître, afin que chaque élève trouve un jour la vocation pour laquelle la nature lui a donné des dispositions. Cela est

supervision is yet an excellent means of perfecting moral enlightenment.

Is it necessary to warn that the conduct of the supervisor must not contradict the one that he imposes upon his students? This goes without saying, I think; his behaviour must make virtue likeable and make it respected.

The second means of moral discipline is:

2. *Wise policing in the school.*

We have already stated how this is different from moral supervision. Policing is to the school what the public police is to the state. Its purpose, generally, is *external order*. This policing will be *wise*, that is to say that the laws will be based upon *justice*, and its *means* compatible with the main goal of the institute, the establishment of morality. As policing is only responsible for legality, neither moral duties nor motives are within its province. If it goes beyond these limits, it degenerates into despotism and encroaches upon young people's liberty. Policing can only influence morality indirectly, and by claiming a direct influence it misunderstands its purpose and misses its goal, however good its intentions may be.

[5.9   Page 79]

The moral supervisor can at the same time be a police inspector; but he must know very clearly in every situation which role he is performing. For the latter, he forms a council with his colleagues which steers the entire institute, regulates the policing and the students' actions and monitors order. Among students, those who have reached moral maturity will be admitted in it. All of the students participate in legislation and thus obey their own laws and not ones imposed upon them. Laws here are but the expression of the general will, as far as the nature of things permits it: because a reasonable will is required to have a voice. The child will not refuse his approval of existing laws, if they are fair: justice is felt strongly in one's heart, before the child even has a clear idea of what is just and unjust; and besides, the moral supervisor gradually attempts, as their reason develops, to bring the children to understand the justice of the laws of the school through his questions.

The main points of the school's policing are as follows:

[5.10   Page 80]

a. To provide *a regular occupation* suited to the strengths of the students, as much in lessons as in their hours of manual labour. Because our students must have, in addition to their studies, regulated mechanical work, such as for example, gardening and the cultivation of fields; carpenters', lathe operators', basket-makers', book binders' and watchmakers' projects. These jobs will be assigned to each student according to his abilities, which the teachers will take great care to determine, in order that each student will one day find the vocation

avantageux non seulement à l'individu et à la société, mais même à la moralité ; vu que celui qui est fait pour sa vocation est bien moins en danger d'être livré au vice par l'oisiveté ou par d'autres causes. Quand un élève quitte notre institut, les maîtres rendent compte à la commission d'éducation de leur arrondissement des dispositions de l'élève pour telle ou telle occupation, et celui-ci est mis à la place où il doit être d'après les vues de la nature.

Qu'on ne dise pas que c'est une contrainte illicite et contraire aux principes que nous avons nous-mêmes établis. Nous ne voulons contraindre personne ; non, nous laissons à chacun à choisir sa vocation en toute liberté. Mais, soyez tranquilles

[5.11   Page 81]
si notre élève a essayé chez nous les travaux entre lesquels il a le choix, ou du moins des travaux approchants, il ne s'attachera pas à celui qui ne lui réussit point. Outre cela, si pendant dix ans, ou seulement de la moitié, sa raison a été bien cultivée, il faudra bien choisir raisonnablement sa vocation.

Mais les parents n'auront-ils rien à dire dans cette affaire ? Nous ne voulons nullement les exclure, mais nous ne prétendons pas non plus leur abandonner aveuglément la décision du sort de leur enfant. Nous leur dirons à quoi il est propre et dans quelle vocation il peut se rendre le plus utile à lui-même et aux autres. S'ils sont raisonnables, ils écouteront nos avis et approuveront le choix que leur fils aura fait. Mais s'ils voulaient le contraindre, ce serait le devoir du magistrat de protéger la liberté du jeune citoyen. — On devrait bien cesser enfin de s'opposer à la nature avec une opiniâtreté insensée, et d'entrer dans la lutte la plus inégale qui fût jamais ; surtout en France, où la constitution a sanctionné la liberté et l'égalité de tous les citoyens. Oui, Citoyens, il faut que tout ce qui est contraire à la nature soit désormais banni de la France, et par conséquent aussi l'hérédité des professions.[1]

[5.12   Page 82]
Il nous reste encore à observer, que dans les travaux mécaniques il n'en s'agit pas proprement du gain qui peut s'y faire.

On aura aussi des *exercices gymnastiques*, pour donner au corps de la force et de la souplesse. Le maniement *des armes* est de ce nombre. De cette manière la république aura des soldats exercés dans tous ses jeunes citoyens aussi *capables* que *disposés* à défendre la patrie contre toute injuste agression.[2] — Il y a des

---

[1] Malgré l'abolition des privilèges héréditaires en 1789, le monde professionnel est longtemps resté régi par un principe de transmission de père en fils. Voir notamment Daniel Bertaux, « L'hérédité sociale en France », *Économie et statistique*, 9 (février 1970), pp. 37-47.
[2] L'éducation physique a une place importante dans la plupart des programmes d'éducation de l'époque moderne. De l'éducation humaniste du XVIe siècle aux réformes jacobines, en passant par les collèges jésuites et la pédagogie rousseauiste, la formation de l'esprit est vue

5. THE MEANS OF ACHIEVING MORAL DISCIPLINE

for which nature has given him a disposition. This is advantageous not only for the individual and for society but also for morality, given that the individual who is made for his vocation is much less likely to slip into vice through idleness or other causes. When a student leaves our institute, the teachers report back to the education commission in their district on the dispositions of the student for such and such job, and the student is placed where he should be according to nature's plans.

Let it not be said that this is an illicit constraint and contrary to the principles we ourselves have established. We do not want to restrict anyone; no, we leave everyone to choose their own vocation freely. But, be reassured:

[5.11   Page 81]
if our student has tried all the trades among which he can choose at our school, or at least similar trades, he will not stick to one he is not good at. Moreover, if his reason has been properly cultivated for ten years, or even half of that, he will certainly know how to choose his vocation reasonably.

But will the parents have nothing to say about this? We do not want to exclude them in the least, but we have no intention either of blindly leaving the fate of their child in their hands alone. We will tell them what best suits him and in what vocation he can be most useful to himself and others. If they are reasonable, they will listen to our advice and will approve the choice their son will have made. But if they wanted to control him, it would be the duty of the magistrate to protect the freedom of the young citizen. — We should cease to oppose nature with an insane doggedness, and to undertake the most unequal struggle that ever was; above all in France, where the constitution has sanctioned the liberty and equality of all citizens. Yes, Citizens, everything that is contrary to nature ought from now on to be banished from France, and consequently also the heredity of professions.[1]

[5.12   Page 82]
We still have to note that, as regards manual labour, it is not a question of the actual material gain that can be made out of it.

There will also *be gymnastic exercises*, to give the body strength and flexibility. The *arms* drill is one of them. In this way, the republic will have trained soldiers in all its young citizens as *capable* as they are *inclined* to defend the homeland against any unjust aggression.[2] — There are institutes where a

---

[1] Despite the abolition of hereditary privilege in 1789, the professional world long remained governed by the principle of transmission from father to son. See in particular Daniel Bertaux, 'L'hérédité sociale en France', *Économie et statistique*, 9 (February 1970), pp. 37–47.
[2] Physical education occupies an important place in most educational programmes of the modern era. From the humanist education of the sixteenth century to the Jacobin reforms,

instituts où on a introduit une grande variété d'exercices gymnastiques, et où les jeunes gens y acquièrent une grande dextérité. Mais qu'on se garde ici comme ailleurs d'exciter l'ambition et de miner ainsi la moralité. Ainsi, point de distinctions, point de prix ; tout aussi peu pour le saut, la course, et l'équilibre, que pour l'étude des sciences. Les exercices du corps et de l'esprit ont des attraits suffisants pour la jeunesse, dès qu'on fait les proportionner à l'âge et aux facultés de chacun. Gardons de viser à des *effets hors de la nature*, et nous n'aurons pas besoin des *ressorts illicites*.

Il faut dans toutes les opérations une marche constante et un ordre ponctuel ; la police y veille et commet des surveillants vigilants partout où il est nécessaire. Les heures d'étude et de travail sont entremêlées d'intervalles d'amusement, où l'on s'en remet davantage aux élèves

[5.13   Page 83]
de leur activité, où partie jouent, et partie, surtout les grands, s'occupent à leur gré. Que l'inspection de police cède la place à la surveillance morale, pour ne reparaître qu'au besoin, comme si les jeunes gens viennent à se battre, à causer du dommage et le reste. C'est ici qu'on pourra remarquer les progrès de chacun dans la perfection morale, parce que c'est ici que les enfants font l'essai de leur liberté ; et plus ils sont avancés dans la perfection morale et moins la surveillance se fait sentir ; et avec leurs petits camarades ils apprendront à se conduire dans la société.

b. Le second objet de la police d'école *est l'ordre dans les choses*, dont le soin est remis aux élèves, comme livres, hardes, jouets, etc. ; chaque pièce a sa place assignée, et on fera la visite à des temps non marqués.

c. Enfin vient *la propreté* ; sur les personnes, dans les hardes et les choses, avec tout ce qu'exige *la santé*, par exemple la tempérance dans les repas, le sommeil, les exercices ; le bain, les lits. Il nous faut veiller avec soin à ce que nos élèves ne s'écartent en aucun point des simples besoins de la nature frugale. La santé est de la dernière importance pour la morale, et peut contribuer beaucoup au maintien de *la liberté*

[5.14   Page 84]
intérieure de l'homme ; car, toutes choses d'ailleurs égales, les sens ne sont pas si prompts à irriter, dans un corps sain et vigoureux, que dans un corps affaibli de mollesse, où l'irritabilité du genre nerveux et en même temps des désirs est exaltée outre nature. Ainsi le soin de la santé est un point essentiel de la

---

comme allant de pair avec le dressage des corps. Ici, Mercier semble vouloir faire jouer une double fonction à cet enseignement, conçu en quelque sorte comme une préparation, voire un remplacement, du service militaire. Certains programmes montagnards allaient aussi en ce sens. Voir notamment les *Institutions républicaines* de Saint-Just, dans *Œuvres complètes*, éd. par Miguel Abensour et Anne Kupiec (Paris : Gallimard, 2004), pp. 1085-1147.

great variety of gymnastic exercises have been introduced, and where young men acquire great dexterity. But let us be careful here as elsewhere not to excite ambition and undermine morality in this way. So, no types of distinction, no prizes; this goes for jumping, races, balancing acts, as well as for the study of the sciences. Exercises of the body and mind are sufficiently attractive to young people, when they are made proportional to their age and abilities. If we are careful not to seek *unnatural effects*, we will not need any *illicit incentives*.

In all operations, a constant progress and punctual order is required; the police is attentive to this and sends vigilant monitors wherever necessary.

The hours dedicated to study and work will be mixed with intervals dedicated to amusement, when students can have a say in

[5.13   Page 83]

their activities, when some play, and others, above all the older students, do what they like; let police inspection give way to moral supervision, only to reappear when need be, such as when young people get into a fight, cause damage and the like. This is when we can see the progress of each person towards moral perfection, because this is when children try out their freedom; and the more advanced they are in moral perfection, the less moral surveillance will be noticeable; and with their little schoolmates they will learn to behave in society.

b. The second goal of the school's policing *is order in things*, the responsibility of which is in the students' hands, such as books, clothing, toys, etc.; each item has its designated place and there will be unannounced inspections.

c. Finally comes *cleanliness*; of people, clothing and other things, including all requirements for reasons of *health*, for example, moderation in meals, sleep, and exercises; bath, beds. We must be careful to ensure that our students do not diverge in any way from the simple needs of frugal nature. Health is of the utmost importance for morality, and can contribute a great deal to maintain

[5.14   Page 84]

man's inner freedom; because, all things being equal, the senses are not quite so quick to irritate, in a healthy and vigorous body, as in a body weakened by indulgence, where irritability of the nervous kind and also that of desires

including Jesuit colleges and Rousseauist pedagogy, the training of the mind has always been seen as going hand in hand with that of the body. Here, Mercier seems to say that this teaching could play a dual role as a sort of preparation, or even a replacement, for military service. Some of the Montagnards' programmes took a similar line. See in particular Saint-Just, *Institutions républicaines*, in *Œuvres complètes*, ed. by Miguel Abensour and Anne Kupiec (Paris: Gallimard, 2004), pp. 1085–1147.

discipline morale.

Disons un mot du soin de la *chasteté*. Qui ne sait combien les sens se trouvent précoces dans quelques enfants de l'un et de l'autre sexe. Les principales causes en sont un régime échauffant, la mollesse, l'oisiveté, la séduction. Combien les suites en sont-elles terribles et destructives du corps et de l'esprit ! Comment garantirons-nous l'institut de cette peste ? Ce ne sera pas en prêchant la chasteté à la jeunesse. Avant l'âge de douze ans nous ne pouvons traiter de cette vertu avec eux. Ce que nous avons dit de la morale en général par rapport aux enfants innocents, trouve ici son application. À prendre le terme d'innocence dans son acception vulgaire, il signifie précisément l'heureuse ignorance de ce penchant, et nous avons à prendre garde, qu'une leçon prématurée de chasteté ne devienne une leçon de corruption. Il nous faut sans doute traiter

[5.15   Page 85]
ce point avec nos élèves avant qu'ils nous quittent, mais ne prévenons jamais le moment où la nature les met en état de nous entendre. Auprès des enfants, voici quel est notre procédé. Nous écartons d'eux soigneusement les causes de la volupté prématurée ; et alors nous n'avons aucun besoin d'admonitions contre le vice. Nous avons déjà dit comment notre police bannit l'oisiveté et la mollesse. La séduction doit être impossible dans nos instituts, parce que nous n'y tolérons aucun séducteur. La corruption ne saurait se glisser dans les ténèbres, parce que notre surveillance pénètre là où l'inspection de police ne saurait atteindre. Si un enfant est corrompu avant que d'entrer chez nous, nous le découvrirons bientôt ; car nous observons les nouveaux venus avec une vigilance redoublée, comme on peut le penser ; et ce sont les maîtres seuls qui sont chargés de ce soin ; et dans ce cas il faudra bien sans doute instruire le malheureux enfant ; et la force de son habitude du vice aussi bien que son caractère en général décideront s'il doit être renvoyé ou bien s'il peut rester parmi nous. Car ce n'est pas à dire qu'un infortuné de cette sorte soit absolument gâté pour la morale. S'il reste, il aura longtemps à demeurer sous la surveillance vigilante et immédiate

[5.16   Page 86]
des maîtres. Dans la plupart des cas, il serait bon pour la sûreté de l'institut d'éloigner provisoirement un tel enfant, jusqu'à ce qu'il se fût abstenu du vice pendant une espace de temps considérable.[3]

---

[3] Le vice que Mercier semble avoir en tête ici, sans le nommer, est l'onanisme, qui a déjà fait l'objet de nombreux discours au XVIIIe siècle et qui ne manque pas d'être abordé dès lors qu'il est question de l'éducation des jeunes garçons. Rousseau a longuement discouru sur « ce dangereux supplément » (voir *Émile*, livre IV ou *Julie ou la Nouvelle Héloïse*, seconde partie, lettre XV) ; Kant aborde aussi la question dans *La Métaphysique des mœurs* (« Doctrine de la vertu », première partie, livre I, chapitre 1, article 2).

is excessively exaggerated. Thus, care for one's health is an essential point of moral discipline.

Let us say a word about the concern for *chastity*. Who does not know how much the senses are precocious in some children of both sexes. The main causes are excess in diet, lethargy, idleness, seduction. How terrible and destructive the consequences can be for both body and mind! How can we protect the institute from such a plague? It is not by preaching chastity to young people. Before the age of twelve, we cannot speak to them about this virtue. What we have said about morality in general with regard to innocent children applies here. If we take the commonly accepted meaning of the term innocence, it means precisely the happy ignorance of this inclination, and we must be careful that a premature lesson in chastity does not become a lesson in corruption. We should perhaps deal with

[5.15   Page 85]

this point with our students before they leave us, but let us never anticipate the moment when nature puts them in the right state to understand us. Here is how we proceed with children. We carefully keep them away from the causes of premature sexuality, and then we need no admonitions against vice. We have already explained how our policing bans idleness and indulgence. Seduction must be impossible in our institutes, because we do not tolerate seducers. Corruption is unable to slip into the darkness, because our surveillance is present even where police inspections cannot reach. If a child is corrupt before joining our institute, we will soon know it; because we observe newcomers with redoubled vigilance, as you can probably imagine; and only the teachers are given responsibility for this task; and in this case, the unfortunate child will undoubtedly need to be taught; and the extent of his habit of vice as well as his general character will determine whether he must be expelled or whether he can stay among us. Because we are not stating that such an unfortunate child is completely wasted for morality. If he stays, he will have to remain for a long time under the strict and direct surveillance

[5.16   Page 86]

of the teachers. In most cases, it would be good for the safety of the institute to keep such a child temporarily at bay until he has refrained from his vice for a considerable period of time.[3]

---

[3] The vice that Mercier seems to have in mind here, without naming it, is onanism, which was the subject of many essays in the eighteenth century and was readily addressed when discussing the education of young boys. Rousseau addresses 'that dangerous supplement' extensively as well (see *Emile*, book IV or *Julie ou la Nouvelle Héloïse*, second part, letter XV); Kant also raises the question in the *Metaphysic of Morals* ('The doctrine of virtue', 1st part, book I, chapter 1, article 2).

Reste à dire un mot des *châtiments*, dont la police de l'école doit user en cas de violation des lois. Il s'entend qu'il ne doit y avoir rien d'arbitraire ; il serait donc à propos de séparer dans le collège de police le pouvoir judiciaire du pouvoir législatif, autant que le permet la nature des choses, et cela serait encore plus nécessaire dans un cas de contravention non déterminé par les lois ; car alors, il faut que la peine soit pesée avec les formalités juridiques. Nous n'avons pas à craindre que ces procédures nous mènent trop loin et nous prennent trop de temps. Car supposé dans un nombre de cinquante élèves ou davantage, il y ait presque journellement quelque désordre, les plus communs sont déterminés par les lois et l'inspecteur a le droit d'infliger sur-le-champ la peine légale, à condition seulement de faire son rapport à des temps marqués. Si tout marche dans un ordre constant, les cas extraordinaires seront rares ; et puis ils ne doivent point interrompre les affaires, et se renvoient aux temps où la police tient ses séances ordinaires.

[5.17   Page 87]
Mais qu'aucune peine ne prenne un caractère *déshonorant* ; elles doivent avoir la forme d'une *nécessité légale* ; et il faut les déterminer de manière qu'elles aient un étroit rapport avec les actions : par exemple l'enfant inattentif sera exclu de la leçon, puisqu'elle lui serait également inutile, et qu'il n'y ferait que détourner les autres ; si quelqu'un laisse trainer ses affaires, on les lui ôte, jusqu'à ce qu'il ait appris à les ranger. Ces peines n'ont rien qui blesse l'honneur, pourvu que le ton de l'institut soit tel qu'on n'en fasse pas un sujet de plaisanterie ; et c'est à introduire ce ton que la surveillance et l'instruction morale doivent mettre tous leurs soins ; car la police ne doit s'en mêler en aucune manière, puisque c'est une affaire *toute morale*, excepté que la moquerie ne devenant une injure n'autorise l'offensé à demander justice et n'oblige la police à la lui rendre.

Enfin il faut bien remarquer que si la police doit nous rendre l'usage moral que nous en attendons, il faut que la surveillance morale marche toujours à ses côtés, et nommément de la manière suivante. Quand par exemple un élève a encouru quelque peine, le surveillant moral, se trouvant seul avec lui, en prend occasion de lui parler d'un ton d'amitié, et de sa faute et de la peine qu'il a subie ;

[5.18   Page 88]
pour voir ce qu'il en pense et pour rectifier là-dessus ses idées, s'il est nécessaire. Dans cet entretien on lui fera remarquer que la peine ne satisfait aucunement à la conscience, s'il n'évite désormais la faute que par crainte de la peine. Le surveillant tient des discours pareils avec d'autres qui n'ont pas encouru de châtiment, si leurs idées ont besoin d'être rectifiées. En y joignant l'instruction morale il ne peut manquer qu'on ne se persuade généralement chez nous que la

5. THE MEANS OF ACHIEVING MORAL DISCIPLINE 123

We still need to say a word about *punishments*, which the school police must use if the law is broken. Needless to say, nothing must be arbitrary; it would therefore be appropriate to separate within the body of police judicial power and legislative power, as much as the nature of things permits it, and this would be even more necessary in the case of an infraction unaddressed by the laws; for then, the sentence must be weighted according to legal formalities. We need not fear that these procedures lead us too far or be too time-consuming. For supposing that in a group of fifty students or more, some disorder occurs almost daily, the most common types are determined by the rules and the inspector has the right to inflict right away the legal punishment, provided that he completes his report within the prescribed timeframe. If everything goes smoothly, such exceptional cases will be rare; furthermore, they should not interrupt daily duties, and dealing with them must be postponed until the police holds its regularly scheduled meetings.

[5.17   Page 87]
But no punishment should be of a *shaming* nature; they must all take the form of a *legal necessity*; and they must be determined so that they are proportionate to the acts: for instance, the inattentive child will be excluded from class since it would be of no use to him and he would only distract others; if someone leaves his things lying around, we take them away from him until he learns to put them away. In no way do these punishments injure honour, as long as the institute's tone does not turn them into a subject for joking; and surveillance and moral education must do their utmost to introduce this tone; because the police should in no way get involved in that process for it is an *entirely moral* affair, except that mockery becoming an insult authorizes the offended party to demand justice and compels the police to provide it.

Finally, it should be noted that for the police to play the moral role that we expect from them, moral surveillance should always be by their side, specifically in the following manner. When, for instance, a student has incurred a punishment, the moral supervisor takes the opportunity to talk to him in private, in a friendly manner, about his mistake and about the punishment to which he has been subjected;

[5.18   Page 88]
to see what he thinks of it and to rectify his ideas on the subject, if necessary. In this conversation, it will be made clear to him that sanction does not relieve a person's conscience in any way if he only subsequently avoids committing the same fault out of fear of punishment. The supervisor uses the same line of logic with others who have not incurred punishment, if their ideas need to be rectified. By combining this with moral education, one cannot but be generally

police n'est que pour ceux qui ne se portent pas au devoir par une volonté libre et décidée ; que, pour être vraiment vertueux il ne nous faut avoir aucun égard aux coactions, mais observer les lois fidèlement, *parce que* notre propre raison nous les impose. Cette idée frappera d'autant plus nos jeunes gens, qu'ils ont part eux-mêmes à la législation.

Tel est le passage de la légalité à la vertu ; et telle l'action indirecte de la police sur la morale en ce qu'elle contient les penchants par la contrainte extérieure, en attendant que le jeune homme apprenne à les contenir librement au-dedans ; et c'est ainsi qu'elle devient un moyen de discipline morale.

Il nous reste un troisième moyen.

5. THE MEANS OF ACHIEVING MORAL DISCIPLINE

persuaded in our schools that the police is only for those who do not comply with duty with a free and determined will; that to be truly virtuous we must have no regard for coercions, but rather faithfully respect the laws, *because* our own reason imposes them on us. This idea will strike our young people even more because they themselves participate in legislation.

Such is the transition from legality to virtue; and such is the indirect impact the police have on morality, as it restrains inclinations by external constraints until such time as the young man learns to restrain them freely from within; and this is how it becomes an instrument of moral discipline.

There remains a third tool.

[6. Le sentiment du beau et du sublime]
[6.1   Page 89]

3. *Le sentiment du beau et du sublime*

Le *beau* se distingue essentiellement de *l'agréable* et de *l'utile* d'un côté, et du *bon* de l'autre. La beauté réside *uniquement dans la forme*, et consiste en ce qu'*elle plaît par elle-même à la simple contemplation*, sans égard à aucun autre rapport du sujet à nous.[x] Il y a dans l'homme un sentiment particulier du beau, et ce sentiment s'appelle le goût.[1]

Devons-nous cultiver le goût de la jeunesse dans nos instituts ? La réponse s'ensuit d'elle-même quand on fait réflexion que le goût est un sentiment intime et général, et que la culture en peut avoir une utile influence sur la moralité. Peut-être allèguera-t-on en preuve du contraire les Grecs et surtout les Athéniens chez lesquels régnait avec le goût le plus raffiné l'immoralité la plus choquante. Cet exemple ne prouve

---

[x] Ce n'est pas parler exactement que dire qu'une maison est *belle*, quand cela doit exprimer qu'elle est solide, grande, propre à sa destination. Elle pourrait manquer de toutes ces qualités, et cependant avoir une *forme qui plût*, abstraction faite de son usage ; et alors ce *mauvais* bâtiment serait pourtant *beau*. Par la même raison, on ne devrait pas non plus nommer *belle* une action, pour dire qu'elle est en harmonie avec la loi morale ; par cela elle est *bonne*. L'action est belle quand elle a de la grâce. Il ne s'agit encore ici que de la forme.[2]

[6.2   Page 90]

rien autre chose sinon que le goût du beau n'est pas la morale, et qu'il ne faut pas négliger celle-ci quand on veut s'assurer une influence avantageuse de celui-là. Néglige-t-on cette règle, comme il n'arrive que trop souvent ; bien loin que la culture du goût serve à élever l'âme, elle ne fait qu'étendre la sphère de la sensualité et l'empire de l'immoralité. Nous avons tout fait pour prévenir cet écart dans nos instituts, et si nous demeurons fidèles à nos principes moraux, la culture du goût nous rendra des services essentiels dans la poursuite de nos desseins. Voici en peu de mots son rapport à la moralité.

Le sentiment du beau résulte de deux facultés de l'homme ; de sa sensualité et de son intelligence. Il faut donc que le sujet du beau soit un objet des sens et de l'imagination, mais il doit avoir *la forme de l'intelligence*. L'expression générale de cette forme est la *régularité* ; en conséquence il faut que tout ce qui

---

[1] Mercier reprend ici les définitions proposées par Kant dans ses *Observations sur le sentiment du beau et du sublime* (1764), elles-mêmes inspirées de la *Recherche philosophique sur l'origine de nos idées du sublime et du beau* d'Edmund Burke (1757), puis dans la *Critique de la faculté de juger* (1790). Le beau est alors défini en fonction des critères suivants : il produit un plaisir désintéressé et libre, il procède d'un jugement universel, sa finalité est purement formelle et subjective et il procure un plaisir nécessaire.

[2] Pour Kant, en effet, le beau se rapporte à la forme de l'objet. *Critique de la faculté de juger*, § 23.

[6. The Feeling of Beauty and the Sublime]
[6.1   Page 89]

3. *The feeling of beauty and the sublime*

Beauty essentially differs from the *pleasant* and the *useful* on the one hand and from the *good* on the other. Beauty lies *solely in form* and *pleases on its own upon simple contemplation*, regardless of any connection between the subject and ourselves.[(x)] Man has a particular sense of beauty that is called taste.[1]

Should we cultivate young people's taste in our institutes? The answer is obvious when we think that taste is both an inner feeling and one shared by others, and that cultivating it can have a useful influence on morality. One could invoke, as a proof of the contrary, the Greeks, and especially the Athenians, among whom the most shocking immorality coincided with the most sophisticated taste. This example only shows

---

[(x)] It is inaccurate to say that a house is *beautiful* to express that it is sturdy, spacious and suited for its purpose. It could lack all these qualities and still have a *pleasant shape* without regard for its use; then this *flawed* building would nonetheless be *beautiful*. For the same reason, we should not call *beautiful* an action in order to say that it is in keeping with moral law; in such a case it is *good*. An action is beautiful when it has grace. This, once again, only concerns its formal aspect.[2]

[6.2   Page 90]

that the taste for beauty is different from morality, and that one should not neglect the latter when one wants the former to have a favourable influence. If one neglects this rule, as is only too often the case, then the cultivation of taste, far from uplifting the soul, only expands the realm of sensuality and the power of immorality. We have done everything to prevent this overemphasis on taste at the expense of morality in our institutes, and if we remain faithful to our moral principles, cultivating taste will serve us effectively in the pursuit of our goals. Here is, in a few words, its link to morality.

The feeling of beauty derives from two human faculties; sensuality and intelligence. Therefore, the subject of beauty must be an object of the senses and of the imagination, but it must have *the form of intelligence*. This form is generally expressed through *regularity*; consequently, all that is *beautiful* must

---

[1] Mercier uses definitions proposed by Kant in his *Observations on the Feeling of the Beautiful and Sublime* (1764), themselves inspired by Edmund Burke's *Philosophical Enquiry into the Origins of Our Ideas of the Sublime and the Beautiful* (1757), and later in the *Critique of Judgement* (1790). Beauty is defined according to the following criteria: it triggers a disinterested and free feeling, it is based on a universal judgement, its purpose is purely formal and subjective and the pleasure it procures is necessary.
[2] For Kant, indeed, beauty refers to the form of the object. *Critique of Judgement*, § 23.

doit être *beau* soit *régulier*.(x)3 Ainsi celui qui en cultivant son goût s'accoutume à la beauté, désaccoutume ses sens et son imagination, et par cela ses penchants de l'irrégularité licencieuse qui est le propre de la sensualité et avec laquelle elle s'oppose à la raison et rend la morale si difficile.

(x) Mais tout ce qui est régulier n'est pas beau pour cela, car pour être belle la régularité doit être telle qu'elle plaise aux sens en même temps qu'elle satisfait à l'intelligence.

[6.3   Page 91]
Il sera bien plus facile après cela à la volonté de soumettre à la loi de la raison les sens, disposés à se prêter à une règle. Il y a plus : le beau plaît *par lui-même*, sans aucun intérêt à l'existence de son sujet ; le plaisir que nous y trouvons est donc un plaisir *désintéressé* ; dans sa jouissance l'homme se sent libre ; et c'est en cela que consiste le rapport intime du goût, du beau et du sentiment moral.[4] Par le bon, le juste doit être aimé *pour lui-même*, la vertu doit être *désintéressée* dans toute la rigueur du terme ; la moralité est un produit pur de la liberté. La bonne culture du goût bannit du cœur l'intérêt, avec l'égoïsme et toute leur suite, lève les plus puissants obstacles à la moralité et fait place à la vertu. Voilà d'où vient qu'Astrée aime à se mêler à la compagnie des Grâces, et que celles-ci se battirent auprès d'elle.[5]

Le sentiment du sublime diffère du sentiment du beau, en ce qu'il s'attache moins à la forme qu'à la *grandeur* et au *pouvoir* de l'objet, qui peut être une masse difforme et irrégulière. Ainsi des montagnes, confusément entassées, une mer orageuse, de nuages gros de la foudre, inspirent le sentiment du sublime ; l'imagination, en les contemplant, s'efforce d'embrasser l'immensité, mais elle sent en même temps son impuissance, et nous serions accablés

[6.4   Page 92]
sous le poids, sans une autre faculté, la raison, non assujettie aux limites de l'espace et du temps. Ainsi le sentiment du sublime est un résultat de la

---

[3] Dans la *Recherche philosophique sur l'origine de nos idées du sublime et du beau*, Burke définit le beau en fonction, notamment, de sa régularité. Kant lui emboîte le pas dans ses *Observations* et conserve, dans sa troisième *Critique*, cette opposition entre la régularité du beau (qui est défini par sa forme) et l'irrégularité du sublime (qui peut frayer avec l'informe).
[4] « En tant que jugement de la faculté de juger réfléchissante, la satisfaction éprouvée relativement au sublime, tout comme celle éprouvée relativement au beau, doit nécessairement être universellement valable selon la *quantité*, désintéressée selon la *qualité*, et elle doit rendre représentable, selon la *relation*, une finalité subjective, ainsi que, selon la *modalité*, la rendre représentable comme nécessaire. » Kant, *Critique de la faculté de juger*, trad. et éd. par Alain Renaut (Paris : Flammarion / Aubier, 1995), p. 228, § 24).
[5] Dans la mythologie, la déesse Astrée incarne l'idée de justice. Son association aux trois Grâces, qui personnifient la beauté, la créativité et la fécondité, souligne le lien essentiel qui existe entre l'esthétique et la morale.

6. THE FEELING OF BEAUTY AND THE SUBLIME

be *regular*.^{(x)3} Thus, someone who by cultivating his taste grows accustomed to beauty, renders his senses and his imagination, and therefore his inclinations, unaccustomed to the licentious irregularity that is peculiar to sensuality, and with which it stands opposed to reason and makes morality so difficult to achieve.

---

^(x) But all that is symmetrical is not necessarily beautiful, for in order to be beautiful, regularity must be such that it pleases the senses as much as it complies with intelligence.

[6.3   Page 91]
It will then be far easier for the will to submit the senses to the law of reason, as they are inclined to follow a rule. There is more: beauty pleases *on its own*, without any concern for the existence of its subject; the pleasure that we take in it is therefore a *disinterested one*; man feels free with his artistic pleasure, and in this lies the intimate relationship between taste, beauty and moral sense.[4] Through what is good, what is just must be loved in *its own right*, virtue must be *disinterested* in the strictest sense of the word; morality is a pure product of freedom. The proper cultivation of taste banishes interest from the heart, along with selfishness and all their consequences, and removes the most powerful obstacles to morality and gives way to virtue. This is why Astrea liked the company of the Graces, and this is why they fought for her.[5]

The feeling for the sublime differs from the feeling for beauty in that it has less to do with form than with the *greatness* and the *power* of the object, which can be a deformed or irregular mass. Thus, mountains piled up in disorderly fashion, a stormy sea, clouds pregnant with lightning, inspire the sense of the sublime; the imagination contemplating them strives to take in their immensity but at the same time feels its helplessness, and we would be crushed

[6.4   Page 92]
by the weight without the help of another faculty, reason, which is not subjected to the limits of space and time. Thus, the feeling of the sublime is a result of

---

[3] In his *Philosophical Enquiry into the Origins of Our Ideas of the Sublime and the Beautiful*, Burke defines beauty in terms of its regularity. Kant does the same in his *Observations* as well as in his third *Critique*, where he retains this opposition between the regularity of the beautiful (which is defined by its form) and the irregularity of the sublime (which can be formless).

[4] 'For, the judgement being one of the aesthetic reflective judgement, the delight in the sublime, just like that of the beautiful, must in its quantity be shown to be universally valid, in its quality independent of interest, in its relation subjective purposiveness, and the latter, in its modality, necessary.' Kant, *Critique of Judgement*, trans. by James Creed Meredith (Oxford: Oxford University Press, 1952), p. 93, § 24.

[5] In mythology, the goddess Astraea embodies the idea of Justice. Her association with the three Graces who personify beauty, creativity, and fertility, underlines the essential link that exists between aesthetics and morality.

sensualité et de la raison.⁽ˣ⁾

On comprend aisément que le développement de ce sentiment aide à la morale ; l'activité de l'âme dans ce sentiment étant parfaitement analogue à l'activité morale. À la contemplation du sublime, les sens sentent leur impuissance, se trouvent accablés, humiliés, et la raison se montre dans sa grandeur imposante ; et voilà ce qu'il nous faut pour l'activité morale.

Ainsi la culture du goût et du sentiment du sublime tient un des premiers rangs entre les moyens de discipline morale. Voyons à cette heure, comment il convient d'ordonner cette culture dans nos instituts d'éducation.

Avant toutes choses nous recommandons *la contemplation du beau et du grand dans la nature*. Citoyens, quel champ immense s'ouvre ici à nos regards ! quelle variété d'objets pour l'œil et pour l'oreille ! Que d'innombrables beautés en petit et en grand ! quelles formes dans les trois règnes !⁶ quel mélange agréable de couleurs !

ˣ⁾ De là vient que le sentiment du sublime n'est ni un plaisir ni une douleur pure, mais un sentiment mixte. L'impuissance de nos sens et de notre imagination nous repousse, nous humilie ; de là la *douleur*. Mais le pouvoir de la raison qui embrasse l'infini, l'absolu, nous relève, et nous fait sentir que nous sommes indépendants de tout pouvoir hors de nous ; de là le *plaisir*.⁷

[6.5   Page 93]
— Nous contemplons avec les plus jeunes élèves une fleur, un oiseau, un coquillage, non seulement comme objet d'histoire naturelle, mais comme beauté, dans sa forme, son ensemble, ses proportions ; à cet usage il faut donc choisir des objets qui sont beaux en effet.⁽ˣ⁾

⁽ˣ⁾ Ne nous étonnons pas que la nature n'ait pas fait seulement des belles formes : la beauté n'était ni son unique ni son principal but ; c'est un surcroît de bien, un don, celui de tous dans la nature qui soit décidément pour l'homme, parce que l'homme seul en sait jouir.

Nous donnons aux enfants l'occasion de cultiver eux-mêmes quelques fleurs, qu'ils considéreront avec plus de complaisance comme leur bien et leur ouvrage. Nous y ajoutons, pour plus de variété, des dessins, des estampes. De

---

⁶ Les trois règnes auxquels Mercier fait allusion sont les règnes humain, animal et végétal.
⁷ Mercier reprend ici l'une des thèses centrales de l'Analytique du sublime de Kant : si Burke avait déjà défini le sublime comme un sentiment mixte, combinant plaisir et douleur, Kant analyse plus en détail l'expression de ce sentiment chez le sujet et développe l'idée d'un dépassement du déplaisir par la raison qui, seule, peut aller au-delà des forces physiques qui renvoient l'homme à sa finitude et embrasser l'infini. C'est dans ce triomphe, dans cet affranchissement de la nature, que réside, *in fine*, le sentiment du sublime et c'est en cela que, pour Kant, il acquiert une dimension morale. L'expérience esthétique dont relève le sublime s'inscrit donc pour Kant dans le processus d'acquisition de la moralité car elle permet d'accéder à un monde moral suprasensible.

6. The feeling of beauty and the sublime

sensuality and reason.⁽ˣ⁾

One can easily understand that the development of this feeling helps morality, as the soul's activity in this sentiment is perfectly analogous to moral activity. When contemplating the sublime, the senses feel their powerlessness, they find themselves overwhelmed, humiliated, and reason comes to the fore in its imposing grandeur; this is what we need for moral activity.

Thus the cultivation of taste and of the feeling of the sublime occupies one of the highest ranks among the means of achieving moral discipline. Let us now examine how we need to manage this cultivation in our institutes.

First of all, we recommend *the contemplation of beauty and greatness in nature*. Citizens, what a vast field opens up before our eyes! What a great variety of objects for one's eyes and ears! What innumerable beauties, small and large! What shapes in all three kingdoms[6] ! What a pleasant mix of colours!

⁽ˣ⁾ This is why the feeling of the sublime is neither pure pleasure nor pure pain, but a mixed feeling. The incapacity of our senses and imagination repulses us, humiliates us; this is why we feel *pain*. But the power of reason, which grasps infinity and the absolute, lifts us up and makes us feel that we are independent from any power outside of us; this is why we feel *pleasure*.[7]

[6.5   Page 93]
— With the youngest pupils, we contemplate a flower, a bird, a shell, not only as an object of natural history, but as an object of beauty, in its form, its whole, its proportions; for this purpose we must therefore choose objects that are indeed beautiful.⁽ˣ⁾

⁽ˣ⁾ We should not be surprised that nature has not only created beautiful forms: beauty was neither its unique nor its main goal; it is an additional good, a gift; the one gift of nature that is decidedly for man's benefit, because only man knows how to enjoy it.

We provide the children with the opportunity to grow a few flowers by themselves, which they will regard with complacency as their property and labour. For more variety we add to this drawings and prints. In this way, we

---

[6]   Mercier is referring to the human, animal and vegetal kingdoms.
[7]   Mercier returns to one of the central theses of Kant's Analytic of the Sublime (*Critique of Judgement*). While Burke had defined the sublime as a mixed feeling, combining pleasure and pain, Kant analyses in more detail the expression of this feeling in the subject and develops the idea of a transcendence of displeasure by reason, which alone can embrace infinity and travel beyond the physical forces that bring man back to his finitude. It is in this triumph, this self-liberation from nature that the feeling of the sublime ultimately resides and in this, for Kant, it acquires a moral dimension. For Kant, the aesthetical experience that the sublime constitutes is part of the process of achieving morality because it gives access to a moral and suprasensible world.

cette manière nous apercevrons bientôt que les enfants ont du goût pour les proportions ; les caricatures leur inspireront du dégoût, et les belles formes, quelles qu'elles puissent être, leur donneront du plaisir. De ces premiers développements nous passons à de plus grands objets ; nous parcourons avec nos élèves les bois, les champs, les collines, en choisissant les moments où la nature brille de son plus bel éclat ; au lever du soleil nous leur laissons voir la nature renaissante, entendre le concert des oiseaux. Ces objets retentiront dans leur âme, y réveilleront des sentiments favorables à la morale ; les

[6.6   Page 94]

appétits se taisent, les passions sont suspendues, toutes les facultés sont disposées pour le devoir. Ce serait la faute du conducteur, si ces dispositions ne se montraient pas toujours plus distinctement après la contemplation de la nature, et ne devenaient pas enfin habituelles.

Pour le sentiment du sublime, il ne nous faut pas chercher à l'exciter dans le cœur des petits ; il demande un degré de raison, dont ceux-ci sont encore incapables. Ce serait en vain qu'on y tâcherait avant l'âge de douze ans ; et au lieu du sentiment du grand on n'aurait quelquefois que des impressions fâcheuses, comme par exemple la crainte dans la contemplation d'un orage. Avant de pouvoir sentir la grandeur des objets de la nature, il faut que les enfants connaissent les lois auxquelles les phénomènes sont soumis ; sans quoi nous ne produisons que du fanatisme. Le temps de ce sentiment c'est l'âge de douze ou treize ans, après que les jeunes gens ont compris les lois de la nature et que leur raison a fait des progrès. Voici un essai de la manière de le développer.

Le maître ira avec son élève dans un bois où de vieux chênes étendent leurs branches vigoureuses. Les rayons de la lune s'échappent à peine au travers de l'épais feuillage ; tout

[6.7   Page 95]

à l'entour règne un silence solennel. Des discours analogues disposent l'âme du jeune homme ; on lui parle par exemple des aïeux qui offraient peut-être des victimes à leurs dieux ou tenaient leurs assemblées il y a quelques siècles dans cette forêt. Ils n'y sont plus, et nous aussi nous ne serons bientôt plus sur cette terre. Ou bien l'entretien roule sur ces mondes innombrables, que nous voyons au-dessus de nos têtes ; ces points lumineux sont des mondes ! nous et tout notre système planétaire, et tout notre système étoilé, nous ne sommes qu'un point dans l'immensité du grand tout.[8] — Il n'y a point de doute que ces entretiens,

---

[8] Le sentiment du sublime, tel qu'il est défini dans la seconde moitié du XVIIIe siècle, repose sur la conscience de la finitude de la vie humaine en opposition au caractère infini du grand Tout de la nature : « La nature est sublime dans ceux de ses phénomènes dont l'intuition implique l'idée de son infinité. » Kant, *Critique de la faculté de juger*, p. 237, § 26.

will soon find out that children have a taste for proportions; caricatures will disgust them, and beautiful forms, of every kind, will give them pleasure. From these first developments we move on to greater objects; with our pupils, we explore woods, fields, hills, choosing those times when nature shines at its most beautiful; at dawn we will let them see nature's rebirth and listen to the music of the birds. These objects will resonate in their soul and awaken feelings that are favourable to morality;

[6.6   Page 94]

appetites fade, passions are suspended, all the faculties are inclined towards duty. It would be the leader's fault if these dispositions did not always appear more keenly after the contemplation of nature and did not end up by becoming the norm.

As for the feeling of the sublime, we should not try and excite it in the heart of our youngest students; it requires a level of reason of which they are not yet capable. It would be fruitless to try before the age of twelve; and instead of the feeling of greatness, we would only have the occasional unfortunate impression, like, for instance, fear while contemplating a storm. Before being able to feel the greatness of the objects of nature, children must know the laws that govern these phenomena; otherwise we will only produce fanaticism. The right age for this feeling is twelve or thirteen years old, once youngsters have understood the laws of nature and their reason has matured. Here is an attempt to develop it.

The teacher will go with his student into the woods where old oak trees extend their vigorous branches. The rays of the moonlight can barely be seen through the thick foliage; all

[6.7   Page 95]

around, a solemn silence prevails. Similar discourses can prepare the young man's soul; for instance, we can tell him about ancestors who, maybe, made sacrifices to their gods or held assemblies in this very forest centuries ago. They are gone, as we too are soon destined to leave this earth. Or else the conversation could turn to the topic of the countless worlds we can see above our heads; these luminous dots are worlds! We, and all of our planetary system, and all of our starry skies, we are but a dot in the immensity of the great whole.[8] — Without a doubt, these conversations, supported by the context, will awaken ideas in the

---

[8]   The feeling of the sublime, as it is defined in the second half of the eighteenth century, rests on the awareness of the finitude of human life compared to the infinite nature of the universe: 'Nature, therefore, is sublime in such of its phenomena as in their intuition conveys the idea of their infinity.' Kant, *Critique of Judgement*, p. 103, § 26.

soutenus des circonstances, ne réveillent dans l'esprit du jeune homme les idées, et dans son cœur les sentiments du grand et du sublime.

L'âme s'étant une fois de plus élevée à ces sentiments sublimes, il n'y faut plus d'art pour les ramener. Bientôt notre élève se portera de lui-même à la contemplation du ciel étoilé et y trouvera son plaisir ; il se perdra dans l'immensité de l'espace et de la création à la vue de la voie lactée ; et pensez-vous que ces transports soient sans fruit pour sa moralité ? Au milieu de ces grands objets, combien lui paraîtront petits les intérêts après lesquels les hommes ne cessent de courir ;

[6.8   Page 96]
les biens après lesquels les sens aspirent, et toute cette vie terrestre elle-même ! comme il sentira vivement son indépendance de la matière, sa destination à l'immortalité, sa grandeur, sa liberté ! Voilà comme le sentiment du sublime conduit à la morale et à la religion.

Si l'on nous oppose que la plupart des hommes sont incapables de ces sentiments du beau et du grand, nous renverrons à ce que nous avons déjà répondu à une pareille observation, à l'occasion de la liberté morale.[9]

---

[9] Voir ci-dessus, chapitre 2, pp. 46–68.

6. THE FEELING OF BEAUTY AND THE SUBLIME

young man's mind, and, feelings of greatness and of the sublime in his heart.

Once the soul has been elevated to these sublime feelings, no artifice is needed to recall them back. Soon, our student will contemplate the starlit sky of his own accord and will find pleasure in doing so; at the sight of the Milky Way, he loses himself in thoughts about the immensity of space and creation; and do you think that this enthusiasm is useless for his morality? Amidst these great objects, the interests after which men never stop chasing will seem so petty to him;

[6.8   Page 96]
the goods that the senses seek, and all of this terrestrial life! How strongly he will feel his independence from the material world, his immortal destination, his greatness, his freedom! This is how the feeling of the sublime leads to morality and religion.

If one objects that most men are incapable of these feelings of beauty and greatness, we will refer to the answer we have already given to a similar observation, regarding moral freedom.[9]

---

[9] See above, chapter 2, pp. 47–69.

[7. Le rôle des arts et des fêtes dans l'éducation morale]
[7.1   Page 96]
Nous avons encore à proposer pour la culture des sentiments du beau et du sublime *la musique et le dessin.*

Nous recommandons la musique tant instrumentale que vocale, et surtout la dernière, plus puissante sur les cœurs par son association avec la poésie. Il faut avoir une collection d'hymnes et d'airs nationaux, que les poètes seront invités d'enrichir. N'a-t-on pas fait durant la révolution des hymnes guerriers, excellents en leur genre, et qui n'ont pas manqué de produire leur effet ? Certes, il n'est pas au-dessous du génie de contribuer à former les jeunes citoyens à la morale ; et quel esprit ne se sentirait doublement inspiré par la pensée que ses chants iront porter dans les cœurs de ses jeunes concitoyens les sentiments de l'humanité ? La matière ne

[7.2   Page 97]
manque pas : les phénomènes et les vicissitudes de la nature, les travaux du cultivateur, la vie domestique en fournissent assez. Mais point d'amour ! Si nous voulons prévenir son réveil prématuré, il ne nous faut pas en remplir l'imagination. Il est facile à comprendre pourquoi les poètes aiment tant à le mêler dans leurs chants ; mais il est tout aussi facile à comprendre qu'il y a peu de jeunes gens à qui ces chants ne soient nuisibles. — Nous demandons des airs sur le printemps, sur les récoltes, les plaisirs de la jeunesse et de la campagne, des hymnes à la bienveillance, à l'amour fraternel, au courage, au labeur, à la vertu, à la liberté, des cantiques religieux, et des actions de grâces à l'Être suprême. Ils seront aussitôt mis en musique et nous avons toujours quelques élèves qui apprendront à jouer de l'un et de l'autre instrument, et qui accompagneront le chant ; car nous supposons qu'ils apprendront tous à chanter ; non pas dans la perfection de l'art, mais ils sauront au moins la mesure et la mélodie. Il y a des heures réglées pour la musique ; et dans les heures vacantes

[7.3   Page 98]
chacun pourra s'exercer au chant à volonté, seul ou avec ses camarades.

Il n'est pas nécessaire, Citoyens de Vous détailler l'influence que peuvent avoir sur les esprits la musique et la poésie. Combien l'hymne des Marseillais n'a-t-il pas animé les courages à la valeur la plus brillante et au mépris le plus héroïque de la mort ! Le poète avait trouvé justement le ton qu'il fallait.[1]

---

[1] Écrite par Claude Joseph Rouget de Lisle en 1792 lors du siège prussien de Strasbourg, « La Marseillaise », aussi appelée « Chant de guerre pour l'Armée du Rhin », est largement diffusée pendant la Terreur, avant d'acquérir un statut officiel sous la Convention thermidorienne. Ce chant, qui transcende les divisions partisanes, connut une telle popularité qu'il devint « l'hymne des républiques populaires », promu par les révolutionnaires et interdit par les rois. Frédéric Dufourg, *La Marseillaise* (Paris : Éditions du Félin, 2003), pp. 29-35.

[7. The Role of the Arts and Festivals in Moral Education]

[7.1   Page 96]

We must further propose *music* and *drawing* for cultivating the sense of beauty and of the sublime.

We recommend music, both instrumental and vocal, and especially the latter, which touches the heart more vividly because of its association with poetry. We should have a collection of national anthems and tunes that poets would be invited to enhance. During the Revolution, did we not create warlike anthems, excellent in their kind, and which did not fail to produce an impression? Indeed, it is not beneath our ability to contribute to the moral development of young citizens; and what thinking person would not feel doubly inspired by the thought that his songs will awaken feelings of humanity in the heart of his young fellow citizens? Material

[7.2   Page 97]

is not lacking: nature's phenomena and vicissitudes, the farmer's labour in the fields and domestic life already provide enough. But no love! If we want to prevent its premature awakening, we should not fill our students' imagination with it. It is easy to understand why poets are so keen to introduce it in their songs; but it is just as easy to understand that there are few young people to whom these songs are not harmful. We ask for tunes on spring, on harvests, on the pleasures of youth and the countryside, hymns to kindness, to brotherly love, to courage, to hard work, to virtue, to freedom, religious songs and offerings to the Supreme Being. They will immediately be put into music and we always have a few students who will learn to play one instrument or another, and who will accompany the vocals; for we assume that they will all learn to sing; not in the sense of perfecting the art, but they will at least know about rhythm and melody. There will be time scheduled for music; and in their free time

[7.3   Page 98]

the students will be able to practise singing as much as they like, alone or with their friends.

Citizens, there is no need to tell You in detail about the influence that music and poetry can have on the mind. How the song of the Marseillais helped awaken courage and raise it to the highest degree and the most heroic disregard for death! The poet had found just the right tone.[1] In our moral tunes, let us

---

[1] Written by Claude Joseph Rouget de Lisle in 1792 at the time of the Prussian siege of Strasbourg, 'The Marseillaise', also called the 'War Song for the Army of the Rhine', was disseminated widely during The Terror, before acquiring an official status during the Thermidorian Reaction. The anthem, which transcends partisan divisions, became so popular that it became 'the anthem for popular republics', promoted by revolutionaries and

Cherchons également à trouver le ton convenable à nos vues dans nos airs moraux, et nous verrons qu'ils animeront les courages à la valeur morale et au mépris héroïque des appétits sensuels.

Il nous faut aussi exercer nos élèves *au dessin*. On peut y appliquer les enfants de très bonne heure, même avant qu'ils écrivent ce qu'ils apprendront ensuite avec bien plus de facilité. La nature semble nous y inviter, car pour peu que nous en donnions l'occasion aux enfants, ils se mettent à peindre tout ce qui leur tombe sous la main. Nous les laissons faire et ne faisons pas mine que cela doive les mener à quoi que ce soit, nous nous faisons montrer leur ouvrage, ce qu'ils feront volontiers ; nous peignons ensuite aussi en leur présence, ce qu'ils

[7.4 Page 99]

verront avec plaisir ; ou nous leur montrons un dessin, une estampe, représentant la fleur, l'oiseau ou telle autre chose qu'ils ont dessinée. Ils tâcheront d'approcher de leur modèle, qu'ils n'atteindront pas ; mais il suffit qu'ils le *veuillent*, pour le présent, et c'est une preuve que le goût de la régularité commence à se faire sentir. — Nous supposons que l'honneur ne s'en mêle pas : — car il ne s'agit que *de la chose* ; sans quoi nous nous jetons dans une mer d'illusions. Nous ne comparons non plus jamais les ouvrages des élèves entre eux en leur présence ; nous ne louons ni ne blâmons jamais leurs divers progrès ; ce serait les détourner du vrai but, exciter les jalousies et la vanité. Qu'ils émulent la nature ! ils n'en deviendront pas jaloux, et ils ne seront jamais tentés de s'enfler de vanité : car ils ont loin avant d'atteindre leur modèle, et plus loin avant de le surpasser. Qu'ils s'émulent eux-mêmes ! il n'y aura pas de danger. La joie de leurs progrès leur inspirera du courage et soutiendra leurs efforts contre de nouvelles difficultés.

[7.5 Page 100]

À la place de ces premiers jeux, nous substituerons bientôt des exercices réguliers. Mais qu'ils ne se bornent jamais à un pur mécanisme, et à comparer l'original avec la copie ; mais on soumettra l'original même à la critique pour savoir s'il est *beau* et l'on ne choisira que le beau pour l'imiter, afin de vivifier toujours davantage le sentiment du beau par l'étude de modèles.[2]

---

[2] Mercier avait un mépris considérable pour la peinture et les beaux-arts en général, ne comprenant pas pourquoi l'on devrait accorder de la valeur à la représentation visuelle de la réalité alors que la réalité en elle-même est plus intéressante. *Tableau de Paris*, II, 334-35. Pour lui, la peinture est un « enfantillage de l'esprit humain » : en plus d'être inutile et dangereuse, elle a le défaut de se limiter aux « perceptions physiques » et, contrairement à la littérature, de décourager tout « effort intuitif ». *Journal de Paris* (14 pluviôse an V), reproduit dans *Le nouveau Paris*, pp. 953-54. Mercier trouvait également le marché de l'art prétentieux, parce que reflétant la corruption de l'époque et les abus du capitalisme. *Tableau de Paris*, I, 806 et II, 830-31. L'obsession de ses contemporains pour la valeur financière et esthétique de l'ouvrage d'un maître le hantait, puisque certaines copies de l'original et

7. THE ROLE OF THE ARTS AND FESTIVALS

also seek a tone that is appropriate for our goals, and we will see them inspire courage to moral merit and a heroic disdain for sensual appetites.

We must also train our students in the art of *drawing*. This can be done at a very early age, before children can even write, which they will then learn much more easily. Nature seems to invite us to do so, because, if we give them the opportunity, children start to paint anything at hand. We let them do so, and we do not try to pretend that it must lead them to anything in particular, we let them show us their work, which they will gladly do; we then also paint in their presence, which they

[7.4   Page 99]
will be pleased to see; or we show them a drawing or a print representing a flower, a bird or anything that they have drawn. They will strive to get close to the original, without succeeding; but the fact that they *want* to is enough for the time being, and it proves that their taste for regularity is beginning to develop. — We assume that honour is not involved — because it only concerns *the object*; otherwise we fall into a sea of illusions. Neither do we ever compare the students' drawings in front of them; and we never criticize nor praise their varied progress; this would distract them from the real goal and encourage jealousy and vanity. Let them emulate nature! This will not make them jealous, and they will never be tempted to swell up with vanity: because they have a long way to go before they can attain their model, and even further before they can surpass it. Let them emulate each other! there will be no danger. The joy that their progress will give them will inspire courage and will support their efforts when facing new difficulties.

[7.5   Page 100]
After these initial games, we will soon move on to regular exercises. But they should never be limited to something purely mechanical and to comparing the original to the copy; even the original will be subjected to criticism to determine if it is *beautiful* and we will only choose to imitate the beautiful, in order to sharpen ever more keenly the sense of beauty through the study of models.[2]

---

outlawed by kings. Frédéric Dufourg, *La Marseillaise* (Paris: Éditions du Félin, 2003), pp. 29–35.

[2]   Mercier had a great deal of contempt for painting and the fine arts in general, because he failed to understand why one might value visual representation of reality when actual reality is more interesting. *Tableau de Paris*, II, 334–35. For him, painting is 'childishness of the human mind': in addition to being useless and dangerous, it is flawed in limiting itself to 'physical perceptions' and, unlike literature, of discouraging any type of 'intuitive effort'. *Journal de Paris* (14 Pluviôse year V), reproduced in *Le nouveau Paris*, pp. 953–54. Mercier

Ce n'est pas notre intention que le dessin, non plus que la musique, soit porté à la perfection de l'art dans l'éducation nationale ; mais le goût y gagnera toujours pourvu qu'on juge les ouvrages. Il faut sans doute quelques bons modèles ; et on peut y employer les estampes d'histoire naturelle qui par conséquent doivent être bonnes. Défaisons-nous du préjugé que les estampes sont toujours assez bonnes pour les enfants. Tout au contraire, elles sont rarement *assez bonnes* ; si par bonté nous entendons la fidélité, et non la rareté du papier ou l'élégance de l'exécution. Un ouvrage mal fait s'accorde mal avec nos vues de former le goût ; et ne peut que servir de temps en temps de contraste au beau pour le faire mieux sortir.

[7.6   Page 101]
Quelques bonnes pièces dans les salles où s'assemble la jeunesse serviront encore à nos vues, et feront sur l'âme des impressions plus favorables à la morale, qu'une muraille nue ou sans objet de goût. Il me faut rappeler ici au lecteur nos premiers principes généraux, d'après lesquels seule la culture du goût peut être utile à la morale, et qui consistent en ce que la culture de la morale même marche toujours d'un pas égal avec celle du goût.[3]

Il serait superflu de dire qu'aucun tableau immoral ou voluptueux ne doit se montrer dans nos instituts.[4]

Puisque nous parlons des beaux-arts, disons un mot de la *danse*. Nous nous gardons bien de l'exclure. Notre maître de gymnastique, ou celui de la musique,

---

l'original lui-même étaient très souvent, d'après lui, indiscernables. Ibid., II, 807. Ici, il remet en cause la sacralisation de l'original, valorisant plutôt l'esprit critique de l'élève et non pas l'aura prétendument divine de l'artiste.

[3] Mercier reprend ici des idées typiques de son époque concernant le goût. À l'âge classique, le père Bouhours définissait « le bon goût » comme « une acuité de jugement [...] et une finesse de sentiment d'autant plus subtiles qu'elles échappent à une définition précise ». Jean M. Goulemot, Didier Masseau, et Jean-Jacques Tatin-Gourier, *Vocabulaire de la littérature du XVIIIe siècle* (Paris : Minerve, 1996), p. 90. Au milieu du XVIIIe siècle, l'abbé Batteux prétend que le goût et la morale se côtoient, car « le bon goût est le goût du bon ». Ibid., p. 90. La définition vague du goût n'a finalement pas beaucoup évolué entre le XVIIe siècle et le siècle des Lumières, puisque les philosophes s'inspiraient majoritairement de ce discours de l'âge classique pour définir le bon goût et son rôle. Ibid., p. 91. Ailleurs dans son œuvre, Mercier critique le caractère paradoxal du goût et le discours élitiste qui l'entourait. Dans son chapitre « Sur le mot goût » du *Tableau de Paris*, par exemple, il dit que « Tel académicien dit, *j'ai du goût*, parce qu'il n'ose pas dire, *j'ai du génie* », et comme personne ne peut définir le goût avec précision, « il est difficile [...] de le lui contester ». I, 749.

[4] L'association fréquente faite par Mercier entre la débauche, voire la pornographie, et les beaux-arts est à rappeler ici. Ce qui le dérangeait le plus était le fait que l'on exposait publiquement des représentations artistiques de la nudité. Il suffit de citer un exemple frappant de son œuvre : « mais qu'en plein jour des estampes obscènes restent du matin au soir à la vue de l'innocence, pour lui faire naître l'idée du libertinage et en justifier la turpitude dans les cœurs à demi corrompus, c'est vouloir qu'une nouvelle race d'hommes achève de s'éteindre dans sa source ». *Tableau de Paris*, I, 1323.

We have no intention of bringing drawing, nor music, to a high degree of perfection in national education; but students' taste will always benefit from it, as long as we judge their works. A few good models are perhaps required; good natural history prints can be used to that effect. Let us rid ourselves of the prejudice that all prints are good enough for children. On the contrary, they rarely are *good enough*, if by good we mean accurate, and not the quality of the paper or the elegance of the execution. A poorly crafted work does not tally with our aim to develop taste and can only serve, from time to time, as a contrast to the beautiful in order to highlight it all the better.

[7.6   Page 101]
A few good works in the rooms where youngsters meet will also serve our purpose and make an impression on the soul that is more favourable to morality than a bare wall or lacking for tasteful objects. I must now remind the reader of our first general principles, according to which only the cultivation of taste can be useful to morality, and which consist in that the cultivation of morality itself always goes hand in hand with that of taste.[3]

It goes without saying that no immoral or voluptuous painting must be shown in our institutes.[4]

---

also found the art market pretentious, because it reflected the corruption of the times and the abuses of capitalism. *Tableau de Paris*, I, 806 and II, 830-31. His contemporaries' obsession with the financial and aesthetic value of the work of a master haunted him, since copies were, according to him, very often indistinguishable from the original. Ibid., II, 807. Here he challenges the cult of the original, emphasizing instead the importance of critical thinking for the student, rather than the so-called divine aura of the artist.

[3] Mercier is rehashing typical ideas concerning taste from his period. In the seventeenth century, Dominique Bouhours defined 'good taste' as 'an acuity of judgement [...] and a keenness of feeling so subtle that they are difficult to define precisely'. Jean M. Goulemot, Didier Masseau, and Jean-Jacques Tatin-Gourier, *Vocabulaire de la littérature du XVIIIe siècle* (Paris: Minerve, 1996), p. 90 (our translation). In the middle of the eighteenth century, Charles Batteux claimed that taste and morality went hand in hand, because 'good taste is liking what is good'. Ibid., p. 90. This vague definition of taste did not evolve much from the seventeenth century until the Enlightenment, since most of the *philosophes* took inspiration from the previous century when defining good taste and its role. Ibid., p. 91. Elsewhere in his work, Mercier criticizes the paradoxical nature in which taste was defined and the elitist discourse surrounding the concept. In his *Tableau de Paris* chapter 'On the Word Taste', for example, he states that 'An academician says, *I have taste*, because he dares not say *I am a genius*', and since no one can define taste with any degree of precision, 'it is difficult [...] to contest what he is saying'. I, 749.

[4] It is worth recalling the frequent association Mercier makes between debauchery, even pornography, and the fine arts. What bothered him most was the fact that artistic representations of nudity were publicly exhibited. A single striking example from his work sums up his view: 'but that obscene engravings should remain in broad daylight from morning till night in the sight of the innocent, introducing the idea of libertinage in their minds and justifying its depravity in already half-corrupt hearts, is to desire that a new race

pourra en enseigner les premiers principes et autant qu'il en faut pour ôter au port et à l'action la rudesse de la nature sauvage. Mais l'innocence de la danse demande tous nos soins. Valser[5] doit être absolument banni, comme également dangereux à la santé du corps et de l'âme.

Viennent *la comédie* et *les fêtes de la jeunesse*. Depuis quelque temps on a fait grand cas des représentations théâtrales dans l'éducation, non pas nationale, mais plus soignée. C'est,

[7.7   Page 102]
dit-on, un excellent moyen de fonder la morale, de former l'extérieur et d'apprendre de bonnes manières. Quant aux manières et à la politesse on n'a pas tout à fait tort, si on n'entend par là que les formes et les manières de convention à la mode du temps, et on les étudie avec soin pour la représentation. Mais pour la morale, on se trompe rudement, et surtout en ce qu'on prend, la plupart du temps, la morale pour les mœurs extérieures, en la confondant avec les manières et la politesse.[6] Quiconque connaît un peu les drames français à l'usage de la jeunesse et les comparera avec les principes que nous avons établis, verra bien sans nous quel fruit nous pouvons en attendre pour la morale. Et même quant à la décence et le savoir-vivre, nous avons les plus fortes raisons de soutenir que la *vraie* décence et le *bon* savoir-vivre viennent entièrement d'eux-mêmes, dès qu'on prend soin de former *tout* l'homme. Les dehors d'ailleurs ne doivent jamais devenir l'objet principal, si nous voulons éviter *l'hypocrisie et la fatuité*. Toute politesse qui ne vient pas du dedans n'est qu'un feu follet qui peut éblouir, mais qui n'a aucune chaleur. Mais peut-être qu'on pourrait faire des

[7.8   Page 103]
pièces de théâtre mieux entendues pour nos instituts ? C'est ce que nous ne prétendons pas nier ; mais nous n'en avons point à faire. Quelque innocent que soit le sujet et le contenu, l'exécution sur le théâtre en est une tentation dangereuse à la vanité et à la jalousie et pourquoi nous y exposer, ayant assez de moyens sans cela ? D'ailleurs il se perd à apprendre la pièce et à préparer la représentation un temps considérable qu'on peut mieux employer. Ainsi point de comédies chez nous.

[5] Le manuscrit porte « Le valser », ce qui doit être une erreur.
[6] On aurait pourtant tort de croire que le théâtre n'a aucune valeur éducative pour Mercier ; il croyait tout à fait au théâtre comme moyen éducatif pour le grand public, même s'il en fait exception pour son institut. Pour ceux qui ne pouvaient bénéficier d'une telle formation, le théâtre était un moyen pédagogique et un prétexte de réunion autour de valeurs communes. Mercier, *Mon bonnet de nuit*, pp. 1143-44 et *Tableau de Paris*, II, 944-45.

7. THE ROLE OF THE ARTS AND FESTIVALS 143

Since we are talking about the fine arts, let us say a word about *dance*. We must be wary of excluding it. Our gymnastics or music teacher could teach its basic principles and as much as need be to rid pupils' bearing and movement of the coarseness of raw nature. But the innocence of the dance requires all of our attention. Waltzing must be absolutely forbidden, for being equally harmful to the health of the body and of the soul.

Then we have *theatre* and *festivities for the youth*. For some time, much importance has been attached to theatrical performances in education, not on a national level, but in more personalized education. It is

[7.7   Page 102]
they say, an excellent means to build morality, to give a superficial polish and to learn good manners. As for manners and politeness, it is not completely wrong to take these as meaning only forms of behaviour and conventional manners that are fashionable at any given time, and to examine them carefully in view of theatrical performances. But as far as morality is concerned, we are seriously mistaken, especially if, as most often happens, morality is taken to mean external behaviour by confusing it with manners and politeness.[5] Anyone who is slightly familiar with French drama written for young people and compares it with the principles that we have established will see for himself what kind of benefit can be expected for morality. And even as regards decency and manners, we have very good reasons to assert that *real* decency and *good* manners come naturally as soon as we take care to educate the man as a *whole*. Besides, outward appearance should never become the main focus if we want to avoid *hypocrisy and self-conceit*. All politeness that does not come from within is but a mere will-o'-the-wisp that can dazzle but that has no real warmth. But maybe we could create

[7.8   Page 103]
for our institutes plays that would be better understood? We do not wish to deny this; but we have none of our own to write. No matter how innocent the subject and the content of the play, its performance on stage is a dangerous temptation to vanity and jealousy, and why should we expose ourselves to this when we have enough means at our disposal without it? Besides, a great deal of time is lost learning the play and preparing its performance that could be better employed. Therefore, no plays at our institutes.

of men go completely extinct at its source.' *Tableau de Paris*, I, 1323.
[5]   However, one would be wrong to assume that theatre has no educational value in Mercier's mind; he fully believed in the theatre as an educational platform for the public, even if he makes an exception for this for his Institute. For people who could not expect to get a formal education, theatre was a form of education and a means for assembling in the name of common values. *Mon bonnet de nuit*, pp. 1143–44. *Tableau de Paris*, II, 944–45.

Pour *les fêtes*, c'est autre chose, et nous les recommanderions dans tout pays, et préférablement en France. Personne ne nous en contestera l'utilité ; il ne s'agit donc que de savoir comment elles doivent être ordonnées pour ne point nuire à la moralité et pour la favoriser. Les fêtes influent sur la faculté sentante, et par conséquent, pour servir à la moralité, elles doivent agir comme un moyen de discipline. Tous les sens, s'ils sont excités, combattent la morale, et il n'y a que les sentiments du beau et du grand qui lui sont favorables. Nous savons donc quel doit être notre point de vue et ce qu'il nous faut éviter dans nos fêtes

[7.9 Page 104]
pour la jeunesse. Il est clair que nous ne devons pas en faire des festins pour le ventre, ni des *rosières*.[7] Je prévois d'ici grand nombre de contradicteurs. Mais qu'on réfute nos principes, avant d'attaquer l'application que nous en faisons ici à un cas particulier ; et l'importance de la cause nous servira d'excuse, si nous en disons encore deux mots.

Représentons-nous bien distinctement ce qui doit se passer dans l'âme de la jeunesse à une rosière. Il est vrai que la plupart, et tous peut-être, seront puissamment aiguillonnés à l'application ; tant ceux qui ont reçu les honneurs que les autres : les premiers s'efforcent d'avancer, les autres s'empressent de les suivre. Mais pénétrons plus avant dans les cœurs. Le héros de la fête se croit vainqueur, moins des difficultés qu'il a rencontrées, que de ses camarades. Soit, si l'on veut, une simple couronne de feuilles ; la valeur intrinsèque n'y fait rien, ce n'est qu'un signe ; c'est *l'opinion* des assistants qui est le prix réel, le bien suprême à la poursuite duquel il a fait tous ses efforts, dont la possession fait sa félicité dans ce moment, et qu'il se propose de maintenir et d'augmenter dans la suite.

[7.10 Page 105]
Le voilà donc qui attache du prix à *l'opinion* ! car l'honneur est-il autre chose ? Comparez, je Vous en prie, Citoyens, cette dépendance servile de l'opinion, avec la vraie moralité, qui ne peut subsister sans une entière indépendance du dehors : et jugez de l'influence de ces fêtes sur la morale ! Et si le jeune héros que nous distinguons ainsi publiquement n'en remporte pas un cœur tout paîtré[8] de

---

[7] Selon le *Dictionnaire de l'Académie française* de 1798, on appelle *rosière* « celle des filles qui a obtenu la rose destinée à être le prix de la sagesse » (*Le Dictionnaire de l'Académie française*, 5ᵉ édition, t. 2). Par métonymie, le terme *rosière* est employé pour désigner la cérémonie lors de laquelle sont distribués les prix de sagesse.
[8] Selon le *Dictionnaire de l'Académie française* de 1762, l'un des sens, aujourd'hui vieilli, du verbe « paître » est celui de « donner à manger ». Cette acception est la seule à admettre l'emploi du participe passé, car dans ses autres acceptions, le verbe « paître » ne se conjugue qu'aux temps simples (Émile Littré, *Dictionnaire de la langue française*, 4 vols, Paris : Hachette, 1873-74, III, 905). Si Mercier utilise le verbe en ce sens, pour suggérer que les honneurs *nourrissent* le cœur de vanité, il faut néanmoins souligner que c'est là une forme

It is a different matter for *festivals*, and we would recommend them in any country, and preferably in France. No one will deny their usefulness; the only question is to know how they must be organized so as not to hamper morality and to favour it. Celebrations affect the sensual faculty, and, therefore, in order to benefit morality, they must serve as tools of discipline. All senses, when they are excited, oppose morality, and feelings of beauty and of greatness are the only ones that are favourable to it. We thus know what our point of view ought to be and what we should avoid in our festivities

[7.9   Page 104]
for the youth. It is clear that we must not turn these festivities into feasts for the stomach nor into *rosières*.[6] I expect a large number of opponents. But let our principles be refuted before attacking how they are applied to a particular case; and the importance of the cause will justify our saying a few more words about it.

Let us have a clear idea of what must go on in the youngster's soul at a *rosière*. It is true that most, and maybe all of the students will be galvanized to act on what they learn; those who have been given prizes as well as those who have not: the former strive to move forward, the latter rush to follow them. But let us penetrate deeper into their hearts. The hero of the celebration thinks of himself as a winner, as having vanquished not the difficulties he has encountered, but his fellow pupils. Let us take for instance a simple crown made of leaves; it has no intrinsic value, it is only a symbol; it is the *opinion* of those in attendance that is the real value, the supreme possession in the pursuit of which he has made all his efforts, and which brings him happiness in that moment, which he intends to preserve and increase afterwards.

[7.10   Page 105]
There he is, attaching importance to *opinion*! For is honour anything else? Compare, I beg You Citizens, this servile reliance on opinion with true morality, which cannot exist without a complete independence from the outside world: and then judge the influence of these festivities on morality! And see if the young hero whom we thus publicly reward does not end up with a heart replete with vanity and an offensive contempt for his defeated opponents; to be sure, we should not blame this on the celebration, for it did everything to stimulate in our hero this base and immoral feeling. Shall we depict the feelings of the other children at the sight of their crowned model? Shall we unveil the violent temptations to feel jealousy, envy, discouragement? But no; we have had enough.

---

[6] According to the 1798 *Dictionnaire de l'Académie française* (5th edition, vol. 2), the term *rosière* referred to the girl who received the rose as a prize for good behaviour. By metonymy, the word is used to refer to the ceremony at which such prizes were awarded.

vanité et un mépris offensant de ses concurrents vaincus ; certes ce n'est pas à la fête qu'il faudra s'en prendre, car elle a tout fait pour exciter en lui ce sentiment servile et immoral. Peindrons-nous les sentiments qui agitent les autres enfants à la vue de leur émule couronné ? dévoilerons-nous les violentes tentations à la jalousie, à l'envie, au découragement ? Mais, non ; nous en avons assez.

Au lieu de fêtes d'honneur, donnons *des fêtes de plaisir*, où la jouissance sera *égale et libre à tous*. Ô Liberté ! Ô Égalité ! Déesses tutélaires de la société ; quoi ? ne présideriez-Vous pas même aux fêtes ? aux fêtes, qui sont principalement destinées à nourrir l'amitié fraternelle

[7.11   Page 106]
et à serrer les nœuds de l'amour entre les concitoyens ! Quoi ! Vous bannirait-on même des fêtes de la jeunesse ? Non ; cela n'arrivera plus en France. Déesses, pardonnez ! on ne Vous a que méconnues ; revenez dans le cercle de notre joyeuse jeunesse. Voyez vos autels, nos fils, nos filles les couronnent de fleurs, ils chantent des hymnes, ils dansent, ils se réjouissent à votre honneur. La joie Vous apporte son offrande ; c'est à Vous qu'elle doit son existence.

Il serait superflu de dire davantage sur ce sujet ; le génie français est assez inventif pour donner la plus grande variété à ces fêtes ; et notre unique objet était d'en établir les principes moraux. Chaque Décade peut être une petite fête.[9] Mais il n'y faut aucun préparatif ; ce sont des jours de repos du travail ordinaire ; les élèves peuvent y jouer tant qu'ils veulent ; il y a des plaisirs communs, de la musique, des danses, des jeux. On en peut trouver en grande quantité. Les fêtes plus solennelles ont lieu tous les trois mois, ou tous les mois. Les fêtes qui ont rapport aux événements de la révolution ne sont pas à la portée des enfants, incapables d'en juger. Les élèves plus avancés

[7.12   Page 107]
pourraient bien les comprendre ; mais nos fêtes doivent être communes à tous, et

---

fautive puisque le participe passé de « paître » est « pu » et non « paîtré ».
[9] La décade correspond à la nouvelle semaine du calendrier républicain (1793–1806). Chaque mois comporte trois décades de dix jours. Incarnation de la raison, ce calendrier, qui accompagne l'instauration du système décimal, marque une coupure temporelle radicale par son rejet du calendrier grégorien qui prévalait sous l'Ancien Régime. *Le Calendrier républicain : de sa création à sa disparition, suivi d'une concordance avec le calendrier grégorien* (Paris : Service des calculs et de mécanique céleste du bureau des Longitudes, Unité Associée du CNRS, 1989), pp. 19–20, 46. Comme le dit Fabre d'Églantine dans son *Rapport sur le calendrier républicain* présenté à la Convention Nationale le 24 octobre 1793, « [u]ne longue habitude du calendrier grégorien a rempli la mémoire du peuple d'un nombre considérable d'images qu'il a longtemps révérées et qui sont encore aujourd'hui la source de ses erreurs religieuses ; il est donc nécessaire de substituer à ces visions de l'ignorance, les réalités de la raison et au prestige sacerdotal, la vérité de la nature ». Service des calculs, p. 39.

7. THE ROLE OF THE ARTS AND FESTIVALS 147

Instead of celebrations of honour, let's give *celebrations of pleasure*, where enjoyment will be *equal and free for all*. Oh Liberty! Oh Equality! Guardian Goddesses of society; what? Would You yourselves not preside over festivals? Celebrations that are mainly intended to nourish fraternal friendship

[7.11   Page 106]
and to strengthen the bonds of love among fellow-countrymen! What! Would You even be banned from the festivities of the youth? No; this will no longer happen in France. Goddesses, forgive us! You have only been misunderstood; come back to the group of our joyful youth. See your altars, our sons and daughters are crowning them with flowers, they are singing hymns, they are dancing, they rejoice in your honour. Joy brings You its offering; it owes its existence to You.

It would be superfluous to say more on this matter; the French character is inventive enough to bring the greatest variety to these festivals; our only goal was to establish its moral principles. Each *décade* can be a small celebration.[7] But no preparation is required; these are days of rest from ordinary work; students can then play as much as they like; there are communal celebrations, music, dances, games. These can be found in great quantity. More solemn celebrations take place every three months or every month. Festivals that are related to the Revolution are not suitable for children, as they are incapable of grasping their importance. More advanced students

[7.12   Page 107]
might well be able to grasp them; but our festivals must be for everyone together,

---

[7] The *décade* was the new week of the Republican Calendar (1793–1806). There were three decades of ten days for every month. The incarnation of reason, the calendar, which followed the decimal system, was supposed to represent a complete scission with the Gregorian/Christian Calendar of the Ancien Régime. Service des Calculs et de Mécanique Céleste du Bureau des Longitudes, *Le Calendrier républicain: de sa création à sa disparition, suivi d'une concordance avec le calendrier grégorien* (Paris: Service des Calculs et de Mécanique Céleste du Bureau des Longitudes, Unité Associée du CNRS, 1989), pp. 19–20, 46. As Fabre d'Églantine puts it in his *Rapport sur le calendrier républicain,* which he presented before the National Convention on October 24, 1793, 'an old habit based on the Gregorian Calendar, filled the people's memory with a considerable number of images which they had revered for a very long time and which are still the source of religious error today; it is thus necessary to substitute in the place of these visions of ignorance the reality of reason, and in place of priestly prestige, the truth of nature.' Service des Calculs, p. 39 (our translation).

par conséquent nous laissons là les fêtes de la révolution, que nous retrouverons aux fêtes nationales. Évitons soigneusement toute grande dépense : le plaisir n'y perdra rien. La surveillance, surtout morale, présidera aux fêtes, mais sans apporter aux enfants ni gêne ni contrainte. Ceux-ci se montreront tels qu'ils seront dans le moment ; et en général ils doivent être élevés de sorte qu'ils ne se gênent jamais pour leurs surveillants.

Si nos fêtes répondent à nos vues et sont des fêtes d'une joie pure, célébrées sous les auspices de la liberté et de l'égalité ; elles deviendront un bon moyen de discipline morale, en nourrissant le sentiment du grand et du beau ; et la joie pure elle-même, présent de la nature innocente, ouvrira l'accès des cœurs à la vertu.[10]

* * * * *

Quant au soin d'écarter les séductions à l'immoralité, nous en avons déjà touché quelque chose à l'article des moyens mêmes. Ajoutons encore qu'il nous faut tenir éloignée de l'institut toute personne d'une conduite immodeste, tout

[7.13   Page 108]

domestique qui, par ses mœurs, puisse devenir dangereux aux jeunes gens. Pour le reste, pourvu que nos instituts soient ordonnés sur les principes que nous avons posés, toutes les tentations trop fortes s'évanouiront d'elles-mêmes. Nous aurons davantage à en dire en parlant des adultes.

* * * * *

---

[10] Il est clair que Mercier s'inspire, au moins en partie, de la philosophie de Rousseau concernant la fonction des fêtes, même s'il existe des différences notables entre leurs positions. Dans sa *Lettre à M. D'Alembert* (1758), une réfutation de l'utilité du théâtre pour les Genevois, Rousseau résume bien sa vision sociale et politique des fêtes : « Quoi ! Il ne faut-il donc aucun spectacle dans une République ? Au contraire, il en faut beaucoup. C'est dans les Républiques qu'ils sont nés, c'est dans leur sein qu'on les voit briller avec un véritable air de fête. À quels peuples convient-il mieux de s'assembler souvent et de former entre eux les doux liens du plaisir et de la joie, qu'à ceux qui ont tant de raisons de s'aimer et de rester à jamais unis ? Nous avons déjà plusieurs de ces fêtes publiques ; ayons-en davantage encore, je n'en serai que plus charmé. » *Lettre à D'Alembert*, éd. par Marc Buffat (Paris : Garnier-Flammarion, 2003), pp. 181–82. Mercier se distingue de Rousseau quant à la place accordée à la compétition dans les fêtes ; dans ses *Considérations sur le gouvernement de Pologne et sa réformation projetée* (1771), Rousseau parle longuement des moyens d'éduquer la jeunesse polonaise, notamment par l'éducation sportive : « leurs jeux doivent toujours être publics et communs à tous ; car il ne s'agit pas seulement ici de les occuper, de leur former une constitution robuste [...] mais de les accoutumer de bonne heure à la règle, à l'égalité, à la fraternité, aux concurrences, à vivre sous les yeux de leurs concitoyens et à désirer l'approbation publique ». *Discours sur l'économie politique et autres textes*, éd. par Barbara de Negroni (Paris : Garnier-Flammarion, 2012), p. 180.

and, consequently, we leave aside the celebrations of the Revolution, which fall under the category of national celebrations. Let us carefully avoid excessive expenditure: this will not diminish pleasure. Surveillance, especially moral surveillance, will preside over festivals, but without causing any discomfort or constraint to the children. They will show themselves as they are at that time; and they must generally be brought up in such a way as not to be inhibited in the presence of supervisors.

If our festivals are in keeping with our goals and are celebrations of pure joy, celebrated under the auspices of freedom and equality, they will become a good means of moral discipline, by nourishing feelings of greatness and of beauty; and pure joy itself, the gift of innocent nature, will open hearts to virtue.[8]

* * * * *

As for the care taken to ward off the seductions of immorality, we have already spoken about it when discussing the means of doing so themselves. Let us add that we should keep anyone whose behaviour is immodest away from the institute, any

[7.13   Page 108]
servant who, by his way of life, could become a hazard to youngsters. For the rest, provided our institutes are run according to the principles that we have established, all strong temptations will disappear of their own accord. We will have more to say about this when talking about adults.

* * * * *

[8] It is clear that Mercier is at least partially drawing from Rousseau's philosophy for the function of festivals, even if there are notable differences between their positions. In his *Lettre à M. D'Alembert* (1758), a refutation of the utility of theatre for the citizens of Geneva, Rousseau summarizes well his social and political vision for festivals: 'What! Not a single spectacle is necessary in a Republic? On the contrary, many are needed. It is in Republics that they were born, it is in their heart that we see them shine with a true festive atmosphere. What peoples would be better suited to gather together often and to create among them the sweet bonds of pleasure and joy, than those who have so many reasons to love each other and to remain forever united? We already have several of these types of festivals; let us have even more of them. It would only delight me the more.' *Lettre à D'Alembert*, ed. by Marc Buffat (Paris: Garnier Flammarion, 2003), pp. 181–82 (our translation). Mercier distinguishes himself from Rousseau concerning the place of competition in festivals; he sees competition as a potential source of vanity that reinforces selfishness among the community. In his *Considérations sur le gouvernement de Pologne et sur sa réforme projetée* (1771), on the other hand, Rousseau provides many details on the means of educating young people in Poland, in particular through physical education: 'their games must be public and common to all; because it is not just a matter of keeping them busy or helping them to form a robust constitution [...] but rather to accustom them early on to rules, equality, fraternity, and competition, to live under the watchful of their fellow citizens and to desire public approval.' *Discours sur l'économie politique et autres textes*, ed. by Barbara de Negroni (Paris: Garnier-Flammarion, 2012), p. 180 (our translation).

Après la quinzième année les garçons quittent nos instituts, et on leur donne des certificats de mœurs et de progrès. Les inspecteurs commis par le magistrat à l'éducation de la jeunesse ont soin que chacun trouve à se placer selon la vocation qu'il a choisie et pour laquelle il se sent le plus de goût et d'aptitude. Nous avons dit plus haut qu'il convient d'accompagner cette émission d'une solennité religieuse, par laquelle le jeune homme est admis publiquement à la société des adultes ; et qui pour cette raison a lieu, non dans l'institut, mais dans un lieu d'assemblée publique des citoyens. Elle est très importante et doit être rendue un des actes les plus solennels de la vie du jeune homme : il faut y exciter les plus sublimes sentiments de la morale et de la religion dans le cœur du jeune homme et de tous les assistants.

[7.14   Page 109]
Mais nous nous proposons aussi de donner une fête à l'institut à la sortie d'un ou de plusieurs élèves, avant la solennité publique. De même qu'il entre par celle-ci dans la communauté des adultes, il sortirait par celle-là de la communauté des élèves ; et cette fête se distingue des fêtes de plaisir par plus de solennité. Le congé est déjà si touchant pour la jeunesse, comme il l'est pour l'homme en général ; combien plus quand les circonstances en relèvent l'impression ! Que ne feront pas ici la musique et le chant ! Mais il ne suffit pas que ces chants touchent ; ils doivent aussi élever l'âme, et en même temps que les larmes s'échappent des yeux doit s'élever dans le cœur le sentiment de la force et du courage, afin d'éviter l'abattement de la douleur. Ainsi s'unissent et se tiennent en équilibre le courage viril et la tendre humanité ; tous les sentiments deviennent harmoniques, et la liberté en est d'autant mieux assurée.

7. THE ROLE OF THE ARTS AND FESTIVALS

When they reach the age of sixteen, boys leave our institutes and we give them certificates of morals and progress. The inspectors appointed by the youth education magistrate make sure that every student finds work according to the vocation that he has chosen and for which he feels the most interest and aptitude. We said earlier that it is suitable to associate this departure with a religious ceremony by which the young man is publicly admitted into adult society; for this reason, the ceremony must not take place at the institute but in a place of public assembly for citizens. This ceremony is very important and must be one of the most solemn moments of the young man's life: the most sublime feelings of morality and religion must be stimulated in the young man's heart as well as in the hearts of the entire audience.

[7.14   Page 109]

But we also intend to have a celebration at the institute for the departure of one or many students, before the public ceremony. In the same way that he enters the community of adults by the latter, he would leave the community of students by the former; and this celebration differs from pleasure festivals by its greater solemnity. Taking leave is already so moving for the young, as it is for men in general; how much more so when the circumstances enhance its impact! What an impact music and singing will have here! But it is not enough for these songs to be moving; they must also uplift the soul and, while tears spring from our eyes, the heart must be filled with feelings of strength and courage in order to avoid pain and despondency. Thus manly courage and gentle humanity unite and are in equilibrium; all feelings become harmonious, and freedom is all the better assured.

[8. L'éducation des filles et les bienfaits d'une éducation morale]
[8.1   Page 110]

Disons un mot *des filles*. Il est d'une nécessité indispensable de leur donner une éducation morale et d'y mettre tous les soins possibles. Car :

1. Les femmes ont la même destination morale et par conséquent *les mêmes droits* que les hommes ; il ne nous est donc *pas permis* de les négliger.

2. Elles ont une grande influence. Le caractère des nations dépend des femmes plus qu'on ne pense peut-être. Combien de femmes n'ont pas entièrement changé leurs maris, soit en bien, soit en mal ! Comme mères, quelle action n'exercent-elles pas sur la génération naissante ! Si l'éducation des hommes nous doit réussir, nous ne saurions négliger celle des femmes. Ajoutez

3. que leur éducation a toujours été encore plus négligée que celle des hommes : raison de plus d'y donner tous nos soins.

Mais, aurons-nous des instituts séparés pour les filles ; ou bien les élèverons-nous avec les garçons ? Il y a bien des raisons de les séparer ; mais il vaudrait encore mieux prendre des mesures qui rendissent la séparation superflue. Nous proposons

[8.2   Page 111]

de loger les filles à part dans le voisinage des instituts. Elles fréquentent avec les garçons les leçons qui leur conviennent ; mais leurs travaux, bien différents, les séparent. Elles participent aux jeux des garçons qui leur conviennent, de même qu'aux fêtes. De cette manière on préviendrait les inconvénients d'une trop intime communication, et en même temps les dangers qu'entraîne pour l'avenir l'excessive rigueur dans la séparation des sexes. Nous admettons donc volontiers une libre communication, même d'individus des deux sexes entre eux, dans les heures de liberté. La surveillance nécessaire n'est-elle pas toujours à portée ?

Il nous reste encore à marquer les principales différences de l'éducation des filles, fondées sur la différence de leur caractère. Le caractère distinctif des femmes consiste en général en ce que la *faculté sensitive* joue chez elles un plus grand rôle que dans les hommes ; ce qui résulte de leur organisation plus délicate, et de l'irritabilité du système nerveux qui en est la suite. L'éducation doit avoir égard à ces indications, sans quoi elle tomberait en contradiction avec la nature et manquerait son but.[1]

---

[1] Il est évident que Mercier croit à des différences ontologiques entre les hommes et les femmes, croyances typiques des philosophes de son époque, parmi lesquels figure son père spirituel, Rousseau. Dans le livre v d'*Émile, ou De l'éducation* (1762), Rousseau décrit la future femme d'Émile et l'éducation qu'il lui faut pour être une épouse et une mère idéale. La base de sa philosophie de l'éducation pour Sophie, et pour toutes les femmes, est la reconnaissance de la spécificité de la féminité par rapport au masculin. La femme obéit à l'homme et existe pour le servir. Mercier recycle quelques-uns de ces poncifs, dont la

[8. On the Education of Girls and the Benefits of Moral Education]
[8.1   Page 110]

Let us say a few words *about girls*. It is mandatory to give them a moral education and to do so with the utmost care. Because:

1. Women have the same moral destiny and, consequently, *the same rights* as men; therefore, it is *not permitted* to neglect them.

2. They have a great influence. The spirit of nations depends on women more than we may think. Consider how many women have entirely changed their husbands, either for better or for worse! As mothers, what influence they have on the next generation! If the education of men is to our advantage, we ought not to neglect that of women. Let us add

3. that their education has always been more neglected than that of men, which is an additional reason for giving it all our care.

But shall we have separate institutes for girls; or shall we bring them up with the boys? There are many reasons to keep them separate; but it would be better still to take measures that would make this separation unnecessary. We suggest

[8.2   Page 111]

housing the girls separately, close to the institutes. They will attend, together with the boys, those lectures that are suitable for them; but the kind of work that they do is very different from those of the boys and keeps them apart. With the boys they will play games that suit them, just as they will attend festivals. In this way, we would prevent the drawbacks of overly intimate contact, as well as the dangers to which an overly rigorous gender separation could lead in the future. We therefore willingly authorize open contact, even between the two sexes, in periods of free time. The necessary surveillance is always at hand anyway, is it not?

We still have to outline the main differences in the education of girls, which are based on a difference of temperament. The distinctive nature of women generally consists in that the *sensitive faculty* plays a greater part in them than it does in men; this derives from their more delicate constitution and from the irritability of their nervous system that results from it. Education must respect these differences; otherwise, it would be in contradiction with nature and fail to attain its goal.[1]

---

[1] It is obvious that Mercier believes in ontological differences between men and women, a typical belief of philosophers from the period, the most famous of which being Mercier's spiritual father, Rousseau. In the fifth book of *Emile or On Education* (1762), Rousseau describes Emile's future wife and the education that she will need to become the ideal wife and mother. The basis of Rousseau's philosophy of education for Sophie, and likewise for all women, is the acknowledgement of what femininity is in relation to the masculine. Woman obeys man and exists to serve him. Mercier recycles some of the same sexist clichés, such as

[8.3   Page 112]

Nous ne devons pas sans doute négliger leur raison, elles doivent, aussi bien que les hommes, savoir ce que c'est que le devoir, agir sur une conviction raisonnée qui suppose des notions distinctes et précises. Mais outre cela l'éducation des filles demande un soin tout particulier de la sensibilité, et c'est l'affaire de la discipline morale.[2] En quoi donc la discipline des filles diffère-t-elle de celle des garçons ? non dans les principes, qui sont les mêmes, mais dans l'application.

La surveillance morale est entre les mains des femmes, qui peuvent prendre l'avis des maîtres ; et il serait bon que ce fussent les femmes mêmes des maîtres. On concevra aisément, je pense, que nous aurons besoin d'éducatrices, de même que pour la surveillance morale qu'un homme ne saurait avoir, quelque habile qu'il pût être ; surtout quand les filles grandissent ; et même un père ne peut pas en acquitter envers une grande fille. Les filles n'obtiennent jamais sur elles d'avoir autant de confiance et de franchise avec

[8.4   Page 113]

un homme qu'avec une femme. C'est une sage dispensation de la nature, un effet d'une pudeur délicate, protectrice de l'innocence. Pères et instituteurs ! gardez-vous d'affaiblir ce sentiment en vous efforçant d'entrer dans la confidence des filles, et en leur donnant des leçons qu'elles ne devaient pas recevoir de vous dans l'intention de la nature. Instruisez les mères, afin qu'elles sachent bien diriger les filles : ainsi le veut la nature ; ses avis là-dessus sont assez clairs. Il faut donc aussi que nos éducatrices soient *mères*. Il est d'une grande importance de faire un bon choix, car les caractères se communiquent bien plus entre les personnes du sexe qu'entre les hommes. D'où il s'ensuit qu'on pourrait plutôt espérer qu'un maître immoral formât des élèves vertueux, pourvu qu'il leur apprît à connaître ce que c'est que le devoir ; que non pas que des filles devinssent vertueuses sous une surveillante sans morale, quoiqu'elles eussent

prétendue fragilité ou sensibilité des femmes. Rousseau résume bien sa perspective quand il proclame que « [d]ès qu'une fois il est démontré que l'homme et la femme ne sont ni ne doivent être constitués de même [...], il s'ensuit qu'ils ne doivent pas avoir la même éducation ». *Émile, ou De l'éducation* (Paris : Garnier-Flammarion, 1966), p. 473.

[2] L'un des auteurs qui ressort dans le débat sur l'éducation des femmes est sans doute Choderlos de Laclos, qui, dans ses essais sur l'éducation (*Des femmes et de leur éducation* (1782 et 1795–1802)) explique que la femme naturelle a les mêmes capacités intellectuelles que les hommes, et que sa soumission à l'homme n'est pas naturelle. S'adressant directement à ses lectrices, il plaide leur cause : « Venez apprendre comment, nées compagnes de l'homme, vous êtes devenues son esclave, comment, tombées dans cet état abject, vous êtes parvenues à vous y plaire, à le regarder comme votre état naturel ; comment enfin, dégradées de plus en plus par une longue habitude de l'esclavage, vous en avez préféré les vices avilissants mais commodes aux vertus plus pénibles d'un être libre et respectable ». *Des femmes et de leur éducation* (Paris : Mille et Une Nuits, 2000), p. 9. Chloé Radiguet prétend même que Laclos « estime les femmes et les considère comme les égales des hommes ». « Postface », dans *Des femmes et de leur éducation*, p. 86.

8. On the Education of Girls

[8.3   Page 112]

We must certainly not neglect cultivating their ability to reason; like men, they must know their duty and base their actions on a reasoned conviction that involves clear and distinct ideas. But apart from this, the girls' education demands a particular attention to sensitivity, which is a matter of moral discipline.[2] How does the girls' discipline differ from that of boys? Not in its principles, which are the same, but in their application.

Moral surveillance of girls will fall to women, who can seek advice from male teachers; and it would be best if this task were undertaken by the schoolmasters' wives. I think it can be easily seen that we will need female educators, along with moral surveillance, which men cannot have with regard to girls, no matter how skilled they are, especially so when girls grow up; and even a father cannot fill this role for his grown-up daughter. Girls never have the same level of trust and frankness with

[8.4   Page 113]

a man as with a woman. This is a wise disposition of nature, an effect of the delicate modesty that protects innocence. Fathers and teachers! Be careful not to diminish this feeling by trying to force girls' trust and by giving them lessons that, according to nature's intent, they should not learn from you. Instruct mothers so that they know how to guide girls properly: such is nature's wish; its opinion on this point is clear enough. Our female educators must therefore also be *mothers*. It is very important to choose them well, for temperament has a greater influence among women than among men. It follows from this that we might hope that an immoral teacher could teach boys to be virtuous, as long as he teaches them to know their duty; but we cannot hope that girls would become virtuous under an amoral supervisor, even if they have had the best

---

the so-called fragility or sensitivity of women. Rousseau summarizes his perspective well when he proclaims 'Once it is demonstrated that man and woman are not and ought not to be constituted in the same way in either character or temperament [...], it follows that they ought not to have the same education'. *Emile or On Education*, trans. by Allan Bloom (New York, NY: Basic Books, 1979), p. 363.

[2]   One of the authors who stands out in the debate on the education of women is without a doubt Choderlos de Laclos, who, in his essays on education (*On Women and their Education* (1782 and 1795–1802)) explains that woman, in her natural state, is just as intellectually capable as man, and that her submission to man is not at all natural. Addressing his female readers directly, he argues their case: 'Come, learn how, born as man's companion, you became his slave, how, fallen into an abject state, you came to be happy with your state, to regard it as your natural one; how, in the end, ever more degraded by a long habit of being enslaved, you preferred the demeaning yet convenient vices associated with such a state to the more difficult virtues of a free and respectable existence.' *Des femmes et de leur éducation*, ed. by Chloé Radiguet (Paris: Mille et Une Nuits, 2000), p. 9 (our translation). Chloé Radiguet even claims that Laclos 'esteems women and considers them the equals of men'. 'Postface', in *Des femmes et de leur éducation*, p. 86.

d'ailleurs la meilleure instruction. Mais la bonté du caractère se communique tout aussi aisément. Nous avons donc un besoin indispensable de surveillantes vertueuses auprès de nos filles. Elles s'adresseront aux maîtres quand elles ont besoin de conseil ; nous n'en dirons ici pas davantage.

[8.5   Page 114]
La police de l'école n'aura pas, comme chez les garçons, les formes judiciaires. Les femmes qui, pour ne pas blesser la décence extérieure, ont besoin de la contrainte de la police, méritent bien moins d'égards que les hommes qui ont besoin de ce frein ; et la raison c'est que les femmes ont reçu de la nature dans leur délicate sensibilité un préservatif bien plus puissant contre les vices. Cette sensibilité, préservée, nourrie, influera aussi sur les dehors de la conduite des filles dans nos instituts ; mis il ne faut pas l'affaiblir par des arrangements de police hors de temps ; les surveillantes, si elles sont propres à leur emploi, sauront bien maintenir l'ordre sans lois de police proprement dites. Elles n'emploieront pas non plus aucun moyen de coaction immorale, comme par exemple l'honneur ; et les maîtres leur remarqueront les fautes qu'elles pourraient commettre à cet égard.

En général les filles ont moins d'heures de leçons que les garçons, mais plus d'heures de travail convenable à leur sexe.[3]

La culture du sentiment du beau et du sublime est de la dernière importance dans l'éducation des filles. Elle est en général la même qu'avec les garçons ; mais, les filles, toutes choses d'ailleurs égales, y

[8.6   Page 115]
feront bien plus de progrès. Et cela doit être ; car la vertu des femmes doit se fonder plus sur le sentiment que celle des hommes. La femme vertueuse doit avoir le sentiment si délicat qu'elle ne tombe pas même en la tentation de transgresser les lois de la morale. L'homme, chargé du rôle actif dans la société, ne peut se soustraire toujours à la tentation, et il lui faut de la force de la volonté pour y résister. Tout le secret de l'éducation morale pour les deux sexes, consiste à enseigner aux *hommes* à *vaincre* la tentation, et aux *femmes* à *l'éviter*.

Les filles quittent l'institut à quatorze ans accomplis. La réception solennelle, la fête de congé sont les mêmes à quelques changements près ; mais il ne faut pas de certificat comme aux garçons : elles rentrent dans la maison paternelle ; et la société civile ne leur demande autre chose que d'être un jour des épouses et des mères vertueuses, ainsi que la nature les y appelle.

---

[3] On trouve chez Rousseau la même perspective : « En général, s'il importe aux hommes de borner leurs études à des connaissances d'usage, cela importe encore plus aux femmes, parce que la vie de celles-ci, bien que moins laborieuse, étant ou devant être plus assidue à leurs soins, et plus entrecoupée de soins divers, ne leur permet de se livrer par choix à aucun talent au préjudice de leurs devoirs ». *Émile*, p. 480.

education. However, goodness of character can be communicated just as easily. There is therefore an essential need for virtuous female supervisors to look after our girls. They can ask the male teachers for advice when they need to; we shall say no more on the subject.

[8.5   Page 114]
The school policing will not assume judiciary forms as it does in institutes for boys. Women who need police pressure in order to respect social decency, deserve much less respect than men who need such restraint; and the reason is that women have been given by nature, with their delicate sensitivity, a far more powerful protection against vice. If this sensitivity is nourished and preserved, it will also influence the outward behaviour of girls in our institutes; but we should not weaken it with untimely police intervention; female supervisors who are up to the task will know how to maintain order without having recourse to formal police laws. Neither will they use any immoral means of coercion, such as honour for instance; and male teachers will point out to them any mistakes they might make in this respect.

Girls will generally dedicate less time to lessons than boys and more to tasks that are suitable for their sex.[3]

The cultivation of the feeling of beauty and of the sublime is of the utmost importance in the education of girls. It is generally the same as for boys, but, all things being equal, girls

[8.6   Page 115]
will make much more progress in this respect. And so it must be; because women's virtue must rely more on feelings than is the case with men. The virtuous woman must be sensitive to the point of not being tempted to transgress moral laws. Because they play an active role in society, men cannot always avoid temptation, and it takes strength and will to resist it. The whole secret of moral education for both sexes consists in teaching *men to overcome temptation* and *women to avoid it*.

Girls leave the institute when they reach the age of fourteen. The solemn ceremony and the departure celebration are the same as for boys, give or take a few details; but they do not need a certificate as boys do, since they return to their father's house; and civil society expects only that they should one day become virtuous wives and mothers, as nature intends.

---

[3] Rousseau shares the same perspective: 'In general, if it is important for men to limit their studies to useful knowledge, it is even more important for women; because the latter's lives, although less laborious, are — or ought to be — more attached to their cares and more interrupted by various cares. Thus their lives do not permit them to indulge themselves in any preferred talent to the prejudice of their duties.' *Emile*, trans. by Bloom, p. 368.

[8.7   Page 116]
Voilà notre plan d'éducation morale dans toutes ses parties. Voulez-Vous, Citoyens, voir d'un coup d'œil les principales qualités, que notre jeunesse y a acquises ? Les voici :

Un *corps* sain, vigoureux, adroit ; nuls besoins artificiels ; la simple nature leur suffit ; leurs membres sont exercés à toutes sortes de travaux et tout prêt au service de l'âme ; leurs sens, ouverts à toutes les impressions, transmettent à l'esprit la matière des idées, pure et sans mélange. Leur *esprit* connaît les choses ; se connaît lui-même et la dignité de sa nature raisonnable, sa participation à la divinité, sa destination à l'immortalité. Il sait que tous les autres hommes sont de même nature et les reconnaît pour ses semblables. Il connaît la sainteté du devoir, l'inviolabilité du droit, et voit en Dieu le saint législateur, le juste juge, le gouverneur moral de l'univers. Et ses *sentiments* ? celui de la liberté domine

[8.8   Page 117]
dans le cœur, de cette liberté qui, indépendante de tout, n'est disposée à se soumettre qu'à la loi morale : tout ce qui est contraire à cette liberté excite son mépris, et il estime tout ce qui s'accorde avec elle, avec enthousiasme ; il abhorre donc l'esclavage moral encore plus que l'esclavage civil, mais il aime le beau, le grand et surtout le bon. Avec ces forces, ces habitudes, ces notions, ces sentiments, quelle sera la conduite de nos élèves dans la société civile ? que feront-ils comme fils et filles, frères et sœurs, comme époux, comme parents ? comment rempliront-ils les devoirs de leur vocation, ceux envers l'État, ceux de l'amitié, ceux de l'humanité ? Jugez Vous-mêmes, Citoyens, à quelles espérances nous autorisent les qualités de nos élèves que nous avons indiquées ; et jugez en même temps si nous avons suffisamment pourvu à fonder la morale, en nous proposant *de favoriser et d'assurer l'usage de la liberté morale.*

[8.9   Page 118]
Mais une difficulté se présente, qui menace de détruire tout notre ouvrage : il s'agit de savoir si *notre plan d'éducation est exécutable.*

Il l'est en France ou nulle part, aujourd'hui ou jamais.

D'où prendre la dépense ? — Un sage gouvernement saura trouver des ressources, sans imposer des charges trop dures et par conséquent injustes. Citoyens, Vous l'y inviterez ; c'est le premier de ses devoirs ; il s'agit d'une affaire de la première nécessité, de la morale du peuple. Et la morale — puissent tous les gouvernements se pénétrer de cette vérité ! — la morale du peuple est plus importante que son existence politique même. Celle-ci n'est que moyen, l'autre est *fin*.

8. ON THE EDUCATION OF GIRLS

* * * * *

[8.7   Page 116]
That is our plan for moral education in every respect. Citizens, do You want to see at a glance the main qualities that our youth will have acquired from it? Here they are:

A healthy, strong and skilful *body*; no artificial needs; nature alone is sufficient for them; their limbs have been trained for all kinds of work and are ready to be at the service of the soul; open to all impressions, their senses convey to the spirit the substance of ideas, pure and unadulterated. Their *mind* knows about things; it knows itself and the dignity of its sensible reasoning nature, its partaking in divinity and that immortality is its destination. The student knows that all men are of the same nature and acknowledges them to be his fellow creatures. He knows the sanctity of duty, the inviolability of the law, and sees in God the holy legislator, the wise judge, the moral governor of the universe. And what about his *feelings*? The feeling of freedom rules

[8.8   Page 117]
his heart, by the kind of freedom that, being independent of everything, is willing to submit to moral law alone: anything that runs contrary to this freedom provokes his contempt, and he enthusiastically values everything that conforms to moral law; he therefore loathes moral slavery even more than civil slavery, but he loves beauty, greatness and above all, goodness. Equipped with these strengths, these habits, these ideas, these feelings, what will our students' conduct be in civil society? How will they act as sons and daughters, brothers and sisters, as spouses, as parents? How will they fulfil the duties of their vocation, those towards the state, those of friendship, those of humanity? Judge for Yourselves, Citizens, what expectations the stated qualities of our students allow us to have; and judge at the same time if we have made sufficient provision for the establishing of morality, by offering *to encourage and ensure the use of moral freedom*.

[8.9   Page 118]
Yet a difficulty arises that threatens to collapse our entire work: it is whether *our education plan is feasible*.

It is feasible in France if nowhere else, now or never.

Where should we look for the funds? — A wise government will be able to find resources without imposing a financial burden that would be too heavy and thus unfair. Citizens, You will encourage the government to do so; it is its foremost duty; the morality of the people is a matter of the utmost urgency. And morality — may all governments acknowledge this truth! — the morality of the people is more important than its very political existence. The latter is only the means, the former is the *goal*.

D'où prendre des instituteurs et des institutrices, tels que notre plan les suppose ? Ce serait la plus grande difficulté, surtout au commencement. Et même si nous aurions une abondance de sujets pourvus d'ailleurs des connaissances et des qualités nécessaires, toujours manqueraient-ils du plus important, des principes de la morale et de la religion *pure*. Et sur quoi fondons-nous cette décision ? Quiconque fera cette question après avoir lu tout ce qui précède, sera invité à méditer encore une fois ce que nous avons dit sur la

[8.10   Page 119]
morale et la religion et de le comparer avec les idées en vogue sur ces sujets et sur la manière de les traiter ; et s'il pénètre dans la nature intime du sujet, il ne s'étonnera plus du ton tranchant de notre décision.

8. On the Education of Girls

Where could we find the male and female teachers required as our plan defines them? That would be our greatest difficulty, especially in the beginning. And even if we had an abundance of individuals with the adequate knowledge and qualities, they would still lack the most important thing, that is, the principles of morality and *pure* religion. And on what would we base this decision? Whoever asks this question after having read everything that has come before will be invited to reflect once more on what we have said concerning

[8.10   Page 119]
morality and religion, and to compare it with the current ideas on those subjects and on how to deal with them; and if he gets to the heart of the subject, he will not be surprised by the peremptory tone of our decision.

[9. La philosophie critique allemande dans ses rapports à l'éducation morale]

[9.1   Page 119]

Si on avait seulement un homme convenablement formé pour chaque institut, on pourrait le charger des leçons de morale et de religion et de surveillance morale, et les vrais principes se répandraient bientôt ; car ces principes sont parfaitement conformes à la nature de l'homme, et l'expérience a déjà montré leur pouvoir victorieux, surtout en Allemagne, où en moins de vingt ans, la philosophie critique a soutenu les combats, auxquels toute vérité nouvelle est exposée, et a triomphé de manière que tous ses antagonistes ont été réduits au silence et ont passé du côté de ses défenseurs, en sorte que dans les points capitaux, la dispute peut être regardée comme définitivement décidée. Et les résultats en seraient déjà plus généralement répandus parmi les peuples, si les gouvernements prenaient quelque soin de la morale des peuples, s'ils établissaient des instituts d'éducation morale ; au lieu que plusieurs d'entre eux entravent encore les progrès des lumières et de la morale, de tous les artifices du despotisme. Il n'est pas étonnant

[9.2   Page 120]

après cela que la pratique générale reste si loin derrière la théorie. Mais en France, toute théorie peut être aussitôt mise en pratique ; et cela doit se faire, si la théorie est la vraie. « La vraie puissance de la République française doit désormais consister à ne permettre pas qu'il existe nulle part une idée nouvelle qui ne lui appartienne », écrit le vainqueur de l'Italie au président de Votre institut.[1] La pensée du héros ne pourra jamais être appliquée à un sujet plus important, que celui dont il s'agit. Ce sont des idées qui appartiennent, non pas exclusivement au savant, mais à toute la nation. Faites donc, Citoyens, tous vos efforts, pour rendre les notions épurées de la morale et de la religion une possession de la nation française, le plus tôt qu'il se pourra. Je hasarde une proposition, qui me paraît tendre le plus sûrement droit au but. Envoyez quelques jeunes hommes en Allemagne, qui, après avoir étudié la philosophie et l'art de l'éducation en France, étudieraient pendant une ou deux années la philosophie critique dans quelque université allemande, par exemple à Iéna où Fichte, ou à Kiel où Reinhold l'enseigne.[2]

---

[1] Mercier parle ici de Napoléon. Le passage cité se trouve dans une lettre de Napoléon à Pierre Claude François Daunou (1761–1840) datée le 26 décembre 1797, après qu'il fut élu membre de l'Institut. Voir Yves Pouliquen, *Cabanis, un idéologue : de Mirabeau à Bonaparte* (Paris : Odile Jacob, 2013), pp. 137–39. La citation est exacte à quelques mots près, mais son contexte est fort intéressant. Napoléon valorise le savoir en disant : « Les vraies conquêtes, les seules qui ne donnent aucun regret, sont celles que l'on fait sur l'ignorance. L'occupation la plus honorable, comme la plus utile pour les Nations c'est de contribuer à l'extension des idées humaines. La vraie puissance de la République française doit consister désormais à ne pas permettre qu'il existe une idée nouvelle qui ne lui appartienne. » Cité par Yves Pouliquen, p. 139.
[2] Sur ces philosophes, voir ci-dessus, p. 50.

[9. German Critical Philosophy in Relation to Moral Education]
[9.1   Page 119]
If, in every institute, we had but one man suitably trained, we could put him in charge of morality and religion lessons as well as moral supervision, and the real principles would soon spread; because those principles are perfectly in accordance with man's nature, and experience has already shown their victorious power, especially in Germany where, in less than twenty years, critical philosophy has fought to defend every new truth against the enemies against which it must always prevail, and has triumphed in such a way that they have either been reduced to silence or have joined its defenders, to such an extent that on all the main points, the dispute can be considered definitively settled. And the results would already be more widespread among peoples if the governments took it upon themselves to do something about their morality, by establishing institutes for moral education; instead, many among them still hamper the progress of enlightenment and of morality with all the types of deceit associated with despotism. It is not surprising, therefore,

[9.2   Page 120]
if general practice remains so far behind theory. But in France, any theory can readily be put into practice; and so it must be, if the theory is true. 'The true power of the French Republic, from now on, must consist in not allowing there to be a new idea anywhere that it does not make its own', wrote the victor of Italy to the President of Your institute.[1] The hero's thought could never be applied to a more important subject than this one. These are ideas that belong to the entire nation and not only to learned individuals. Citizens, make every effort to render, as soon as possible, the pure notions of morality and religion the possessions of the French nation. I venture a proposal that seems to me to aim most directly at our goal. Send some of our young men to Germany who, after studying philosophy and the art of education in France, would, for one or two years, study critical philosophy in some German university, for instance at Jena, where Fichte teaches it, or at Kiel, where Reinhold does.[2]

---

[1] Mercier is talking about Napoleon. The passage cited here is found in a letter from Napoleon to Pierre Claude François Daunou (1761–1840), dated 26 December 1797, after Napoleon was elected a member of the *Institut*. See Yves Pouliquen, *Cabanis, un idéologue: de Mirabeau à Bonaparte* (Paris: Odile Jacob, 2013), pp. 137-39. Mercier cites Napoleon correctly here, but the context of the quote is very interesting. Napoleon highlights the importance of knowledge by saying the following: 'True conquests, the only ones that are not cause for any regret, are those that defeat ignorance. The most honourable occupation and the most useful one for all Nations is to contribute to the growth of human ideas. The true power of the French Republic, from now on, must consist in not allowing there to be a new idea that does not belong to it.' Quoted in Pouliquen, p. 139 (our translation).
[2] On these philosophers, see above, p. 51.

[9.3   Page 121]
Après leur retour, vous les répandriez par tout le pays où ils seraient les instituteurs de vos maîtres futurs. Que six ou huit années se passent, avant que Votre institution soit montée ; qu'importe ? Toute autre voie mènerait encore plus tard au but.

On dira peut-être que si la philosophie critique doit être transplantée en France, cela peut se faire par la traduction des ouvrages de Kant, dont il y en a déjà quelques-uns de traduits : à quoi bon des voyages dispendieux de plusieurs Français en Allemagne, dont ils devront outre cela apprendre la langue ? À cela je réponds. Quelque utiles que soient les ouvrages de Kant à ceux qui se sont déjà familiarisés avec l'esprit de la philosophie critique, on ne peut guère en conseiller la lecture à ceux qui veulent apprendre à la connaître. Kant a rompu la glace ; de là il est clair que plusieurs de ses disciples auront pu mieux développer ses idées que lui-même. Son style est pesant, ses périodes longues, chargées de parenthèses, il a ses termes techniques à lui. Toutes ces difficultés ont été bien diminuées par ses disciples et d'autres philosophes

[9.4   Page 122]
allemands. « Eh bien, on n'a qu'à traduire les ouvrages de ceux-ci ! » Oui, mais on aurait beaucoup à traduire ; car l'un a traité un sujet de détail et l'autre un autre ; et Vous savez d'ailleurs, Citoyens, que l'instruction de vive voix est bien préférable à celle par écrit ! On peut sur-le-champ répondre aux objections, lever les doutes, éclaircir les difficultés ; les disciples écrivent et leurs écrits sont revus ; et l'on peut ainsi dans un mois faire quelquefois plus de progrès qu'en un an à la lecture des livres. La langue s'apprend en même temps ; car il n'y faut pas une grande habileté au commencement, et les professeurs que j'ai nommés entendant le français et sachant s'expliquer en cette langue, ils seront sans doute disposés à suppléer par des instructions privées, au cas que faute d'entendre l'allemand, les étudiants ne pussent pas assister d'abord aux leçons publiques. Ces professeurs y mettront tous leurs soins, prenant un intérêt très vif à la République française.

Hâtez-Vous donc, Français, hâtez-Vous d'enseigner aux gouvernements allemands l'usage qu'ils *devraient* faire de la théorie de leurs philosophes.

[9.5   Page 123]
Ne Vous bornez pas à Vous être montrés leurs vainqueurs dans les combats ; soyez encore leurs vainqueurs dans le champ de la morale. Ce sont les plus nobles victoires ; on ne les achète point avec du sang.

Reste une dernière question. Comment nous assurer que les instituteurs et les institutrices seront toujours fidèles au devoir, selon leur règlement ?

Il nous faut sans doute y veiller ; mais ne prenons pas pour surveillants

9. GERMAN CRITICAL PHILOSOPHY

[9.3   Page 121]

Upon their return, you would scatter them throughout the country where they would be teaching your future instructors. Six or eight years might go by before Your institution is set up, but what of it? Any other path would even further delay reaching this goal.

Some might say that if critical philosophy must be introduced in France, this could be done through the translation of the works of Kant, and some of them have already been translated: why should many French students make expensive trips to Germany, on top of which they would have to learn German? My answer is: however useful the works of Kant to those already familiar with the spirit of critical philosophy, we can hardly recommend their reading to those who wish to learn it. Kant has broken new ground; it is clear that many of his disciples will have developed his ideas better than he himself does. His style is heavy, his sentences long and full of parentheses, he has forged his own technical terms. All those challenging aspects of his writing have been made less so by his disciples and other German philosophers.

[9.4   Page 122]

'Well then, we only have to translate their works!' Yes, but we would have a lot to translate; because one may have treated one subject in detail and someone else, another; and besides You know, Citizens, that teaching in person is preferable to teaching through the written word! One can reply to objections directly, dispel doubts, clarify difficulties; disciples write and their writings are revised; and this way we can sometimes make more progress in one month than in one year spent reading books. The language is learned at the same time; because it is not necessary to have great skills in the beginning; the teachers I have mentioned understand French and know how to make themselves understood in this language, and they will probably be willing to help, by means of private lessons, those students who were unable to attend public lessons initially because they did not understand German. These teachers will be utterly dedicated to their task, because they have a keen interest in the French Republic.

Hurry up, fellow French citizens, make haste, and teach German governments what use they *should* make of their philosophers' theory.

[9.5   Page 123]

Do not content Yourselves with having conquered them in battle; be their conquerors, too, in the field of morality. Those are the noblest victories; they are not bought with blood.

One last question remains. How can we make sure that teachers, male and female, will always fulfil their duty, according to their rules?

We undoubtedly need to be attentive to this; but let us not choose, as

des personnes chargées outre cela de fonctions publiques d'un autre genre. La raison en est claire ; et je crois que le mieux sera de prendre les mesures suivantes. Les instituteurs d'un arrondissement forment ensemble un collège d'éducation, auquel on associe une personne de chaque district d'école instruite dans ces matières et reconnue pour sa probité. Ces collèges ressortissent à une direction d'éducation établie dans chaque département, à laquelle ils font leur rapport tous les trois mois de l'état de l'institut, en y joignant les certificats de conduite et de progrès des élèves sortants de l'institut, dont nous avons parlé plus haut. La direction départementale, dont les membres doivent être salariés des revenus publics, a l'inspection sur toutes les maisons d'éducation

[9.6   Page 124]
de son ressort et y nomme aux places. Les membres y vont faire des visites à la volonté et s'y arrêtent plusieurs jours pour s'assurer de la marche des choses. De cette manière nous pouvons nous passer entièrement des examens publics, et en éviter les inconvénients inséparables pour la moralité. Car ils excitent presque inévitablement le point d'honneur, et deviennent le motif de l'application. Les membres de cette direction départementale peuvent être les instituteurs des jeunes maîtres ; et en ce cas, pendant que l'un fait sa visite, il faut qu'un autre remplisse sa place.

Cette direction d'éducation rend compte à une direction suprême qui est une branche du gouvernement très importante.

supervisors, individuals who in addition have official public duties of another kind to perform. The reason is clear; and I believe it would be best to take the following measures. Together, the teachers of a borough will form a college of education to which will be affiliated a person from every school district; this individual will have been trained in these matters and will be renowned for his integrity. These colleges will answer to an education board established in every region and to which they will give, every third month, an update on the state of the institute and attach to their report the certificates of conduct and progress of the students about to leave the institute, as we mentioned earlier. The governing board at the regional level, whose members must be public employees, is responsible for inspecting all the educational institutions

[9.6   Page 124]
and for nominating their people to positions. Members will visit these institutions at will and stay several days to ensure the smooth running of things. This way, we will not need public inspections and we can avoid the disadvantages that they bring with regard to morality. Because they almost inevitably awaken one's sense of honour and become a motive for diligence. The members of this governing board can be the instructors of younger teachers; and in this case, while one completes his inspection, another must take his place.

This governing board will answer to a supreme board, which is a very important branch of government.

[10. Moyens pour développer les lumières morales et la discipline morale chez les adultes]

[10.1   Page 124]

Nous avons encore à chercher les moyens de fonder la moralité des adultes c'est-à-dire *les moyens de lumières et de discipline morales pour les adultes*.

Certes, les adultes ont bien besoin de nos soins ; car leur moralité a été jusqu'ici assez mal fondée. Et en rabattant de la faute tout ce qui peut en retomber sur chaque

[10.2   Page 125]

individu, il en reste encore une grande, et peut-être la plus grande part sur le compte de ceux qui étaient chargés principalement de cultiver la morale du peuple, c'est-à-dire des *prêtres*. Ils avaient, comme ils disaient, cure d'âmes ; mais cette cure, ils l'ont gérée de manière à ce que nous n'oserions nous charger de leur défense contre le sort qu'ils ont eu en France. — Mais, en laissant, selon le droit inviolable de toute profession de foi, pleine liberté à tous les cultes, tant que l'ordre et la sûreté publiques ne courent aucun danger de la part des sectes religieuses : il ne nous est rien moins qu'indifférent quels dogmes on débite au peuple sous le nom de religion, et quelle est la forme du culte. Nous savons l'étroite liaison qui règne entre la religion et la morale. Si nous lâchons la main aux prêtres de la superstition, ils vont miner la morale du peuple ; quelques mesures que nous puissions prendre d'ailleurs pour la fonder, nous aurons peine à leur résister, les moyens qu'ils ont en main, étant tous les plus puissants pour diriger les sentiments moraux. Mais que ferons-nous, n'ayant pas le droit

[10.3   Page 126]

d'interdire ni d'employer la contrainte ? Il faut tâcher, sans moyens de force, de faire en sorte que le peuple refuse d'écouter les prêtres de la superstition, les abandonne de son plein gré, et leur préfère nos prédicateurs de la morale et de la religion. On n'y réussira pas tout d'un coup ; cependant le succès sera assez rapide en s'y prenant de la manière suivante.

Chaque commune est libre de se choisir son ministre de la religion ; mais nous de notre côté, nous établissons *où nous pouvons* quelques modèles d'assemblées de dévotion, où l'on propose la morale et la religion pures, et où tous les rites, simples et relevés, aient une forme morale.

Voilà déjà un moyen de lumières morales pour les adultes, savoir : des *discours publics*.[x]

---

[x] Pour les adultes la morale et la religion ensemble sont un seul moyen de lumières morales ; car nous ne saurions employer ici, comme avec la jeunesse, chaque moyen à part méthodiquement, quelque nécessaire que cela pût être. Il s'entend de soi même que nous ne perdons pas pour cela de vue les vrais rapports de la religion et de la morale entre eux, et qu'il faut nous appliquer à fonder également ici la religion sur la morale, puisque c'est à cette condition seulement que la religion peut être en effet utile à la morale.

[10. The Means of Achieving Moral Enlightenment and Moral Discipline for Adults]

[10.1   Page 124]

It remains to be seen how to establish the morality of adults, that is to say, *the means of moral enlightenment and of moral discipline for adults*.

To be sure, adults need our care, for their morality has until now been rather neglected. And even if we place the blame on every

[10.2   Page 125]

individual who may have played a part in this, there is still a great, and perhaps the greatest, part of the blame that falls on those whose main responsibility it was to cultivate the people's morality, that is to say *priests*. They had, as they claimed, the care of souls; but they undertook this in such a way that we would not dare defend them against the fate with which they met in France. — But, in accord with the inviolable rights of all religions, granting full freedom to all forms of worship, as long as order and public security are not at risk from religious sects, it is utterly indifferent to us which dogmas are sold to people in the name of religion and what guise worship assumes. We are aware of the close connection between religion and morality. If we give free rein to superstitious priests, they will undermine the morality of the people; we will have trouble resisting them, no matter what measures we take to build morality among the people, since the means that the priests have at their disposal are the most powerful when it comes to manipulating feelings of morality. But what will we do, as we have the right neither

[10.3   Page 126]

to prohibit nor to use constraint? Without using force, we must strive to ensure that people refuse to listen to superstitious priests, that they willingly abandon them, in favour of our preachers of morality and religion. We will not succeed all at once; however, success will come quickly enough if we proceed as follows.

Every municipality is free to choose its minister of religion; but for our part, we create *where we can* a few models for worship assemblies, in which we propose pure morality and religion, and where all the simple and nobler rites take a moral form.

There is already a means of moral enlightenment for adults, namely: *public speeches*.[x]

---

[x] For adults, morality and religion together are the one and only way to moral enlightenment; for we cannot use here, as with youth, every means on its own, methodically, however necessary this might be. It is obvious that we are not losing sight of the real connections between religion and morality, and that we must apply ourselves also in basing religion on morality, since it is only in doing so that religion can indeed be useful to morality.

[10.4   Page 127]
Qui fera ces discours ; et nous faut-il pour cela un homme exprès, ou bien admettrons-nous tout homme instruit et capable de parler en public ; comme un membre de la municipalité ou tout autre fonctionnaire ? Oui, Citoyens, si nous n'avons à lui demander autre chose qu'un discours à certaines époques, à chaque décade peut-être. Mais tant s'en faut que cela suffise aux besoins du peuple. Et quand même le peuple aurait beaucoup plus de culture morale, et que les élèves de nos instituts fissent la majorité, il y faudrait bien autre chose que des discours publics pour assurer la liberté morale, le fondement de la moralité. Nous verrons successivement ce qu'il y faut de plus, à mesure que nous indiquerons nos moyens, et pour le présent nous admettons que chaque commune a besoin d'un docteur ou maître de morale et de religion exprès ; et si après que nous aurons expliqué les fonctions, on trouve encore qu'il soit superflu, on n'aura qu'à le rejeter. Disons encore un mot des discours.

Il ne suffit pas pour leur destination qu'ils traitent de sujets relatifs à la religion

[10.5   Page 128]
et à la morale, mais ils doivent être faits sur des principes de morale et de religion *pures* ; ne point se borner à des généralités, mais entrer dans les détails de la vie, et particulièrement de ceux à qui ils s'adressent. Il faut donc que l'orateur connaisse bien l'état moral de ses auditeurs, qu'il l'ait toujours devant les yeux en composant ses discours ; que son style soit accommodé à son sujet et à la portée de son auditoire, qu'il soit noble et populaire. Ces conditions essentielles des sermons moraux et religieux sont déjà telles qu'un fonctionnaire civil, quelque habile et éclairé qu'il soit, ne pourra guère les remplir parfaitement. Car pour s'en bien acquitter, il faut avoir étudié à fond la morale et la religion et l'étudier tous les jours ; il faut avoir de la marche de l'esprit et du cœur humain une connaissance philosophique, vérifiée par l'expérience, et l'augmenter journellement. Ces études demandent bien plus de loisir et d'application qu'un fonctionnaire public n'en peut distraire des devoirs de sa charge. Ne jugeons pas des discours qu'il nous faut, par les sermons ordinaires,

[10.6   Page 129]
qui n'ont jamais eu guère d'influence sur la moralité du peuple ; raison de plus de pourvoir à des sermons plus convenables.

Parlera-t-on aussi de la religion chrétienne dans les discours publics ? Nous avons déjà satisfait affirmativement à cette question quant au fond de la chose, en parlant de la jeunesse ; et nous ajoutons ici que sans doute parmi les citoyens français, surtout dans les campagnes, un bon nombre, et nous oserions bien dire la plupart, ont le cœur attaché au christianisme. Si nous voulons que cette partie

10. THE MEANS OF ACHIEVING MORAL ENLIGHTENMENT

[10.4 Page 127]

Who will make these speeches; and do we need for that an officially designated man, or will we accept any educated man who is able to speak in public; like a member of the municipality or any other civil servant? Yes, Citizens, if we do not have anything else to ask of him but a speech at certain times, maybe every *décade*. But this will hardly be enough to meet the needs of the people. And even if the people did have a higher level of moral culture, and students from our institutes made up the majority of the population, we would still need far more than public speeches to ensure moral freedom, which is the foundation of morality. We will see successively what more is needed, as we go along indicating our means; for the time being, we acknowledge that every municipality needs a designated doctor or teacher of morality and of religion; and if after we have explained their role, we find that it is a superfluous one, it will be easy enough to do away with it. Let us say one more thing about the speeches.

It is not enough that they deal with subjects related to religion

[10.5 Page 128]

and morality, but they must be made according to principles of *pure* morality and religion; they should not keep to mere generalities, but enter into the details of life, and particularly the lives of those whom they are addressing. The speaker therefore ought to know the moral state of his listeners, and always have it in mind when writing his speeches; his style must be adapted to his subject and be accessible to his audience, it must be both elevated and popular. These essential conditions for moral and religious sermons are already such that no civil servant, however skilled and enlightened he is, will be able to fulfil them perfectly. Because, to fulfil them satisfactorily, one must have thoroughly studied morality and religion and still study it every day; one needs to have a philosophical knowledge of the human mind and heart, confirmed by experience, and to increase it daily. These studies require much more time and practice than what a public servant can afford because of his workload. Let us not draw conclusions about what speeches we need based on ordinary sermons,

[10.6 Page 129]

which have never had any significant influence on the morality of the people; another good reason to provide more suitable sermons.

Will we also talk about the Christian religion in public speeches? We have already affirmatively responded to this question and to its significance when we spoke of youth; and we add here that no doubt a good number of French citizens, especially in the countryside, and we dare say the majority of them, are attached to Christianity. If we want this considerable part of the nation to participate in

considérable de la nation prenne part à la propagation des lumières morales que nous avons en vue, nous atteindrons bien plus aisément le but en tâchant d'introduire un christianisme pur, que si nous nous obstinons à établir partout une pure religion de la raison, quoique d'après nos notions du christianisme, il n'ait dans le fond aucune différence entre l'une et l'autre. Si nous annonçons une pure religion raisonnée, tous ces citoyens

[10.7   Page 130]
dont nous parlons ne voudront pas nous écouter et ils seront disposés à nous prêter l'oreille dès que nous leur parlerons de christianisme, et dès lors ils nous seront gagnés, pourvu que nos docteurs soient propres à leurs fonctions.[1] Mais c'est beaucoup dire *être propre à leurs fonctions*. Car, Citoyens, il ne nous faut surprendre personne, en accordant comme des vérités les erreurs favorites des auditeurs ; nous devons les convaincre de leurs erreurs et les en délivrer, en présentant la vérité d'une manière insinuante et intelligible pour chacun. Si Vous procurez des docteurs publics capables de remplir cette tâche et fidèles à s'en acquitter, Vous n'aurez pas à craindre que le reste de la nation lui veuille substituer la religion naturelle au catholicisme, porte au *christianisme* une aversion invincible ; ils comprendront successivement qu'il n'est point du tout nécessaire de mener la raison captive pour être chrétien. Il pourra se trouver un troisième parti, peut-être nombreux, qui ne voudra aucune religion. Il serait difficile d'imaginer, pour les ramener, un meilleur moyen que celui que nous proposons,

[10.8   Page 131]
en supposant toujours que nos docteurs du peuple sont capables de leurs fonctions. De cette manière le christianisme pur pourrait devenir le point de réunion du superstitieux, du naturaliste et de l'incrédule ; les dangereuses fermentations de l'esprit de parti cesseraient peu à peu, se perdant dans l'heureuse harmonie d'une conviction raisonnable de la morale et de la religion. Dans ce dessein, l'extrait proposé ailleurs du Nouveau Testament[2] serait le principal catéchisme du peuple, mais non sa seule lecture de religion et de morale. Car nous recommandons comme second moyen de lumières morales

---

[1] Mercier tâche ici de réconcilier la raison et la foi en préconisant une moralité universelle que l'on peut reconnaître dans les postulats les plus basiques du christianisme. Il prétend qu'« [i]l faut une religion aussi simple dans son culte et dans son dogme que la religion protestante pour permettre un accord parfait entre les deux autorités ecclésiastiques et civiles ». Mercier, BA, Fonds Mercier, MS 15085 (1), Histoire, Politique, p. 327. Mercier plaint le peuple et cherche à le réconforter en lui disant que quelle que soit sa souffrance, il sera récompensé ; par exemple, il dit que Dieu « récompensera leur soumission » et qu'il « compte leurs soupirs ». Ibid., p. 318.
[2] Mercier fait référence à Matthieu 5. 48 à la page 65 du manuscrit (ci-dessus, p. 102).

the propagation of the moral enlightenment that we envisage, we will achieve this goal much more easily by attempting to introduce a Christianity that is pure, rather than by stubbornly trying to establish everywhere a pure religion of reason, although according to our own understanding of Christianity, there is ultimately no difference between the two. If we announce a pure religion of reason, all the citizens

[10.7   Page 130]

whom we are talking about will not want to listen to us, but they will be willing to lend us an ear as soon as we mention Christianity, and from that moment on, we will have won them over to our cause, provided that our spiritual leaders are competent in their functions.[1] *Being competent in their functions* is saying a lot. Because, Citizens, we must surprise no-one by acknowledging as truths the favourite errors of the listeners; we must convince them of their errors and free them from these errors by introducing truth in a gentle and skilful way that is intelligible to everyone. If You provide public doctors who are able to carry out this task and are faithful in doing so, You will not have to fear that the rest of the nation will want to substitute natural religion for Catholicism, will nourish an invincible aversion for Christianity; they will understand little by little that being Christian does not imply the confinement of reason. There could be a third group, maybe a large one, who will want no religion at all. It would be hard to imagine a better way to bring them back into the fold than the one that we are proposing,

[10.8   Page 131]

if we suppose, as always, that our doctors of the people are capable in their functions. This way, pure Christianity could become the meeting point of the superstitious, the naturalists and the unbeliever; the dangerous fermentations of partisan spirit would slowly cease and be absorbed into the untroubled harmony of a reasoned belief in morality and religion. For this purpose, the excerpt of the New Testament proposed earlier[2] would be the principal catechism of the people, but not their only reading matter on morality and religion. Because we recommend *popular writings* as a second means of moral

---

[1] Mercier is attempting to reconcile reason and faith here by promoting a type of universal morality that can be discerned in the most basic postulates of Christianity. He claims that 'a religion is needed that is as simple in its worship and its dogma as the Protestant religion in order to allow perfect harmony between the ecclesiastical and civil authorities'. Mercier, BA, Fonds Mercier, MS 15085 (1), Histoire, Politique, p. 327 (our translation). Mercier pities the people and tries to comfort them; for example, he states that the people must know that God 'will reward their submission' and that he is 'counting their sighs'. Ibid., p. 318 (our translation).

[2] Mercier refers to Matthew 5. 48 on page 65 of the treatise (above, p. 103).

pour les adultes, *des écrits populaires*.

Nous savons par expérience, Citoyens, ce que peuvent des brochures qui ont la vogue, pour diriger l'opinion et le ton régnant. Quels effets prodigieux les proclamations faites dans les armées et parmi la nation durant la révolution n'ont-elles pas produits ou du moins favorisés ! Puisque nous voulons favoriser et assurer la moralité, ne négligeons pas ce moyen ! l'amour de la vertu

[10.9   Page 132]

mérite bien autant que l'amour de la patrie d'être excité par des invitations publiques. Il est vrai que l'invitation doit être un peu différente ; car notre intention n'est pas d'enflammer des passions ; notre dessein est d'instruire, de fonder la conviction sur la connaissance et de faire ainsi respecter la morale. Dans ces vues, il faut que le style de vos écrits populaires soit plus doux que celui des adresses ordinaires. Mais ne craignez pas pour cela qu'ils manquent le but, ou qu'on refuse de les lire ; le peuple aime à lire, pourvu qu'il trouve des lectures à sa portée et en rapport avec ses intérêts. La morale et la religion intéressent le peuple, et plus généralement que toute autre affaire. Celui qui en douterait, pourrait s'en convaincre par l'expérience journalière et par l'histoire. Il n'y a dans les cercles peut-être aucun sujet de conversation qui excite un si vif intérêt. Et qu'est-ce que l'histoire nous apprend au sujet de la religion ? Dès qu'il s'agissait d'elle, quels mouvements, quels violents efforts de tous les côtés ! D'où il s'ensuit que la morale et la religion sont l'affaire du peuple, et une affaire qui lui tient fort au cœur ; elles ne peuvent être indifférentes

[10.10   Page 133]

qu'à ceux dont, malgré la culture de leur esprit, les principales facultés ont été oubliées. En général, le peuple lira certainement avec intérêt les petits ouvrages que nous imaginons, surtout ces livres ne devant point être des abrégés d'école secs et décharnés. L'histoire du jour servira de véhicule, tantôt à une vérité et tantôt à une autre, et de moyen pour attaquer les préjugés. Souvent la narration n'a d'autre usage que de donner à penser sur quelque opinion invétérée, sur quelque ancien usage, qui n'ont de soutien que leur vieillesse. Ces ouvrages pourraient prendre la forme de gazette nationale ; on pourrait fort bien y admettre les principales nouvelles politiques ; y joindre à la morale et à la religion des connaissances utiles à tous, comme des notions d'économie morale, des arts et métiers, du régime, etc. On y attaque des préjugés, le règne de l'erreur croule, celui de la vérité s'établit ; et la vérité de quelque nature qu'elle soit, en se répandant avance toujours le progrès de la moralité.

Les écrits populaires ne seront pas seulement

enlightenment for adults.

We know from experience, Citizens, what fashionable pamphlets can do to influence general opinion and the reigning mood. During the Revolution, what prodigious effects were produced, or at least promoted, by proclamations made in the armies and in the nation! Since we want to promote and ensure morality, we should not neglect this means of doing so! The love of virtue

[10.9   Page 132]
just as much as love of country merits the excitement that public gatherings bring. It is true that the invitation must take a slightly different form, because our intention is not to inflame people's passions; our mission is to educate, to create conviction on the basis of knowledge and thus to make people respect morality. Bearing all this in mind, the style of your public writings must be gentler than that of ordinary addresses. But do not fear that because of this they will fall short of their goal or that the people will refuse to read them; the people like to read, as long as the readings are accessible to them and related to their interests. Morality and religion are of interest to the people, and generally more than anything else. Anyone who might doubt this would be convinced otherwise through daily experience and through the study of history. In social gatherings, there is perhaps no topic of conversation that stirs up a keener interest. And what does history teach us about religion? As soon as religion is involved, what agitation, what violent reaction from all sides! It follows from this that morality and religion are the people's concern, and a concern that is dear to their hearts; the only people who can be indifferent

[10.10   Page 133]
to them are those who have forgotten their main faculties in spite of the cultivation of their mind. In general, the people will certainly read with interest the short writings that we envisage, especially since these books must not be dry and bare-bones school-style digests. The story of the day will be a vehicle now for one truth and then another, and a way to fight against prejudices. Often, the narrative will have no other use than to initiate thinking on a deep-rooted opinion, on some ancient practice that have nothing more to support them but the fact that they are old. Those works could take the form of a national gazette; it could feature the most important political news; it could include, along with morality and religion, useful knowledge for all, such as notions of moral economics, arts and trades, the government, and so on. They would fight against prejudices, the reign of error would crumble and the reign of truth would be established; every type of truth, when disseminated, always helps morality to gain ground.

The popular writings will not only take

[10.11   Page 134]
dans la forme des feuilles volantes ; ils pourront être aussi de petits livres. De cette manière, Citoyens, on peut exercer sur la moralité du peuple une influence puissante, pourvu qu'on sache s'y prendre. Mais qui sera chargé de cette affaire ? Nous ne manquons pas de journalistes, il est vrai, et si l'on tournait leur attention sur ces objets, ils ne se refuseraient pas sans doute à nos vœux. Mais il n'est point indifférent qui se chargera de cet emploi ; et nous demandons ici les mêmes soins que nous avons exigé pour les discours publics à la différence du style près, qui naturellement doit être tout autre. Un journaliste pourra bien en être l'éditeur et en faire les articles politiques ; mais pour la partie morale, nous ne savons personne pour s'en acquitter aussi bien que nos orateurs publics ; et ils en doivent fournir au moins la plus grande partie ; car c'est à eux à savoir ce dont le peuple a besoin, comment s'ouvrir l'antre de leur esprit ; c'est ceux aussi qui doivent répandre les écrits. Il faut donc les mettre

[10.12   Page 135]
en état de les distribuer gratis aux citoyens pauvres, de peur que la pauvreté ne devienne une exclusion des lumières morales.

Ces gazettes, ces brochures, ces petits livres deviendront le sujet des conversations ; on débattra les opinions diverses, et, en général, le plus sensé entraînera toujours le plus grand nombre de voix. On voit que ce moyen doit augmenter le nombre des sectateurs de notre culte raisonnable ; et pourvu qu'il y ait dans un village *un* homme intelligent, bientôt toute la commune se laissera amener à des principes raisonnables ; et elle demandera un culte qui satisfasse et éclaire leur raison, tel qu'ils voient dans leurs papiers nouvelles, qu'on en a établi ailleurs. Voilà une manière de répandre un culte raisonnable sans contrainte, d'après le libre choix et la conviction publique, en un mot, comme on *doit* l'introduire.

10. THE MEANS OF ACHIEVING MORAL ENLIGHTENMENT

[10.11   Page 134]

the form of flyers; they can also be small books. This way, Citizens, we can exercise a powerful influence on the morality of the people, as long as we know how to go about it. But who would be responsible for this project? We do not lack for journalists, it is true, and if we were to turn their attention to these matters, undoubtedly, they would not turn down our invitation. But who takes charge of this work is an important matter and we request in it the same care that we have required for public speeches, the only difference being that the style would have to be completely different. A journalist could be the editor and write the political articles, but when it comes to morality, we do not know anyone who would do the work as well as our public speakers; and they need to provide at least the majority of them; because they are the ones whose job it is to know what the people need and how to gain access to the depths of their mind; they are also the ones who should circulate such writings. We must therefore make sure that

[10.12   Page 135]

they are in a position to distribute them for free to poor citizens, for fear that poverty should result in exclusion from moral enlightenment.

These gazettes, brochures and small books will become the subject of conversations; people will debate their diverse opinions and, in general, the most sensible will always carry the greater number of voices. We see that this means must increase the number of sectarians of our reasonable religion; and as long as there is *one* intelligent man in a village, soon the whole community will be brought round to reasonable principles; and they will ask for a religion that can satisfy them and enlighten their minds, such as they see, in newspapers, that we have established elsewhere. This is a way to spread a reasonable religion without forcing anyone, using freedom of choice and public conviction, in one word, as one *ought to* introduce it.

[11. Moyens efficaces pour combattre les préjugés moraux et religieux]
[11.1   Page 136]
Passons à l'attaque des *préjugés moraux et religieux*.

Les moyens sont les mêmes que ceux de la propagation des lumières, c'est-à-dire les discours publics et les écrits populaires ; et quant à la méthode, nous ne pouvons qu'insister sur ce que nous en avons dit à l'article de la jeunesse : l'attaque la plus sûre est l'indirecte, de miner doucement les préjugés en développant la vérité dans les esprits. Les ténèbres du préjugé disparaissent à la lumière de la vérité, ainsi que celles de la nuit aux rayons du soleil. Mais il y a tant de préjugés que cette méthode n'est pas toujours applicable ; et il faut quelquefois déblayer pour faire place à la vérité, et par conséquent attaquer directement les préjugés. — Nous ne saurions épuiser la matière, qui serait le sujet d'un gros livre ; et nous nous bornerons à indiquer les principales espèces de préjugés les plus universelles et les plus nuisibles.

Et d'abord, les moraux : 1. ceux du

[11.2   Page 137]
libertinisme.

On tient la morale pour une invention de l'Église, et la justice pour une invention sociale ; dont l'une n'a pour objet que de troubler nos plaisirs et l'autre de maintenir l'ordre apparent. De là on conclut que l'homme n'a qu'à éviter les peines civiles, et que d'ailleurs il peut vivre au gré de ses désirs ; la conscience n'étant qu'un préjugé imbécile des âmes timorées.

Et ce préjugé, hélas ! n'est pas rare, surtout parmi les jeunes gens, qui y trouvent le moyen le plus sûr de se tranquilliser sur leurs écarts. Triste fruit de la négligence absolue de la raison pratique, et comme il est le produit du désordre, il est destructif de toute morale, et devient à son tour le ferme appui de l'immoralité.

2. Les préjugés de *la prudence*. On confond l'utile et l'honnête, l'avantage avec la justice, et on prend les mœurs pour la moralité. Le prudent méconnaît la loi morale tout autant que le libertin ; il emploie bien son intelligence, et même sa raison, mais seulement au service de la sensualité ; et il est aisé de voir que ce préjugé

[11.3   Page 138]
devait attirer nombre de sectateurs, d'après la manière usitée jusqu'ici de présenter la morale. Car tant qu'elle partait du *principe du bonheur*, la morale elle-même ne pouvait être autre chose qu'une leçon de prudence. Si ceux qui admettent ce principe n'agissaient pas quelquefois plus moralement qu'ils ne raisonnent, nous ne pourrions nous promettre d'eux aucune action morale et

[11. Effective Ways of Undoing Moral and Religious Prejudice]
[11.1   Page 136]
Let us proceed to the tackling of *moral and religious prejudice*.

The means are the same as for the propagation of enlightenment, that is to say, public speeches and popular writings; as to the method, we can only emphasize what we have said concerning youth: the best way of attacking them is indirect, it consists of slowly undermining prejudices by developing truth in the minds of people. The darkness of prejudice is dispelled by the light of truth, like nighttime vanishing with the dawn. But there is so much prejudice that this method is not always applicable; we must sometimes clear the path to make space for truth and, consequently, attack prejudices directly. — It would be impossible to treat this subject fully, as it could be the subject of a large book; and we shall confine ourselves to mentioning the main kinds of prejudices, the most universal and harmful ones.

First, the moral ones: 1. those of

[11.2   Page 137]
libertinism.

Morality is regarded as an invention of the Church and justice as a social invention; the first has no other purpose than to get in the way of our pleasures and the other to maintain apparent order. From this, people conclude that man has only to avoid civil penalties, and that, apart from that, he can live according to his desires; conscience being no more than an imbecilic prejudice of timorous souls.

And this prejudice, alas, is not rare, especially among young people who find in it the best means to stop worrying about their wayward behaviour. It is the sad result of the absolute negligence of practical reason, and since it is the product of disorder, it destroys all morality and becomes, in turn, the steadfast support of immorality.

2. The prejudices of *prudence*. We confuse what is useful with what is honest, and what is beneficial with what is just, and we mistake mores for morality. The prudent man is just as unaware of moral law as the libertine is; he uses his intelligence well, and even his reason, but only to for purposes of sensuality; and it is easy to see why this prejudice

[11.3   Page 138]
would attract many followers, because of the usual way in which morality has been presented until now. For, as long as it was rooted in *the principle of happiness*, morality itself could not be anything else but a lesson in prudence. If those who accept this principle did not sometimes behave more morally than they think, we could not expect of them any moral and disinterested

désintéressée ; car l'intérêt est leur principe. Ils peuvent bien quelquefois en vertu de ce principe faire des actes désintéressés en apparence, par exemple pour le bien public ; mais ce qu'ils en font n'est jamais que dans l'idée d'assurer ainsi d'autant mieux leur intérêt personnel, et par conséquent l'acte le plus patriotique, dicté par la prudence n'aurait aucune bonté morale. Mais, comme nous l'avons dit, il semble que quelques-uns d'eux agissent quelquefois en vérité moralement, sans quoi il y aurait encore bien moins de moralité dans le monde qu'il n'y en a, vu que ce préjugé a beaucoup d'adhérents ; et nous trouvons ici le cas que l'inconséquence devient vertu. Mais certes il est triste de n'attendre que de l'inconséquence la moralité qui doit être la conséquence même.

[11.4   Page 139]
3. Les préjugés de la morale *sentimentale*.

On entend par vertu des actions prétendues nobles et grandes ; mais on mesure cette valeur, non sur la loi morale, mais sur le degré du sentiment qu'elle suppose ou qu'elle inspire. Les adhérents de ce préjugé se partagent en deux classes, celle des sentiments tendres, et celle des sentiments héroïques. Chez les uns par exemple la bienfaisance est encore vertu, quoique exercée aux dépens de la justice ; chez les autres une action hardie, au mépris de l'humanité, est une valeur digne de louange ; et des deux côtés la conscience modeste et sans éclat est de peu d'importance ; c'est la passion qui doit inspirer pour mériter leurs éloges.

Ces préjugés sentimentaux sont-ils communs parmi nous ? — Il n'y a que peu d'années qu'il suffisait d'entrer dans un cercle de femmes pour entendre vanter avec mille exclamations la délicatesse des sentiments et la noblesse des actions. L'héroïsme ne trouvait pas alors tant d'approbateurs. La révolution a changé les goûts. Aujourd'hui non seulement dans les assemblées de citoyens

[11.5   Page 140]
zélés, mais aussi dans les cercles des femmes, on vante d'après les principes de la morale héroïque les actions courageuses avec un enthousiasme qui ferait croire qu'on ne connaît pas de vertu plus sublime que la valeur guerrière. — « Et cela n'est-il pas vrai ? » — Nous ne nions pas que la valeur guerrière ne soit quelquefois une haute vertu ; mais d'un autre côté, nous ne saurions trahir la vérité : la valeur qui ne vient que de passion n'a aucune moralité. Car, y a-t-il dans le fond quelque chose de plus absurde que de faire naître la vertu de la passion ? Quiconque donc vante comme vertueux des actes de courage, sans en connaître les motifs, juge d'après le préjugé de la morale sentimentale ; ce qui n'est point du tout rare. Autrefois, la morale sentimentale régnait plus entre les personnes d'éducation, plus dans les villes que dans les campagnes ; mais aujourd'hui durant la guerre, la morale héroïque s'est répandue par toute la nation.

action because interest is their principle. They can at times, by virtue of this principle, appear to act in a disinterested manner, for example, in the case of public good, but what they do is always based on self-interest; consequently, the most patriotic act, dictated by prudence, would have no moral good. But, as we have said, it seems that a few of them sometimes act indeed in a moral way, otherwise there would be even less morality in the world than there is, since this prejudice has many followers; and we find here a case in which thoughtlessness becomes virtue. Surely it is sad to expect that morality should be the by-product of thoughtlessness, when it should itself be the most important thing.

[11.4   Page 139]
3. Prejudices of *sentimental* morality

By virtue, we often mean actions that are presented as noble and great, yet we do not measure this value according to moral law, but according to the degree of feeling that it implies or inspires. Those who adhere to this prejudice are divided into two classes, that of tender feelings and that of heroic feelings. As an example, for some, charity is still a virtue although practised at the expense of justice; for others, bold action without taking humanity into account is valour worthy of praise; and on both sides, a modest and unostentatious conscience is of little importance; it is passion that must inspire in order to deserve praise.

Are those sentimental prejudices common among us? — Only a few years ago, all one needed to do was to enter female society to hear, accompanied by a thousand exclamations, praise for refinement of feelings and for nobleness of actions. Heroism did not, then, find as many endorsers. The Revolution changed these inclinations. Today, not only in zealous citizens' assemblies

[11.5   Page 140]
but also in women's circles, based on the principles of heroic morality, they praise courageous actions with such enthusiasm that it would make us believe that we know of no virtue more sublime than warlike valour. — 'And is this not true?' — We do not deny that warlike valour is sometimes highly virtuous; but on the other hand, we cannot betray the truth: valour that only comes from passion has no morality at all. Because, in the end, is there anything more absurd than to claim that virtue can originate in passion? Therefore, whoever praises acts of courage as being virtuous, without knowing their motives, judges according to the prejudice of sentimental morality, which is not at all uncommon. In the past, sentimental morality was more prevalent among educated people, more in the city than in the countryside; but today, in a time of war, heroic morality has spread throughout the nation.

« Mais le patriotisme ne perdrait-il pas à la suppression de ce préjugé ? » Nous n'avons point à répondre à cette question, puisque nous ne cherchons pas les moyens de fonder le patriotisme, mais bien d'établir

[11.6   Page 141]
la moralité ; et nous avons montré en parlant de la jeunesse, comment la morale pure produit le patriotisme. Nous remarquons seulement, que la ruine de la morale sentimentale pourrait bien ôter au patriotisme ce qu'il emprunte de féroce, de furieux, d'inhumain, d'immoral en un mot, lorsqu'il est inspiré par la passion : mais serait-ce là une perte réelle ? ce serait bien plutôt un gain inestimable, tant pour le caractère des Français, que pour la prospérité de la République et pour la culture de l'humanité.

Passons aux *préjugés religieux*.

Quelle foule de monstres se présentent à nos regards ! Il n'est pas difficile de les caractériser ; mais bien de les combattre ; nous n'indiquons que les principaux.

1. Les préjugés de la *superstition*. Ce sont les restes de la hiérarchie et de la prêtrise ; monstrueux rejetons de la stupidité, du fanatisme et de l'avidité, nourris durant des siècles entiers. Qui ne connaît ces dogmes absurdes de péché originel, de satisfaction, de pardon des péchés ; ces messes, ces rosaires, ces communions, ce culte des saints, et tout

[11.7   Page 142]
ce qui en dépend ? Il n'est que trop certain que ces chimères remplissent encore bien des têtes dans la nation ; mais il est tout aussi certain que nous devons nous hâter de les en bannir, si nous voulons établir la moralité. Il ne s'agit que de trouver la bonne méthode, de peur de chasser les démons par Belzébuth ; ce qui malheureusement n'est arrivé et n'arrive encore que trop souvent. De là vient qu'aujourd'hui que notre ancien ennemi, la superstition, a été plus d'une fois vaincu et a perdu une grande partie de ses forces, de nouveaux ennemis nous appellent au combat ; ces ennemis sont les préjugés du naturalisme et de l'incrédulité.

2. Les préjugés du *naturalisme*. Si l'on s'étonne de nous voir accuser le naturalisme des préjugés, nous renvoyons à la note de la page 62, etc. où nous parlons de l'idée de Dieu comme simple fabricateur de l'univers.[1] On peut dire, il est vrai, que la religion que nous avons proposée est elle-même naturaliste ; mais il faut bien distinguer entre la nature du monde physique et la nature de l'homme.

[11.8   Page 143]
Le naturalisme qui est en vogue prétend de puiser la religion dans celle-là ; mais

---

[1] Voir chapitre 4, page 62 (ci-dessus, p. 96).

'But would patriotism not be weakened if this prejudice were suppressed?' We do not need to answer this question, since we are not searching for ways to create patriotism, but rather to establish

[11.6   Page 141]
morality; and when speaking about young people, we showed how pure morality leads to patriotism. We are only noting that the destruction of sentimental morality could well remove from patriotism what makes it ferocious, furious, inhuman, in a word, immoral, when it is inspired by passion: but would that be a real loss? It would rather be an invaluable gain for the character of the French people as well as for the prosperity of the Republic and the culture of humanity.

Let us move on to *religious prejudices*.

What crowd of monsters appears before our eyes! It is not difficult to characterize them, but it is to combat them. We shall only mention the main ones.

1. Prejudices of *superstition*. They are the remains of hierarchy and of priesthood; monstrous offshoots of stupidity, fanaticism and greed fostered over centuries. Who does not know those absurd dogmas of original sin, of satisfaction, of forgiveness of sins; those masses, those rosaries, those communions, the cult of saints and of everything

[11.7   Page 142]
that depends on it? It is only too obvious that in the nation many heads are filled with these chimeras; but it is also just as clear that we must make haste to banish them if we wish to establish morality. We only need to find the right method, for fear of chasing demons with the help of Beelzebub if we are unsuccessful; which unfortunately, has happened and still happens too frequently. It is for this reason that nowadays superstition, our old enemy, has been repeatedly defeated and has lost a great part of its strength; new enemies call upon us to fight; those enemies are the prejudices of naturalism and of incredulity.

2. The prejudices of *naturalism*. If one is surprised to see us accuse naturalism of prejudices, we refer to our note on page 62 etc. in which we discuss the idea of God as mere maker of the universe.[1] It can be argued, it is true, that the religion we proposed is itself naturalist, but we must distinguish clearly between the nature of the physical world and the nature of man.

[11.8   Page 143]
The kind of naturalism that is fashionable these days claims to draw religion

---

[1] See Chapter 4, page 62 (above, p. 97).

tout ce qu'il y a de morale dans cette religion est en effet puisé dans celle-ci ; et c'est chez plusieurs naturalistes de cette sorte le bon sens qui corrige les fautes de leur système. Ce n'est donc pas du tout notre dessein de les inculper ici en général, et nous estimons parmi eux bien des savants et respectables. Ce n'est pas leur faute si leur religion est bâtie sur un fondement ruineux ; c'est la faute de la philosophie, telle qu'elle a été jusqu'à nos jours, et dont nous avons donné plusieurs traits dans ce discours. La propagation de ce système parmi le peuple a été tentée par plusieurs dans les meilleures intentions. Malgré tout cela, il n'en est pas moins vrai qu'une religion qui n'est pas fondée uniquement sur la morale ne saurait contenir la vérité pure et sans mélange, et ne saurait par conséquent avoir sur la morale l'influence salutaire que nous en espérons.[2]

[11.9   Page 144]
Enfin 3. les préjugés de *l'incrédulité*.

Rejeter toute religion, ou prétendre que l'homme peut se passer fort bien de religion, est quelque chose de si contraire au bon sens, qu'aucun homme ne soutiendrait sérieusement cette opinion, s'il savait ce qu'emporte cette assertion, et que c'est la même chose que s'il soutenait : *l'homme peut fort bien se passer de contentement*. Car sans religion, nul mortel ne peut parvenir à un contentement parfait, pas même par la vertu. Il est bien vrai que la vertu seule conduit l'homme au contentement avec lui-même ; mais il n'y a que la religion qui puisse le rendre content de son sort et du monde. Il est clair que nous ne parlons ici que du vrai contentement, qui est un état durable accompagné de la conscience de son état ; et non des illusions du bonheur que se fait la légèreté, et qui ressemblent à de l'ivresse. Le vrai, le parfait contentement doit être à l'épreuve de l'examen le plus sévère de la froide raison, comme des assauts du sort et même de la mort imminente ; il doit être dans le cœur et non pas seulement sur le visage.

[11.10   Page 145]
Autant que la recherche de ce contentement est un besoin pour l'homme, autant la religion est un besoin pour lui. Et qui osera dire que ce besoin n'est qu'imaginaire ? Celui qui ne le sent pas est à plaindre ; il est loin encore de la route qui conduit à la vraie destination de l'homme. Je ne m'arrêterais pas, Citoyens, sur un point aussi clair, si de nos jours, et surtout dans les nouvelles républiques, on n'avait pas tout publiquement proposé la question : « Si une

---

[2]   Ce passage témoigne de l'évolution de la pensée religieuse de Mercier, qui n'était pas tout à fait contre le naturalisme lors de la rédaction, en 1771, de son uchronie, *L'An 2440*, où il semble favorable à un système naturaliste pour l'État français. Ce qui ressort ici est plutôt sa méfiance à l'égard de l'amoralité de toute religion générique. Il voyait également ce manque de moralité comme un aspect du règne des Jacobins et peut-être comme un résultat de cette nouvelle perspective à l'égard de la religion.

from the nature of the physical world, but everything that is moral in naturalism actually derives from human nature; and among several naturalists of this sort, it is common sense that often sets right the flaws of their system. It is therefore not at all our purpose here to blame them as a group, and we find many respectable scholars among them. It is not their fault if their religion rests on dubious foundations; it is the fault of philosophy such as it has been until now, and we have given many examples of this in this text. Many have tried to propagate this system among people with the best of intentions. Despite all of this, it is nonetheless true that a religion that is not founded uniquely on morality could not contain pure unadulterated truth and consequently could not have the salutary influence on morality for which we could hope.[2]

[11.9   Page 144]
Finally 3. the prejudices of *non-belief*.

To reject all religion or to claim that man can very well do without religion is something that is so contrary to good sense that no man would seriously hold this opinion if he knew what this assertion implies, and that it would be the same as maintaining: *man can very well do without contentment*. For without religion, no mortal can achieve perfect contentment, not even through virtue. It is quite true that virtue alone leads man to satisfaction in himself; but only religion can bring him satisfaction with his destiny and with the world. It is clear that we are talking here only of true contentment, which is an enduring state accompanied by the awareness of one's state; and not the illusions of happiness brought about by frivolity, which resemble intoxication. True and perfect contentment must be resistant to the most severe scrutiny of cold reason, as well as to the blows dealt by fate and even to imminent death; it must be in the heart and not only visible on one's face.

[11.10   Page 145]
Man needs religion every bit as much as he needs this pursuit of contentment. And who would dare to say that this need is only imaginary? We should feel sorry for he who does not feel it; for he is still far away from the path that leads to the real destiny of man. I would not spend time on a point that is so clear, Citizens, if today, and especially in the new republics, people had not publicly proposed the question: 'Could a free society not exist without religion?' There

---

[2] Here we are witnessing the evolution of Mercier's religious thought, who was not actually against naturalism when he wrote *L'An 2440* (1771), in which he promotes a naturalist system for the French state. In this commentary, it is his distrust of what he regarded as the amorality of any generic religion that emerges most strongly. He also saw this lack of morality as a feature of the reign of the Jacobins and perhaps a result of this new perspective on religion.

société libre ne pourrait pas exister sans religion ? » Il n'est pas à craindre, il est vrai, que la majorité des représentants du peuple se laissent égarer si loin du droit sens, que de prendre des mesures pour faire régner l'incrédulité ; mais des démonstrations publiques, telles que nous les avons entendues, ne demeurent pas sans influence sur la manière de penser du peuple. Ceux d'entre la nation qui ne sont pas en état de juger solidement par eux-mêmes sur ces matières — ce dont bien peu ont été capables jusqu'ici — ne se laissent que trop aisément séduire au préjugé que la religion n'est pas d'une bien haute importance, et font ainsi un grand pas vers l'incrédulité.

[11.11   Page 146]
Mais l'on comprend aisément combien l'incrédulité théorique affermit et étend l'empire de l'incrédulité pratique. Or l'incrédulité pratique n'est autre chose que l'immoralité.[3]

* * * * *

Nous avons parcouru les principales espèces des préjugés moraux et religieux, et on sait qu'ils se trouvent diversement mêlés et modifiés dans les divers individus.

Quel travail de purger ce champ de toutes ces épines, pour y faire prospérer la bonne semence ! Mais à qui en confierons-nous le soin ? Nous ne connaissons personne qui puisse s'en acquitter avec succès, que nos docteurs du peuple qui seuls peuvent connaître à fond les préjugés de leurs communes et en découvrir toutes les formes et les nuances diverses, démêler les sophismes innombrables avec lesquels on cherche à les défendre, et prendre là-dessus leurs mesures dans leurs discours, dans leurs écrits populaires et dans leurs conversations. Dira-t-on après cela que nous n'avons pas besoin de ces docteurs publics, ou qu'ils n'auront pas assez d'occupation ? Cependant nous avons encore plusieurs choses à leur imposer.

[11.12   Page 147]
À propos de préjugés religieux il est naturel de parler ici d'un acte, considéré le plus généralement comme religieux, et où les préjugés les plus pernicieux

---

[3]   Mercier craignait l'incrédulité chez le peuple, surtout après la chute de l'Église catholique lors de la Révolution. Comme il le remarque dans son fameux chapitre « Renversement du culte catholique » du *Nouveau Paris*, « [l]e peuple avait l'apparence de croire à la messe, à la présence réelle, aux dogmes les plus reçus ; il n'y croyait pas ». p. 550. Il explique également que la rapidité de la chute de l'Église avait de quoi surprendre : « Ce n'est point le renversement qui doit étonner, mais c'est de les avoir vus [les autels] tomber en un jour avec tous les accessoires de la haine ou du mépris le plus profond » Ibid. Mercier insiste sur le déchaînement de violence qui s'ensuit et sur les dérives de ce qu'il appelle « cette plèbe ». Ibid.

is no danger, to be sure, that the majority of representatives of the people will let themselves be led so far astray from the right path as to let non-belief reign; but public arguments in favour of something, such as those we have heard, undoubtedly influence the people's way of thinking. Those citizens who are not able to form solid judgements on these matters by themselves — and so few have been able to until now — let themselves be seduced only too easily by the prejudice that religion is not of great importance, and thus make a significant step towards non-belief.

[11.11   Page 146]
But we easily understand the extent to which a theoretical lack of faith reinforces and extends the empire of practical non-belief. Yet, practical non-belief is nothing else but immorality.[3]

* * * * *

We have gone through the principal types of moral and religious prejudice, and we know that they are entangled and modified in different ways in different individuals.

There is such work to be accomplished to purge this field of all these thorns in order to let the good seed prosper. But to whom will we entrust this responsibility? We know of no one but our doctors who could successfully carry out this task, for they alone can become fully aware of their commune's prejudices and discover all their diverse forms and nuances, untangle the innumerable sophisms with which people try to defend them, and use the appropriate measures in their speeches, their popular writings and their conversations. Will we say after that that we do not need such public doctors, or that they will not have enough work? However, we still have many things to ask of them.

[11.12   Page 147]
Concerning religious prejudices, it is natural to mention here an act generally considered as religious and where the most pernicious prejudices can be found;

---

[3] Mercier feared the non-belief of the people, especially after the fall of the Catholic Church during the Revolution. As he remarks in his famous chapter 'The Toppling of the Catholic Religion' from his *Nouveau Paris*, 'The people appeared to believe in the mass, in the real presence, in the most accepted dogmas; they did not believe in any of it.' p. 550 (our translation). He also explains that the rapidity of the fall of the Church was astonishing: 'It is not the overthrow that is surprising, but to have seen all the altars fall in a single day, with all the other signs of hate and the most profound disdain.' Ibid. Mercier writes at length about the violence that followed and all of the excesses of what he calls 'cette plèbe' (i.e. the masses). Ibid.

trouvent place ; je veux dire le *serment*. L'usage qu'on en fait et surtout la fréquence de cet usage est déjà une preuve parlante, combien peu il y a de moralité parmi les hommes. Le fondement de toute morale est la vérité et la droiture. Sous l'empire de la raison et de la vraie religion, on ignore le serment, chacun ayant de la droiture et de la conscience. Dans l'état actuel des choses, il se peut bien que les serments soient quelquefois nécessaires ; mais il faut surtout y observer deux choses. D'abord, il faut rectifier les idées du peuple sur le serment ; et secondement, le gouvernement doit bien se garder d'en abuser. L'usage trop fréquent est déjà un abus, et il y en a une infinité d'autres ; comme par exemple de faire jurer la haine. — « Cela est-il un abus ? » — Oui, Citoyens ; en voici mes raisons. La haine est manifestement un sentiment ; or il ne dépend entièrement de personne de décider par un acte de sa volonté quel

[11.13   Page 148]
sentiment doit naître et subsister dans son cœur. Il n'y a que les actes de la volonté, et les actions, en tant qu'elles dépendent de la volonté, qui soient entièrement en notre pouvoir. Tout le reste dans l'homme suit les lois de la nature qui ne peuvent être dirigées par sa volonté que médiatement et successivement ; et en cela même il peut arriver que l'homme ne réussisse pas, malgré tous ses efforts. N'est-il donc pas un abus de faire promettre les hommes, et par serment, ce qui n'est pas en leur pouvoir ? — Mais passons. Ayez soin, Citoyens, que les notions de la morale pure et de la religion morale deviennent l'apanage de la nation française, et les idées sur le serment seront rectifiées en même temps, et nous n'en aurons plus d'abus à craindre.

* * * * *

Moyens de discipline morale pour les adultes.

Notre premier moyen auprès de la jeunesse était la surveillance morale. Les adultes pourraient bien en avoir besoin aussi, car il ne manque pas de gens qui n'ont pas atteint la maturité morale ; mais elle ne paraît

[11.14   Page 149]
pas applicable ici, vu qu'elle n'admet aucune intrusion. Les enfants savent qu'ils ont besoin de conducteurs, au moins peut-on aisément les en convaincre, et alors ils se confient volontiers à la surveillance morale. Avec les adultes, c'est autre chose ; ils aiment trop à s'attribuer la maturité morale, quelque éloignés qu'ils en soient, pour vouloir supporter la surveillance. Ils useront de leur droit de rejeter un secours qu'ils ne demandent point, et ils peuvent insister sur ce droit, comme nous l'avons vu.

I mean the *oath*. The use and especially the frequency of this custom is already a telling proof of how little morality there is among men. The foundation of all morality is truth and righteousness. Under the influence of reason and real religion, there is no need for an oath because everyone in this state has both righteousness and conscience. In the current state of affairs, it is possible that oaths are sometimes necessary, but we must note two things. First, we must correct the ideas that the people have about oaths; secondly, the government must be careful to avoid abusing them. The too frequent use of them is already an abuse, and there is an infinite number of others; like, for example, to make the oath of hatred. — 'Is that an abuse?' — Yes, Citizens, and here is why. Hatred is obviously a feeling; now, it does not entirely depend upon the person to decide by an act of his will which

[11.13   Page 148]
feeling will be born and remain in his heart. Only acts of the will, and those actions that are the result of acts of will, can be entirely in our power. In man, all the rest follows the laws of nature, which can only be guided indirectly and progressively by his will; and even in this, it can happen that he will not always succeed, despite all his efforts. Is it not an abuse to have men pledge, and swear by oath what is not in their power? — But let us move on. Do your best to ensure, Citizens, that the notions of pure morality and moral religion become the prerogative of the French nation, and ideas regarding oaths will be rectified at the same time, and then we shall no longer have to fear abuse.

* * * * *

Means of moral discipline for adults.

Our first means with young people was moral monitoring. Adults could also very well need it, for there is no shortage of people who have not achieved moral maturity; but moral monitoring does not appear

[11.14   Page 149]
to apply here, given that it accepts no intrusion. Children know that they need guides; at least, we can easily convince them that they do, and then they gladly accept moral surveillance. The matter is different with adults; they are too inclined to consider that they have moral maturity, however far from it they may be, ever to put up with surveillance. They will exercise their right to reject help they did not ask for and, as we have seen, they can in fact insist on this right.

On a proposé à cet effet des *censeurs moraux* commis par le gouvernement. Mais ce conseil est en contradiction directe avec l'établissement de la moralité. Cette censure est un attentat à la liberté morale des citoyens, elle est injuste et despotique. Son despotisme est prouvé par la notion de droit au moyen de corollaires pleinement conséquents et faciles à trouver ; de même que le fâcheux effet de la censure sur la moralité se conçoit clairement d'après la notion vraie de la moralité. C'est pourquoi, Citoyens, si Vous voulez de la moralité du peuple, gardez-Vous d'instituer une censure des mœurs.

[11.15   Page 150]
Ne pouvons-nous donc de ce côté rien faire du tout pour ceux qui sont en minorité morale ? Peut-être. Mais point de contrainte, soit grossière, soit subtile ! — Notre docteur du peuple est encore celui à qui nous devons nous adresser. Qu'il fréquente beaucoup les membres de la commune, non seulement ceux qui sont éclairés, mais aussi les ignorants, car ceux-ci ont le plus besoin de sa conversation instructive ; qu'il prenne part à leur sort et se montre leur véritable ami ; qu'il cherche à gagner la confiance ; et il la gagnera, si l'on voit que ses vues sont droites. Alors il pourra tendre une main secourable à ceux qui ont besoin de conducteur. Ce secours consiste principalement à les rendre attentifs au côté moral de leur conduite, aux ressorts qui les font agir, à ce qui se passe journellement dans leur cœur, à leurs sentiments agréables et pénibles et aux causes d'où ils dérivent. De cette manière, il aura mille occasions de leur donner sur plusieurs vérités morales et religieuses des éclaircissements tels qu'ils en ont besoin pour le moment donné ; ce qui ne peut se faire dans les discours publics, quelque appropriés qu'ils soient

[11.16   Page 151]
aux circonstances. — Il est clair d'après nos principes, que dans ces conversations familières nos maîtres de morale ne doivent point prendre les airs de moralistes sévères et pédantesques. Ce serait contre ses vues. Qu'il ne moralise jamais dans la conversation, à moins qu'il ne soit bien assuré qu'on lui en saura gré ; mais il dépend souvent fort de lui, de mettre les gens dans cette disposition.

Cette fréquentation du prédicateur sera utile surtout à l'éducation morale des petits enfants avant qu'ils entrent dans les instituts. Il pourra introduire dans bien des familles au lieu du frein immoral : *fi, ayez honte !* — le frein moral : *cela est mal* ; et il préparera ainsi le succès des institutions publiques. C'est ainsi qu'avec des bons docteurs publics de morale nous pouvons introduire une salutaire surveillance morale auprès des adultes : mais elle agira plutôt comme un moyen de lumières que comme un moyen de discipline.

Nous considérons comme moyen de discipline :
Une sage police publique.

To this end, it has been proposed that the government should appoint *moral censors*. But this advice is in direct contradiction with the establishment of morality. This censure is an attack against the moral freedom of citizens; it is unjust and despotic. The notion of law shows, by means of very consistent corollaries, which are easy to find, that this is despotism, just as the unfortunate effect censorship has on morality can be seen clearly when one considers what real morality is. This is why, Citizens, if You wish there to be morality in the people, refrain from censoring mores.

[11.15   Page 150]
Regarding this, can we then do nothing at all for those who are minors from a moral viewpoint? Maybe. But no constraint, whether it be crude or subtle! — Our doctor of the people is once more the one to whom we should turn. Let him socialize with the members of the commune, not only the enlightened ones but also the ignorant, for they are the ones most in need of his enlightening conversation; let him become part of their lives and show himself to be a real friend; let him seek their confidence; and he will earn it if they see that his views are honest. Then he will be able to extend a helping hand to those in need of direction. This help mainly consists of making them attentive to the moral aspect of their conduct, to the motives that makes them act, to what goes on in their heart on a daily basis, to their pleasant and painful feelings and to their causes. In this way, he will have a thousand opportunities to enlighten them on several moral and religious truths, according to their needs at a given moment, which cannot be done in public speeches, no matter how appropriate they are

[11.16   Page 151]
for the circumstances. — According to our principles, it is clear that in these informal conversations, our instructors in matters of morality must not adopt a severe and condescending moralistic attitude. This would go against the instructor's aims. He should never moralize in conversation, unless he is absolutely sure that his interlocutor will take it well; but it is often very much up to him to put people in this frame of mind.

This socializing with the preacher will be useful especially in the moral education of small children before they enrol at the institutes. He will be able to introduce numerous families to the moral objection, *this is wrong*, as opposed to the immoral objection: *you should be ashamed*; this way, he will work towards the success of public institutions. This is how we can, with good public doctors of morality, introduce a salutary moral monitoring of adults: but it will act primarily as enlightenment rather than as a form of discipline.

We consider as a means of discipline:
A wise public police force.

[11.17   Page 152]

La destination de la police est de garantir la liberté et l'égalité de tous contre les attentats de chacun, et de maintenir aussi l'ordre public et *la paix générale dans l'État*. Forcée d'user de coaction, qu'elle soit toujours l'image de la justice auguste, inviolable et sacrée : mais qu'elle n'aille pas porter ses contraintes où la contrainte est inadmissible. Nous devons avoir au gouvernement d'un peuple libre la confiance qu'il saura prendre les mesures sages et justes d'administrer la police dans toute la République, afin de ne mettre aucun obstacle à l'établissement de la morale.

Mais nous avons encore d'autres demandes à faire au gouvernement pour atteindre le but. Il doit fonder et entretenir les instituts ; prendre soin de former des instituteurs et des prédicateurs publics ; en un mot, tous nos moyens exigent l'assistance du gouvernement. Ici nous lui recommandons surtout un objet de la dernière importance, savoir : le soin de la santé publique au moyen *de bonnes institutions médicinales*.

En parlant de la jeunesse nous avons déjà montré l'influence de l'état du corps sur la moralité. — Chaque district doit avoir un médecin

[11.18   Page 153]

habile, et surtout des *sages-femmes instruites*. Pour cet effet il doit y avoir, au moins dans chaque département, un institut pour elles, et aucune ne sera admise à l'expérience de l'art sans certificat de l'institut. Je crois pouvoir me dispenser de prouver que ce n'est une contrainte illicite. On impose à ces personnes dans l'exercice de leurs fonctions, de prendre soin de l'éducation physique des enfants durant les deux premières années, afin que nous ayons des élèves sains dans nos instituts. Il faut à cet effet que les sages-femmes fassent de temps en temps des visites dans les maisons où elles sont employées, pour voir si l'on suit leurs conseils. Il ne faut pas que cette affaire prenne un air de visite de police ; la contrainte serait illégitime. Mais il n'y a pas apparence qu'on défende ces visites, les sages-femmes ayant ordinairement la confiance des mères, et leurs avis trouvant par cette raison un plus facile accès. Ce serait en tout cas le moyen le plus propre à bannir peu à peu tous les abus qui règnent dans l'éducation physique de la première enfance.[4] Les enfants bien traités pendant les deux premières

---

[4]   On sent ici l'influence de Rousseau, qui était contre l'emmaillotage et l'allaitement des enfants par des nourrices, qui selon lui, faisaient courir des dangers physiques réels aux nouveau-nés. Au sujet de cet emprisonnement du bébé qu'est l'emmaillotage, il explique : « L'inaction, la contrainte où l'on retient les membres d'un enfant, ne peuvent que gêner la circulation du sang, des humeurs, empêcher l'enfant de se fortifier, de croître, et altérer sa constitution. Dans les lieux où l'on n'a point ces précautions extravagantes, les hommes sont tous grands, forts, bien proportionnés ». *Émile*, p. 44. Ses remarques sur l'allaitement sont tout aussi fortes que celles sur l'emmaillotage : « Mais que les mères daignent nourrir leurs enfants, les mœurs vont se réformer d'elles-mêmes, les sentiments de la nature se réveiller dans tous les cœurs ; l'État va se repeupler ; ce premier point, ce point seul va tout réunir ». Ibid., pp. 47–48. On peut présumer que c'est pour contrebalancer ce genre d'abus perçus par Rousseau que Mercier préconise ce type de visite dans les maisons des particuliers.

11. EFFECTIVE WAYS OF UNDOING PREJUDICE

[11.17 Page 152]

The purpose of the police is to safeguard freedom and equality for all against personal attacks and also to maintain public order and *general peace in the state*. When forced to use constraint, may it always be the image of noble, inviolable and sacrosanct justice: but let it not introduce coercion where constraint is not acceptable. We must trust that a free people's government will take the wise and just measures to manage the police in the entire Republic in order not to put any obstacle in the way of the establishment of morality.

But we still have other requests to make of the government in order to reach this goal. It must establish and support the institutes; ensure the training of teachers and of public preachers; in a word, all of our means require the assistance of the government. Here, we especially recommend a matter of the utmost importance, namely: public health care through *good medical institutions*.

When speaking of the young, we have already shown what an influence the state of the body has on morality. — Every district must have a skilled doctor

[11.18 Page 153]

and, above all, *trained midwives*. To that effect, there must be at least one institute for them in every *département*, and no one should be allowed to practise without a certificate from this institute. I trust I need not prove that this is not an unreasonable constraint. In the exercise of their functions, these individuals will take care of the physical education of children during their first two years so that we can have healthy students in our institutes. To this end, midwives must, from time to time, pay visits to the houses where they are employed to see if their advice is being followed. This exercise must not have the appearance of a police inspection; the constraint would be illegitimate. But there is no indication that anyone would forbid these visits, as the midwives usually earn a mother's trust, and for that reason their advice is more readily accepted. In any case, this would be the most effective way slowly to ban all the harmful practices that dominate in physical education in early childhood.[4] When children are treated well during the first two years of their lives,

---

[4] Here, Rousseau's influence is evident; he was against swaddling and the nursing of children by wet nurses, which were, according to him, real physical dangers for new-borns. Regarding swaddling, that he saw as the imprisonment of babies, he explains that 'The inaction, the constraints imposed upon a baby's limbs, can only hinder the circulation of the blood, of the humours, prevent the baby from fortifying himself, from growing, and cause his constitution to degenerate. In the places where these extravagant precautions are not taken, men are all tall, strong, and well proportioned'. Rousseau, *Emile*, trans. by Allan Bloom, p. 43. His remarks on nursing are just as strong as those on swaddling: 'But let mothers deign to nurse their children, morals will reform themselves, nature's sentiments will be awakened in every heart, the state will be repeopled. This first point, this point alone, will bring everything back together.' Ibid., p. 46. One can assume that it is to check the sort of abuses observed by Rousseau that Mercier advocates these kinds of medical visits to people's homes.

[11.19   Page 154]

années, le plus grand danger est passé et les parents apprendront en attendant à les bien gouverner eux-mêmes. Les médecins s'appliqueront également à détruire les préjugés et à répandre les notions d'un régime salutaire ; et c'est par là seulement qu'ils peuvent vraiment se rendre les bienfaiteurs de l'humanité, et venir au secours de la moralité qui est la santé de l'âme. Les écrits populaires coopèrent à ce dessein, et les docteurs publics dans leurs conversations, quoiqu'ils aient principalement en vue l'éducation morale.

Autre moyen de discipline morale pour les adultes : *les beaux-arts*. Leur usage est

1. *dans les exercices publics de dévotion.*

Les beaux-arts doivent nous y servir à monter les sens sur le ton le plus propre à ouvrir l'âme aux impressions de la religion et de la morale, en sorte que la vérité pénètre dans les cœurs en même temps qu'elle éclaire les esprits. Le beau, le sublime y ont plusieurs moyens. Le temple construit avec une noble simplicité impose par sa grandeur ; et qui ne sait quelle impression de solennité l'on ressent à l'entrée d'un temple majestueux ? On ne peut pas, il est vrai, ériger partout des temples magnifiques, et il faudra bien se contenter au préalable des

[11.20   Page 155]

édifices tels qu'ils sont. Mais on peut en enlever les ornements bizarres, et y introduire à peu de frais une noble simplicité. Faut-il dire que tous ces changements ne doivent se faire que du consentement des communes, et que par cela même elles ne pourront pas être d'abord générales ? Mais si l'on prend les moyens indiqués pour établir le règne de la vraie et pure religion, on fera bientôt de plus grands et de plus rapides progrès.

La musique, la poésie trouvent dans la religion l'objet le plus sublime, et peuvent déployer tout leur pouvoir sur les cœurs. Les cantiques respirent l'esprit de la pure religion morale, sont simples et sublimes ; une orgue harmonieuse accompagne le chant.

Des cérémonies peuvent-elles servir aux vues de l'assemblée ? Oui, si elles sont convenables, c'est-à-dire si elles ont un sens moral pur et facile à saisir, de manière qu'il ne puisse échapper au spectateur attentif. Nous ne pouvons nous en passer, en prenant les hommes tels qu'ils sont ; mais il faut qu'elles soient instituées selon les principes allégués ; il faut les varier souvent, de peur qu'on en oublie le sens en s'accoutumant au rite, et que nous ne retombions dans le machinal de l'ancien culte, absolument contraire à la moralité.

[11.21   Page 156]

À chaque jour d'assemblée il faut que toutes les parties du culte, discours,

[11.19   Page 154]
the greatest danger has been overcome and parents will learn meanwhile to properly govern them by themselves. Doctors will take great care as well to undermine prejudices and spread knowledge about a healthy diet; this is the only way they can truly serve humanity and come to the rescue of morality, which is the wellbeing of the soul. Popular writings also contribute to this end, as do public doctors in their conversations, although these take moral education as their main aim.

Another method of moral discipline for adults: *the fine arts*. Their practice is
1. *in public exercises of worship.*

The fine arts must serve to heighten the senses so as to open the soul to the impressions of religion and morality in order to allow truth to penetrate the heart while enlightening the mind. Beauty and the sublime offer several means for achieving this. A temple built with noble simplicity is imposing due to its grandeur; and who has not experienced the impression of solemnity that one feels when entering a majestic temple? It is true that we cannot build magnificent temples everywhere, and, before we do, we will need to be content with

[11.20   Page 155]
buildings as they are. But we can remove their bizarre ornaments and introduce, at a minimal cost, a noble simplicity. Needless to say that all these changes must be made with the consent of the communes, which may not be unanimous at first. But if we adopt the prescribed means to establish the reign of true and pure religion, we shall soon make greater and more rapid progress.

Music and poetry find in religion the most sublime object and can exercise all of their power over people's hearts. Hymns breathe the spirit of pure moral religion and they are simple and sublime; a harmonious organ accompanies the singing.

Can ceremonies serve the purposes of the assembly? Yes, if they are proper, that is if they show a sense of morality that is pure and easy to grasp, so that it does not escape the attentive spectator. We cannot be without them if we take men as they are; but they must be instituted according to the principles we have put forward; they must often be varied in order to avoid forgetting their meaning by becoming accustomed to the rite and falling back in the routine of the old religion, which is absolutely contrary to morality.

[11.21   Page 156]
Every assembly day, each part of worship, the speeches, hymns, ceremonies,

chants, cérémonies, formant un tout harmonique, rappellent la grande idée de l'empire moral de Dieu dans l'Univers. C'est cette sublime idée qui doit être rendue sensible à chaque assistance réunie pour l'édification. Ah quel puissant ressort, Citoyens, pour élever l'âme au sentiment de sa dignité, et la pénétrer de sa destination à la moralité, d'une manière solide et durable ! Vous savez, comment le cœur du citoyen s'élève dans une solennité républicaine. Qui ne sentirait toute la dignité d'une telle assemblée ? Mais Vous ne nous accuserez pas de vouloir déprimer l'esprit républicain, si nous disons que le spectacle d'une assemblée offrant ses hommages à l'Être tout saint et tout-puissant qui gouverne le monde comme au chef de la société des êtres moraux, a infiniment plus de pouvoir pour élever l'âme et la remplir de vénération. Ici je présente l'idée de la cité des esprits, qui remplit toute l'immensité de l'espace et du temps, et ces fidèles assemblés sont tous des citoyens de cet empire, ont tous une même destination, la vertu, une même carrière, l'immortalité.

[11.22   Page 157]
Ah, Citoyens, hâtez-Vous de réaliser un pareil culte ; car, hélas, ce n'est jusqu'ici qu'une idée ! Montrez aussi en ce point aux hommes comment ils doivent se rapprocher du vrai but de l'humanité. Certainement que les cœurs de Vos concitoyens, susceptibles comme ils sont, s'ouvriront aux impressions les plus sublimes, pourvu que Vous ayez soin de montrer à leur esprit, dans toute leur grandeur les objets de ces sentiments, la morale pure et le Dieu moral, en les éclairant des vraies lumières morales.

Pour peu qu'on se fasse de la nature de ces exercices de piété une juste idée, on comprendra aisément qu'ils doivent être dirigés par un homme entendu ; et c'est naturellement à nos prédicateurs de morale et de religion à se charger de cette fonction. Conçoit-on maintenant qu'il nous faut des docteurs de morale et de religion en titre d'office ? Et nous en aurons *toujours* besoin. Car la moralité n'est-elle pas un terme infini, qu'aucun être fini n'atteindra jamais en aucun moment de son existence, et dont le vertueux même est toujours très éloigné ?

[11.23   Page 158]
Fonder la morale, est-ce donc autre chose qu'ouvrir la carrière et mettre les hommes sur la voie ? ne se relâcheront-ils jamais dans le sentier difficile de la vertu ? ne jetteront-ils jamais un regard en arrière sur les chemins fleuris de vice ? ne leur faudra-t-il pas toujours des admonitions, des exhortations, des encouragements ? Jamais aucun nuage n'offusquera-t-il l'idée du devoir, de la vertu, au milieu des affaires interminables de la vie, des besoins redoublés, des amorces de la sensualité, qui ne cesseront jamais, ni ne sauraient jamais cesser ? Y aurait-il une seule commune, même de citoyens fort avancés en morale, qui n'eût pas besoin de charger un de ses frères de se consacrer tout entier à leur

forming a harmonious whole, should recall the great idea of the moral empire of God in the Universe. It is this sublime idea that must be made evident at every assembly gathered for edification. Ah, what a powerful vehicle, Citizens, to elevate the soul to the feeling of dignity and to fill it with its moral destiny, in a sound and lasting way! You know the extent to which the citizen's soul rises in republican ceremony. Who would not feel all the dignity of such an assembly? But You will not accuse us of wanting to curtail the republican spirit, when we say that the sight of an assembly that pays its respects to the all sacred and almighty Being who governs the world as the leader of the society of moral beings has infinitely more power to elevate the soul and fill it with veneration. Here, I introduce the idea of the city of spirits, that fills all the immensity of space and time, and these assembled faithful are all citizens of this empire, they all share the same destination, virtue, and the same future, immortality.

[11.22 Page 157]
Ah, Citizens, hasten to turn such a religion into a reality because, alas, it is now but an idea! In doing this, show men how they must move closer to the true goal of humanity. Surely the hearts of Your fellow citizens, sensitive as they are, will open themselves to the most sublime impressions, as long as You turn their spirit towards the objects of those feelings, pure morality and the moral God, in all their greatness, and enlighten them with the true lights of morality.

Anyone who has an accurate idea of the nature of these exercises of piety will easily understand that they must be guided by a man who is understood by the people; and it is natural that our preachers of morality and religion should undertake this function. Can we now accept that we need doctors of morality and religion in place? And we shall *always* need them. Because, is morality not an infinite end that no finite being can ever reach at any moment of his existence and from which even the virtuous person remains always very far?

[11.23 Page 158]
Is creating morality anything but providing opportunities and putting men on the right track? Will they never slacken in the difficult path of virtue? Will they never look back at pathways blooming with vice? Will they not always need admonitions, exhortations, encouragement? In the midst of the endless realities of life, of constantly renewed needs, of the baits of sensuality that will never cease and that are not meant to cease, will there never be any cloud threatening the idea of duty and virtue? Would there be a single commune, even of citizens well advanced in morality, that would not need one of its brothers to dedicate himself wholeheartedly to their common moral interest? And would the moral

commun intérêt moral ? Et l'intérêt moral d'une société ne mériterait-il pas, aussi bien que l'intérêt politique, de faire l'objet d'un office particulier ?

Il nous faut donc des instituts pour former nos prédicateurs de morale et de religion aussi bien que pour former nos instituteurs.

L'usage des beaux-arts comme moyen de discipline morale a lieu :

[11.24   Page 159]
2. *dans les fêtes populaires.*

Ces fêtes doivent être sans doute différentes de celles de la jeunesse ; mais les principes moraux en sont les mêmes. Nous avons à proposer deux sortes de fêtes populaires :

a. *de pures fêtes de plaisir* ; b. *des fêtes de mémoire.*

Les fêtes de plaisir se célèbrent aux mêmes occasions que celles des jeunes gens ; au printemps, à la moisson, etc. La liberté et l'égalité y président également ; des plaisirs communs égayent l'assemblée, serrent les liens de l'amitié, donnent des forces pour de nouveaux travaux, et la moralité y gagne. Les autres sont instituées en mémoire des grands événements de la révolution ou d'hommes de mérite. Il est clair que le sentiment du grand y doit dominer. Mais, Citoyens, ne perdez pas ce but de vue ; et ne prenez pas pour le sentiment du grand les emportements de la passion. De même que les sentiments moraux sont nourris par celui du grand, ils sont étouffés par le feu consumant des passions. La révolution a fourni tant de sujets de fêtes si divers qu'il faut beaucoup de prudence pour choisir les événements, qui méritent le mieux non seulement par leurs rapports politiques, mais surtout par

[11.25   Page 160]
leurs rapports moraux, d'en solenniser à perpétuité la mémoire dans toute la nation. Français, ne perdez jamais de vue dans ce choix les considérations morales ; qu'elles soient toujours les premières ; elles seules méritent de l'être.

Ici encore on sera mécontent apparemment que nous ne proposions que des fêtes de *mémoire* pour les hommes de mérite, et non des fêtes d'honneur pendant leur vie. Qu'y faire ? nous ne pouvions proposer ces fêtes d'honneur, elles sont trop dangereuses pour la moralité ; et nous avons en Vous la confiance, Citoyens, que Vous ne nous condamnerez pas, avant d'avoir pesé toutes les raisons que nous avons alléguées de ce discours et les avoir trouvé insuffisantes.

Pour éviter que les fêtes populaires ne fassent perdre du temps, on peut en célébrer plusieurs aux jours de dévotion après les exercices de piété ; si elles sont ordonnées d'après nos principes, bien loin d'affaiblir les impressions du culte, elles ne feront que les fortifier.

Les arts nous fournissent un troisième moyen de discipline morale :

interest of a society not deserve, like the political interest, to be attached to a specific function?

We therefore need institutes to train preachers of morality and of religion as well as to train our teachers.

The use of fine arts as a means of moral discipline takes place:

[11.24 Page 159]
2. *in public festivals*

These celebrations must no doubt be different from those intended for young people, but the moral principles are the same. We are proposing two kinds of popular festivals:

a. *festivals intended for pure enjoyment*; b. *remembrance festivals*

Festivals intended for pure enjoyment are celebrated at the same occasions as those for young people; in the spring, at harvest time, etc. Liberty and equality should also be the guiding forces of these events; shared enjoyment livens the assembly, strengthens the ties of friendship, provides energy for new initiatives and morality gains from it.

Other ceremonies are instituted in remembrance of the Revolution's great events or of men of merit. It is clear that the feeling of greatness must dominate. But, Citizens, do not lose sight of this goal; and do not mistake outbursts of passion for a feeling of greatness. Just as moral feelings are nourished by the feeling of greatness, they are stifled by the consuming fires of passion. The Revolution has provided so many and such diverse subjects for festivals that we need to take great care in choosing the events that are most deserving to solemnize the memory of the Revolution throughout the nation in perpetuity, not only for their political relevance but mostly for their

[11.25 Page 160]
moral relevance. French citizens, never lose sight of moral considerations when choosing; let them always come first; as they alone deserve.

Here again, one might be unhappy that we are only proposing *remembrance* festivals for men of merit rather than festivals to honour them during their lifetime. What to do? We could not propose these honouring festivals as they are too dangerous for morality; and we trust, Citizens, that You will not condemn us before having weighed all the reasons that we have cited in this treaty and having found them to be insufficient.

In order to prevent popular festivals from wasting too much time, we can celebrate many of them on days of worship and after exercises of piety; if they are organized according to our principles, far from weakening the impressions of the service, they will fortify them.

The arts contribute a third means of moral discipline:

3. *les spectacles.*

[11.26   Page 161]
Nous parlerons plus bas de leur abus épouvantable ; ici seulement deux mots des conditions sous lesquelles seules elles peuvent avoir un usage moral.

D'abord, que le contenu n'en soit jamais la passion ou la sensualité pures, mais qu'il mène au sentiment du beau, du grand, de la vertu. Entre le nombre innombrable de pièces que nous avons, il s'en trouvera bien peu qui soutiennent un examen sévère d'après cette règle. Mais cela confirme plutôt la règle que de la détruire : vu que telles qu'elles sont, elles ont eu si peu d'usage moral jusqu'à nos jours. Si les poètes veulent toujours prendre pour règle le goût du public corrompu par les voluptés, la vertu pourra se promettre des productions de leur génie tout aussi peu de fruit que le goût. Mais l'humanité a le droit de leur demander qu'ils respectent toujours la dignité de la vertu, et cherchent à perfectionner le goût du public. Et ils peuvent y satisfaire, s'ils font du pouvoir que la poésie exerce sur les cœurs un emploi convenable, au lieu de s'en jouer avec tant de légèreté et même d'impudence. Le gouvernement ne peut pas contraindre des poètes à suivre nos avis, il est vrai ; mais si d'ailleurs il prend des mesures propres à fonder la vertu,

[11.27   Page 162]
et à répandre généralement dans la nation des lumières morales, les poètes changeront de ton de leur propre mouvement et feront cause commune avec les professeurs de la morale et de la religion : alors nous pourrons compter sur des pièces de théâtre, non seulement *belles* mais *bonnes*.

La seconde condition est que les acteurs soient formés non seulement pour l'art, mais surtout au sentiment intime et à la pratique sévère de la vertu. Leur influence sur les cœurs et sur la morale publique est si puissante, en vertu de l'empire que leur art exerce sur les cœurs, qu'il ne suffit pas qu'ils sachent exprimer avec dignité sur le théâtre les principes et les sentiments de la vertu, mais que leur conduite doit montrer sans cesse qu'ils en sont réellement pénétrés. D'ailleurs ils ont comme hommes la même destination à la vertu et les mêmes droits à nos soins que tous les autres citoyens.
Il ne peut y avoir des théâtres que dans les grandes villes ; cela est dans la nature des choses. Dans les petites villes de *bons* artistes ne sauraient subsister, et les *mauvais* nous ne devons pas les souffrir. Les citoyens

[11.28   Page 163]
privés des spectacles, s'en consoleront aisément ; et ils ne manqueront pas pour cela de plaisirs publics ; n'ont-ils pas les fêtes populaires ? et plus la moralité et le goût gagneront, plus la conversation gagnera d'intérêt réel et solide, sans que les plaisirs grossiers des sens lui prêtent de l'agrément.

3. *theatre.*

[11.26   Page 161]
We shall talk later about the terrible abuses associated with them; just a few words here about the only conditions under which they can provide a moral use.

First, their content must never be pure passion or sensuality but rather it must lead to feelings of beauty, of greatness, of virtue. Of the countless plays that we have, only a few will pass a rigorous examination according to this rule. But this confirms the rule rather than destroying it, given that as they are, they have had so little moral use until now. If poets still want their writings to be governed by a public taste that is corrupted by sensuality, their genius will produce as little fruit for virtue as taste does. Yet humanity has the right to ask that they always respect the dignity of virtue and strive to improve public taste. And they can achieve this if they make good use of the power that poetry has on hearts instead of making light of it with so much flippancy and even impudence. The government cannot force poets to follow our advice, true, but if on the other hand it takes proper measures to instil virtue

[11.27   Page 162]
and to generally spread the lights of morality within the nation, poets will change their tone of their own accord and join with the teachers of morality and religion: then we shall be able to count on theatrical works that are not only *beautiful* but *good*.

The second condition is that the actors be trained not only in artistry, but above all in the deep feeling and the stern practice of virtue. Their influence on hearts and on public morality is so powerful, because of the emotional impact of their art, that it is not sufficient for them to know how to express feelings of virtue with dignity on stage, but their behaviour must constantly show that they are truly impregnated by it. At any rate, they will have, as private individuals, the same virtuous destiny and the same rights to our care as do all citizens.

There can only be theatres in large cities; that is in the nature of things. In smaller cities, *good* artists would not be able to make a living and we should not tolerate the *bad* ones. Citizens

[11.28   Page 163]
who are deprived of such entertainment will console themselves easily, and they will not lack public festivities for that matter; do they not have popular festivals? And the more morality and good taste prevail, the more conversation will gain in real and solid interest, without relying on the vulgar pleasures of the senses.

[12. Comment écarter les tentations de l'immoralité]
[12.1   Page 163]
Nous voici à la dernière partie de notre plan, au soin *d'écarter les séductions à l'immoralité qui seraient trop dangereuses.*

En existe-t-il de pareilles en France ? hélas ! oui, et le nombre en est grand. Il en est dont l'aspect excite tantôt l'horreur et tantôt le dégoût de la chose, et la douleur sur l'avenir. Il nous faut les indiquer, au moins les plus pernicieuses, en Vous priant instamment, Citoyens, de faire tous Vos efforts pour les supprimer, si Vous voulez en effet établir la moralité parmi le peuple. Ces séductions ne se laissent pas toutes écarter par des mesures de police, car il en est qui ne sont pas de ce ressort ; et nous verrons ce que peut et doit faire le magistrat, à mesure que nous parlerons de chaque désordre.

[12.2   Page 164]
Une des principales sources des séductions à l'immoralité, c'est le *luxe*.

Tout emploi voluptueux ou vaniteux des richesses est, comme tel, un luxe. On sait l'empire universel et tyrannique qu'il exerce ; et le tort qu'il fait à la moralité est évident. Comment les hommes peuvent-ils maintenir leur liberté morale, tant que des passions aussi impérieuses que la volupté et la vanité, sous toutes leurs formes diverses, sont puissamment excitées en eux ?

Comment s'opposer au luxe ? — Non point par des ordonnances ; car il est en général hors du ressort de la police. Les moyens de fonder la moralité pourront bien le faire évanouir peu à peu : mais il nous faut faire quelque chose de plus, s'il est possible ; car il s'oppose trop efficacement à nos mesures générales. — Que pouvons-nous donc faire ? — Donner l'exemple contraire, et, en attendant mieux, mettre toujours la simplicité et la modération à la mode. Ce n'est pas pour nourrir le goût de la mode entièrement contraire à la morale ; au contraire nous tendons à l'affaiblir successivement ; ce qui pourra se faire, si ceux que les dévots de la mode aiment à prendre pour modèle retournent à la simplicité de la nature et s'y attachent avec une constance inébranlable. Tels sont surtout les magistrats. Tous les regards étant tournés sur eux, ils peuvent donner le ton, pourvu qu'ils

[12.3   Page 165]
soient d'accord entre eux et qu'ils ne se démentent jamais. Il suffit ici d'indiquer ce moyen, on en a suffisamment traité. Mais que sert de savoir, si l'on persiste à faire le contraire ? Ce n'est pas ainsi que s'établit la moralité ; puisque c'est une preuve qu'on manque de moralité.

Si Vous réussissez à restreindre le luxe, Vous amortirez au moins bien des séductions, si Vous ne parvenez pas à les supprimer ; et le *célibat* entre autres deviendra moins fréquent et moins dangereux pour la moralité.

En restreignant le luxe Vous faciliterez les mariages ; et favoriser les mariages,

[12. How to Keep the Temptations of Immorality at Bay]
[12.1   Page 163]
We come to the last part of our plan, which addresses the need to *fend off the all too dangerous seductions of immorality.*

Do these exist in France? Alas! Yes, they do and in great numbers. Some inspire horror, others disgust or painful fears for the future. We must point out at least the more pernicious ones, by calling upon You instantly, Citizens, to deploy all efforts to get rid of them, if You indeed wish to establish morality among the people. These seductions cannot all be kept at bay by police measures, because some lie outside of police jurisdiction; and we will see what the magistrate can and should do as we discuss each disorder.

[12.2   Page 164]
One of the main sources of seduction to immorality is *luxury.*

All voluptuous or vain use of wealth is in itself a luxury. We know the universal and tyrannical grip it has on us; and the harm it does to morality is obvious. How can men maintain their moral freedom so long passions as compelling as sensuality and vanity in all their various guises are so powerfully stirred up in them?

How can we counter luxury? — Not by issuing decrees because, in general, it is not a police matter. The means to create morality may in time make it fade away gradually, but, if we can, we must do more, because it is too detrimental to the general measures we have laid out. — So, what can we do? — Set the opposite example and, while waiting for improvement, always keep simplicity and moderation in fashion. We do not wish to feed the taste for fashion, which is entirely contrary to morality; on the contrary, we want to weaken it progressively; this will be possible if the individuals whom the followers of fashion like to take as models return to the simplicity of nature and stick to it with an unwavering constancy. Magistrates, in particular, are such people. Since all eyes are upon them, they can set the tone, as long as they

[12.3   Page 165]
agree among themselves and never retreat from this position. Suffice it here to point out this means, of which we have spoken at length. But what is the point of knowing something if we persist in doing the opposite? This is not the way to establish morality, because it is proof that we lack it.

If You succeed in restricting luxury, You will at least diminish many seductions, if You do not succeed in eliminating them altogether; and *celibacy,* among other things, will become less widespread and less dangerous for morality.

c'est le seul moyen que le gouvernement ait le droit d'employer contre le célibat. Il ne lui appartient pas d'user de contrainte, pas même d'une contrainte détournée, comme par exemple en refusant d'admettre les célibataires aux offices publics, sans égard à leur habileté, ou bien seulement en donnant la préférence aux personnes mariées. Mais qu'il se garde aussi d'aggraver les difficultés du mariage ; et il faut qu'il prenne ces mesures de manière qu'il dépende purement de la volonté de chacun de se marier ou non.[1]

[12.4   Page 166]
Que le mariage soit considéré comme un pur contrat civil, à la bonne heure ; mais à cause de la volupté et des caprices, que le divorce ne soit pas trop facile.

Les séductions suivantes à l'immoralité tiennent de près au luxe.

1. *Les lieux publics de débauche.* — Combien de jeunes gens ont perdu leur vertu dans le combat avec le plus pressant des penchants sensuels et l'on entretient encore des instituts où ce penchant indomptable trouve à se débarrasser de tout frein ! Et on prétend dans les grandes villes que c'est un moindre mal, pourvu qu'on les tienne sous une sorte d'inspection de police.[2] Si cela est vrai, c'est une preuve que la corruption des mœurs est au comble. Au reste nous remarquons qu'un pareil moyen de prévenir les dernières horreurs de l'immoralité met au rétablissement de la moralité un obstacle invincible. Si nous voulons de la morale, bannissons cette peste de l'âme et du corps. Mais le gouvernement peut-il l'interdire ? Oui sans doute, il le peut ; il le doit, pour sauver l'innocence.

Nous en disons autant
2. *des spectacles lubriques et propres à irriter les sens.*
Les citoyens ont le droit d'exiger du gouvernement

[12.5   Page 167]
qu'il ait soin de rendre le théâtre innocent pour les mœurs ; ils peuvent lui dire : « En permettant des théâtres publics, Vous invitez nos fils et nos filles

---

[1] Mercier s'inquiète dans son *Tableau de Paris* que trop de Français restent célibataires et dénonce les exigences relatives à la dot, qui seraient selon lui la principale source du problème et qui entraînerait la débauche des filles célibataires. Comme il l'explique, « on ne prend plus de femmes sans dot ; les hommes ne se marient plus ou ne se marient qu'à regret. Quel renversement dans l'ordre social ! ». I, 591. Notons toutefois que Mercier lui-même n'a épousé sa compagne Louise Machard qu'en 1814, plus de vingt ans après le début de leur relation qui avait produit trois filles. Voir Jean-Claude Bonnet, « Repères biographiques », *Tableau de Paris*, I, clxxxvi–clxxxviii.

[2] Mercier est le plus souvent encore plus extrême dans sa dénonciation de tout ce qui peut encourager la volupté. Par exemple, ses harangues contre la nudité dans les beaux-arts sont nombreuses. Il considère notamment que « c'est à l'immodestie des statues [exposées en public] qu'il faut attribuer l'immodestie des femmes ». *Le nouveau Paris*, p. 1012.

In restricting luxury, You will facilitate marriages; and promoting marriage is the only means that the government has the right to use against celibacy. It is not its role to use constraint in this matter, not even in an indirect manner like, for example, refusing public functions to bachelors without any regard to their skills or only giving preference to married people. But also, the government should beware not to increase the difficulties of marriage and it should take measures to ensure that marrying depends only on the desire of each to do so, or not.[1]

[12.4   Page 166]
That marriage should be regarded as a purely civil contract, absolutely, but the existence of lust and whims means that divorce should not be made too easy.

The following seductions to immorality are closely linked with luxury.

1. *Public places of debauchery.* — How many young people have lost their virtue while fighting against the strongest inclinations to sensuality? And still, we maintain institutions where this uncontrollable tendency can rid itself of every restraint! And they claim, in large cities, that it is a lesser evil as long as they are kept under a kind of police check.[2] If that is true, it is proof that the corruption of mores has reached its peak. Besides, such a way of preventing the ultimate horrors of immorality creates an invincible obstacle for the actual reinstatement of morality. If we want morality, let us banish this plague from the body and the soul. But can the government prohibit it? Yes, it most certainly can; it must, in order to save innocence.

The same applies to

2. *lustful shows that irritate the senses.*

Citizens have the right to demand of government

[12.5   Page 167]
that it makes sure that the theatre is harmless for mores; they can say: 'By permitting the existence of public theatres, You invite our sons and daughters

---

[1] In his *Tableau de Paris*, Mercier worries that too many French subjects stay single and he denounces dowries as the main cause of this problem, which, in his opinion, causes the sexual debauchery of single women. As he explains it, 'Women are no longer accepted as wives without a dowry; men no longer get married or only do so regretfully. What a toppling of the social order!' I, 591 (our translation). It should be noted, however, that Mercier himself did not marry Louise Machard, his mistress of over twenty years until 1814, a relationship which had already produced three daughters. Jean-Claude Bonnet, 'Repères biographiques', *Tableau de Paris*, I, clxxxvi–clxxxviii.

[2] Mercier usually goes even further in his denunciation of anything that might encourage sexual pleasure. For example, his numerous harangues against nudity depicted in the fine arts, of which the following example is typical: 'The immodesty of women can be attributed to the immodesty of statues [that are displayed in public].' *Le nouveau Paris*, p. 1012 (our translation).

à y assister. Nous ne pouvons pas, sans une sorte de tyrannie, le leur défendre toujours ; nous exigeons donc que Vous preniez des mesures pour mettre en sûreté la liberté morale de nos enfants, vos concitoyens. » Il n'est pas possible de donner tout d'un coup aux spectacles la forme morale pure que nous avons exigée ; mais on peut les mettre sous une surveillance qui n'y tolère aucune indécence. Cette surveillance embrasse et les pièces qu'on peut donner, et l'action des acteurs et des danseurs. Nous ne voulons pas en bannir l'amour mais qu'il ne s'y montre jamais sous les traits de la volupté. Bannissons aussi du théâtre toute pièce où une passion oserait se parer des attributs de la vertu ; que la haine de l'humanité par exemple ne vienne point par des fureurs surprendre nos applaudissements.

Quant aux artistes du théâtre, que l'observation des lois de la décence, du moins sur la scène, soit la première condition de leur admission en public. Interdisez le théâtre à tous ceux qui se permettraient la moindre indécence dans l'action, la danse, le costume, l'attitude ou les regards ; et punissez sévèrement tout impudent qui chercherait à se maintenir furtivement.

[12.6   Page 168]
3. *La loterie* est encore une séduction. Elle irrite l'avidité et le goût du plaisir en même temps et privilégie en quelque sorte l'injustice de l'acquisition.[3]

Quand un gouvernement assure que la moralité du peuple lui tient au cœur, et qu'il tient cependant une loterie, sous quelque forme que ce soit ; il est au moins inconséquent, pour nous exprimer avec tout le ménagement possible. Le malheureux : *virtus post nummos*, sera-t-il donc aussi la maxime du gouvernement français ?[4] Si cela est, tout le travail que nous faisons ici est peine perdue, au moins pour la France.

La police ne doit tolérer aucun jeu de hasard, mais alors elle ne doit pas permettre à elle-même un jeu de hasard où elle invite toute la nation. Il me semble que cela est clair malgré tous les sophismes et tous les prétextes.

4. *La mendicité* mérite que nous en disions un mot. Elle excite à la fainéantise, à la débauche, à la prodigalité. Le gouvernement a-t-il le droit de l'interdire ? Sans doute. Il doit veiller à la sûreté des professions ; et les vagabonds mendiants en enlèvent une partie par supercherie. Mais c'est aussi le devoir du gouvernement d'avoir soin des vrais indigents, il doit avoir des maisons de travail, de charité, des hôpitaux. Ces derniers diminueront peu à peu et cesseront enfin tout à fait si l'on exécute notre plan pour l'établissement de la moralité. Hâtons-nous d'amener cet âge d'or.

---

[3] Les propos de Mercier sur les loteries nationales sont en contradiction avec ses choix personnels. Connu pour son discours contre une loterie nationale au Conseil des Cinq-Cents en 1796, il accepta néanmoins d'être le « contrôleur de la caisse de la loterie » en 1797. Voir « Chronologie », dans *Paris le jour, Paris la nuit*, éd. par Daniel Baruch et Michel Delon (Paris : Éditions Robert Laffont, 1990), p. 1320.
[4] « [L]es écus d'abord, la vertu ensuite » : Mercier cite ici les *Épîtres* d'Horace, livre I, épître 1, vers 54. *Épîtres*, éd. et trad. par François Villeneuve (Paris : Les Belles Lettres, 1955), p. 39.

to attend them. We cannot, without some kind of tyranny, always forbid them to do so; we therefore demand that You take measures to protect the moral freedom of our children, your fellow citizens.' It is not possible immediately to give shows the pure moral form that we have demanded; but they can be subjected to a surveillance that tolerates no indecency. This surveillance would apply to the plays that are shown as well as to the actions of actors and dancers. We do not wish to ban love from these plays, but it must never be depicted as voluptuous. Let us also ban from the stage any play that dares to adorn passion with traits of virtue; hatred for humanity, for example, must not inspire our applause.

As to the theatrical actors, they must observe the laws of decency, at least on stage, in order to be permitted to perform publicly. Forbid the theatre to all those who would allow themselves to show the slightest sign of indecency, in action, dance, costume, attitude or glances; and severely punish any impudent individual who would seek to behave furtively.

[12.6   Page 168]

3. *The lottery* is yet another seduction. It stimulates simultaneously greed and the taste for pleasure and, in a way, favours an unjust form of acquisition.[3]

When a government ensures that it values the morality of its citizens and nonetheless holds a lottery in any form, it is inconsistent to say the least. Will the sad *virtus post nummos* also become the maxim of the French government?[4] If that is the case, all the work that we do here is in vain, at least for France.

Since the police must not tolerate any gambling activity, it must not allow one in which it invites the whole nation to take part. It seems to me that this is clear despite all the sophisms and excuses.

4. We should say a word about *begging*. It encourages idleness, debauchery and prodigality. Does the government have the right to forbid it? Undoubtedly. It must ensure the security of professions; and the begging vagabonds undermine this in part by trickery. But it is also the duty of the government to care for the truly needy; it must have workhouses, houses of charity, hospitals. Real indigence will decrease progressively and will ultimately disappear if we carry out our plan for the establishment of morality. Let us hasten to reach this golden age.

---

[3] Mercier's remarks on national lotteries are contradictory in relation to his personal choices. Known for his speech against a national lottery at the Council of Five Hundred in 1796, he nonetheless agreed to be the treasurer for the lottery in 1797. 'Chronologie', in *Paris le jour, Paris la nuit*, ed. by Daniel Baruch and Michel Delon (Paris: Éditions Robert Laffont, 1990), p. 1320.

[4] '[V]irtue after cash': here Mercier is citing Horace's *Epistles*, I. 1. 54. *Satires and Epistles*, trans. by John Davie (Oxford: Oxford University Press, 2011), p. 66.

[12.7   Page 169]
Enfin un des grands obstacles à la moralité c'est *la guerre*. — Qui peut penser à la guerre et en même temps à la grande et importante affaire de l'homme, à la vertu que l'association civile doit favoriser ; sans sentir son âme agitée par la plus épouvantable des contradictions et le plus effrayant des contrastes ? Je crois qu'il est superflu de montrer cette contradiction, et j'espère que nous serons tous d'accord là-dessus. C'est la guerre qu'il faut bannir de la terre, si l'on veut faire régner la morale. Mais n'est-elle pas peut-être un mal nécessaire ? ne le serait-elle pas tant qu'il existera des états différents ? — Si cela est, c'est la faute des agresseurs ; c'est une suite de leur malheureuse passion des conquêtes, en vertu de laquelle à chaque traité de paix, ils s'en réservent déjà tacitement l'infraction à la première occasion favorable. — Français, si Vous ne pouvez pas supprimer la guerre, faites au moins tout ce qui est en Votre pouvoir pour la rendre très rare ; non seulement pour la France, mais pour toute l'humanité. Les circonstances, ou plutôt la providence éternelle, dont les circonstances ne sont que l'organe, Vous y appellent. Seuls, Vous êtes déjà une grande et puissante république ; unissez-Vous avec plusieurs États qui veuillent de concert avec Vous admettre ce grand principe : *Point de conquêtes !* Si, sans jamais Vous démentir, Vous Vous bornez à la défense de la patrie et de ceux que l'injustice opprime, cette confédération fera

[12.8   Page 170]
bientôt des progrès ; et la France aura posé les fondements de *la paix éternelle*, et favorisé l'établissement de la vertu pour toute la terre. Car la Morale ne peut régner que chez un peuple qui jouit de *la paix* au-dedans et au-dehors.

Me voilà à la fin de ma carrière. De savoir si j'ai formé un plan purement idéal, ou s'il se réalisera en France, c'est ce qui dépend de Vous en premier ressort, Citoyens, et puis du gouvernement.

L'idée d'un peuple, dont les facultés physiques et morales seraient harmoniquement développées, qui admettrait la loi morale pour règle fondamentale de toutes ses actions, et qui aurait l'usage entièrement libre de sa volonté ; en un mot, d'un peuple énergique, cultivé, libre était sans cesse présente à mon esprit à chaque moyen que je proposais. L'idée de la souveraine perfection humaine élève l'âme, et l'espérance de voir bientôt réaliser cette perfection la transporte. Puisse la République française mettre sérieusement la main à ce grand ouvrage qui seul, s'élevant au-dessus des ruines du temps, embrasse l'éternité. Français, quand Votre révolution, sans se borner à fonder la liberté civile du peuple, en aura aussi fondé la liberté morale, alors, mais alors seulement Vous aurez le droit de dire qu'elle n'a pas été trop chèrement achetée.

* * * * *

[12.7   Page 169]
Finally, one of the great obstacles to morality is *war*. — Who can think of war and at the same time of the great and important scheme of man, of the virtue that civil association must favour, without feeling his soul agitated by the most terrible of contradictions and the most terrifying of contrasts? I believe that there is no need to demonstrate this contradiction, and I hope that we will all agree on this point. It is war that we must banish from the Earth if we want morality to reign. But could it not be a necessary evil? Will it not exist as long as different states exist? — If that is the case, it is the fault of aggressors; it is the consequence of their unfortunate passion for conquests, by virtue of which at each peace treaty they tacitly prepare themselves to breach it at the first favourable opportunity. — French citizens, if You cannot get rid of war, at least do all in Your power to make it very rare, not only for the sake of France but for all humanity. Circumstances, or rather eternal providence, of which circumstances are only the mouthpiece, are asking You to do it. You are already a great and powerful republic on your own; unite with several states that wish, as You do, to live by this great principle: *No conquests!* If You stick to this decision and confine Yourselves to the defence of the country and of those oppressed by injustice, this confederation will soon make

[12.8   Page 170]
progress; and France will have laid the foundations of *eternal peace* and favoured the establishment of virtue throughout the world. For Morality can reign only in a people that enjoys *peace* within and without.

Here I am, at the end of my career. Whether I have designed a plan that is purely idealistic, or if it will become a reality in France, depends on You, Citizens, first and foremost, and then on the government.

The idea of a people whose physical and moral faculties would be harmoniously developed and who would take moral law as the fundamental rule for all its actions and who would have the entirely free use of its own will, in a word, the idea of an energetic people, cultured and free, was constantly present in my mind in every means that I proposed. The idea of sovereign human perfection elevates the soul, and the hope of seeing this perfection soon made real transports it. May the French Republic seriously dedicate itself to this great work, which alone, rising above the ruins of time, embraces eternity. French citizens, when Your Revolution has not only established the civil liberty of the people, but has also established its moral liberty, then, but only then, will You have the right to say that it was not bought at too high a price.

* * * * *

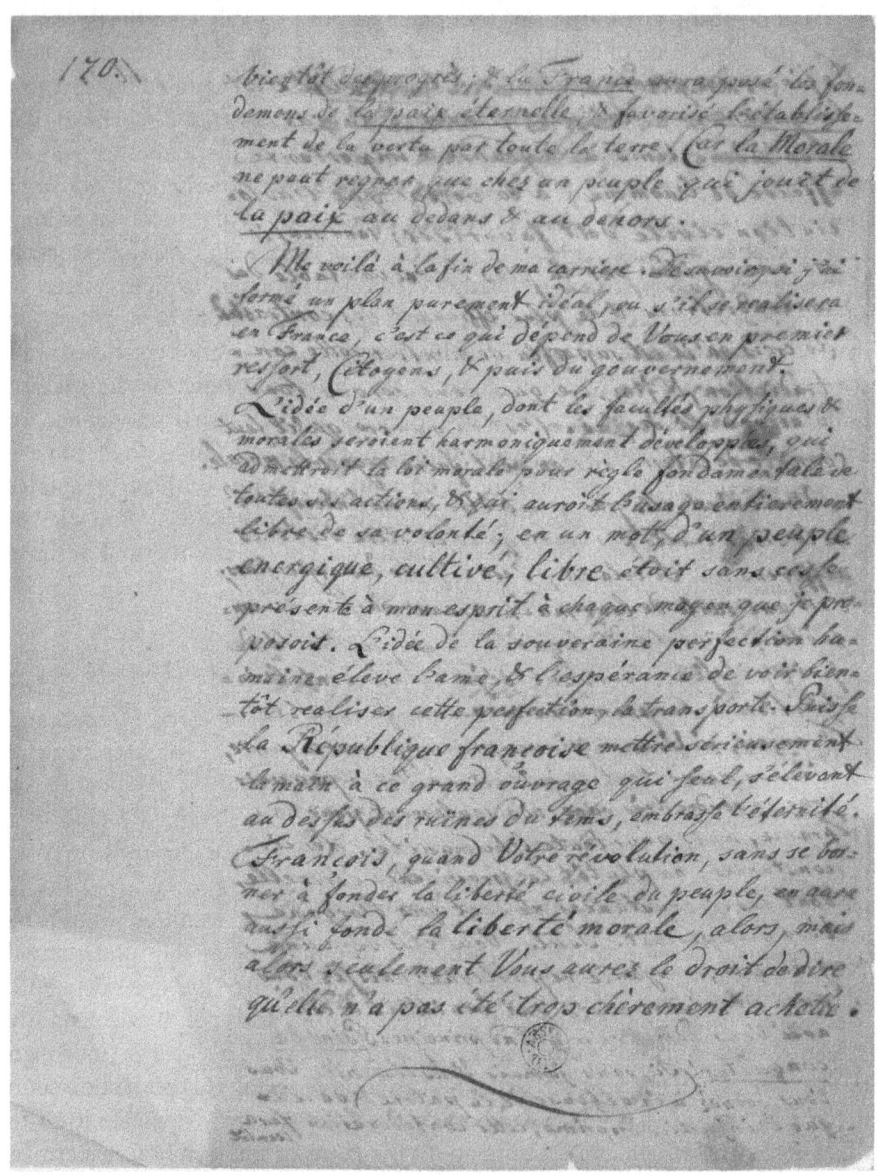

« Citoyens françois, vous voulez la morale du peuple ! » (1801), Textes de morale, Paris, La Bibliothèque de l'Arsenal, Fonds Mercier, Ms. 15084(3), p. 170.

BIBLIOGRAPHY/ BIBLIOGRAPHIE

BAECQUE, ANTOINE DE, *Le Corps de l'histoire* (Paris: Calmann-Lévy, 1993)
BACZKO, BRONISLAW, 'Instruction publique', in *Dictionnaire critique de la Révolution française: institutions et créations*, ed. by François Furet and Mona Ozouf, 4 vols (Paris: Flammarion, 2007), IV, 75–97
BAILEY, CHARLES, 'Education', in *Historical Dictionary of the French Revolution, 1789-1799*, ed. by Samuel F. Scott and Barry Rothaus, 2 vols (Westport, CT: Greenwood Press, 1985), I, 344–47
BÉCLARD, LÉON, *Sébastien Mercier, sa vie, son œuvre, son temps d'après des documents inédits. Avant la Révolution, 1740-1789* (Paris: Honoré Champion, 1903)
BERKOWE, L., 'Louis-Sébastien Mercier et l'éducation', *MLN*, 79 (1964), 496–512
BERMANN, MLLE DE, *Est-il plus utile à notre siècle de faire des ouvrages de pure littérature, que d'écrire sur la morale?* (Nancy: [n. pub.], 1761)
BERNARDIN DE SAINT-PIERRE, JACQUES HENRI, *De la nature de la morale. Fragment d'un rapport sur les mémoires qui ont concouru pour le prix de l'Institut national, dans sa séance publique du 15 messidor de l'an 6, sur cette question: Quelles sont les institutions les plus propres à fonder la morale d'un Peuple?*, 2nd edn (Paris: Imprimerie-librairie du Cercle social, year VI)
BERTAUX, DANIEL, 'L'hérédité sociale en France', *Économie et statistique*, 9 (February 1970), 37–47
BONNET, JEAN-CLAUDE (ed.), *Louis Sébastien Mercier (1740-1814): un hérétique en littérature* (Paris: Mercure de France, 1995)
—— 'Repères biographiques', in Louis Sébastien Mercier, *Tableau de Paris*, 2 vols (Paris: Mercure de France, 1994), I, clxxxi–clxxxviii
BOWMAN, FRANCK P. *Le Christ des barricades. 1789-1848* (Paris: Éditions du Cerf, 1987)
—— *Le Christ romantique* (Genève: Droz, 1973)
BOWMAN, JAMES, *Honor: A History* (New York, NY: Encounters Books, 2006)
BURKE, EDMUND, *Philosophical Enquiry into the Origins of Our Ideas of the Sublime and the Beautiful* (Cambridge: Cambridge University Press, 2014)
—— *Recherche philosophique sur l'origine de nos idées du sublime et du beau*, trans. and ed. by Baldine de Saint Girons (Paris: Vrin, 2009)
BROWN, DIANE BERRETT, 'The Pedagogical City of Louis-Sébastien Mercier's *L'An 2440*', *The French Review*, 78 (2005), 470–80
Le Calendrier républicain: de sa création à sa disparition, suivi d'une concordance avec le calendrier grégorien (Paris: Service des calculs et de mécanique céleste du bureau des Longitudes, Unité Associée du CNRS, 1989)
CASTONGUAY-BÉLANGER, JOËL, 'Comme un dindon à la broche: la campagne de Louis-Sébastien Mercier contre Newton', in *Le Tournant des Lumières*, ed. by Katherine Astbury (Paris: Classiques Garnier, 2012), pp. 45–61
CAVE, CHRISTOPHE, and CHRISTINE MARCANDIER-COLARD, 'Introduction', in *L'An 2440: rêve s'il en fût jamais*, ed. by Christophe Cave and Christine Marcandier-Colard (Paris: Éditions La Découverte and Syros, 1999), pp. 5–19

COSTA, VÉRONIQUE, 'L. S. Mercier ou le livre de sable: la bibliographie de l'an VII — de l'œuvre complète à l'œuvre virtuelle', *SVEC*, 370 (1999), 95–110

COUSIN D'AVALLON, CHARLES-YVES, *Merciériana, ou recueil d'anecdotes sur Mercier: ses paradoxes, ses bizarreries, ses sarcasmes, etc., etc.* (Paris: P. H. Krabbe, 1834)

CROWE, BENJAMIN D., '*Theismus des Gefühls*: Heydenreich, Fichte, and the Transcendental Philosophy of Religion', *Journal of the History of Ideas*, 70 (October 2009), 569–92

DARAGON, J.-B., *Lettre de M*** à M. L'Abbé **, professeur de philosophie à l'Université de Paris, sur la nécessité et la manière de faire entrer un cours de morale dans l'éducation publique* (Paris: Durand, 1762)

De Königsberg à Paris, la réception de Kant en France: 1788–1804, ed. by François Azouvi and Dominique Bourrel (Paris: Vrin, 1991)

DELON, MICHEL, and DANIEL BARRUCH, 'Chronologie', in *Paris le jour, Paris la nuit*, ed. by Michel Delon and Daniel Barruch (Paris: Éditions Robert Laffont, 1990), pp. 1297–1327

DESTUTT DE TRACY, ANTOINE, *Quels sont les moyens de fonder la morale d'un peuple?* (Paris: Agasse, year VI)

Dictionnaire encyclopédique du judaïsme, ed. by Geoffrey Wigoder and Sylvie Anne Goldberg (Paris: Éditions du Cerf, 1993)

DUFOURG, FRÉDÉRIC, *La Marseillaise* (Paris: Éditions du Félin, 2003)

DUPONT DE NEMOURS, PIERRE-SAMUEL, 'Des bases de la morale. Observations lues le 22 thermidor an 6 à la classe des sciences morales et politiques de l'Institut national, sur la question qu'elle avait proposée: Quelles sont les institutions les plus propres à fonder la morale du peuple?', in *Opuscules morales et politiques, retirées de différents journaux* (Paris: Delance, year XIII)

FAUDENAY, ALAIN, *La Distinction à l'âge classique* (Paris: Honoré Champion, 1992)

FICHTE, JOHANN GOTTLIEB, *Addresses to the German Nation*, trans. and ed. by Gregory Moore (Cambridge: Cambridge University Press, 2009)

—— *Foundations of Natural Right*, trans. by Michael Baur, ed. by Frederick Neuhouser (Cambridge: Cambridge University Press, 2000)

FRICK, JEAN-PAUL, 'Philosophie et économie politique chez J.-B. Say. Remarques sur les rapports entre un texte oublié de J.-B. Say et son œuvre économique', *Histoire, Économie et Société*, 6 (1987), 51–66

GARRIOCH, DAVID, 'La sécularisation précoce de Paris au dix-huitième siècle', *SVEC*, 2005:12, 35–75

GIRARD, GILLES, 'Inventaire des manuscrits de Louis Sébastien Mercier conservés à la Bibliothèque de l'Arsenal', *Dix-huitième siècle*, 5 (1973), 311–34

GOULEMOT, JEAN M., DIDIER MASSEAU, and JEAN-JACQUES TATIN-GOURIER, *Vocabulaire de la littérature du XVIIIe siècle* (Paris: Minerve, 1996)

HEYDENREICH, KARL HEINRICH, *Betrachtungen über die Philosophie der natürlichen Religion*, 2nd edn (Leipzig: [n. pub.], 1791)

HORACE, *Épîtres*, éd. et trad. par François Villeneuve (Paris: Les Belles Lettres, 1955)

—— *Satires and Epistles*, trans. by John Davie (Oxford: Oxford University Press, 2011)

KANT, IMMANUEL, *Critique de la faculté de juger*, trans. and ed. by Alain Renaut (Paris: Flammarion / Aubier, 1995)

—— *Critique de la raison pratique*, trans. by Luc Ferry and Heinz Wismann, ed. by Ferdinand Alquié (Paris: Gallimard, 1985)
—— *Critique of Judgement*, trans. by James Creed Meredith (Oxford: Oxford University Press, 1952)
—— *Critique of Practical Reason*, trans. by Thomas Kingsmill Abbott (London: Longmans, 1909)
—— *Fondements de la métaphysique des mœurs*, trans. and ed. by Victor Delbos (Paris: Delagrave, 1969)
—— *Fundamental Principles of the Metaphysic of Morals*, trans. by Thomas Kingsmill Abbott (Indianapolis, IN: Bobbs-Merrill, 1949)
—— *Métaphysique des mœurs*, trans. and ed. by Alain Renaut, 2 vols (Paris: Flammarion, 1994)
—— *Observations on the Feeling of the Beautiful and Sublime*, trans. and ed. by Patrick Frierson and Paul Guyer (Cambridge: Cambridge University Press, 2012)
—— *Observations sur le sentiment du beau et du sublime*, trans. by Roger Kempf (Paris: Vrin, 2008)
—— *Réflexions sur l'éducation*, trans. and ed. by Alexis Philonenko (Paris: Vrin, 2004)
LACLOS, CHODERLOS DE, *Des femmes et de leur éducation* (Paris: Mille et Une Nuits, 2000)
L'AMINOT, TANGUY, 'Le pédagogue: la leçon de Rousseau', in *Louis-Sébastien Mercier (1740–1814): un hérétique en littérature*, ed. by Jean-Claude Bonnet (Paris: Mercure de France, 1995), pp. 279–94
LETERRIER, SOPHIE-ANNE, *L'Institution des sciences morales: 1795–1850* (Paris: L'Harmattan, 1995)
—— 'Mercier à l'Institut', in *Louis Sébastien Mercier (1740–1814): un hérétique en littérature*, ed. by Jean-Claude Bonnet (Paris: Mercure de France, 1995), pp. 295–326
LITTRÉ, ÉMILE, *Dictionnaire de la langue française*, 4 vols (Paris: Hachette, 1873–74)
MABLY, GABRIEL BONNOT DE, *Principes de morale* (Paris: Alexandre Jombert jeune, 1784)
MERCIER, LOUIS SÉBASTIEN, *L'An 2440: rêve s'il en fût jamais*, ed. by Christophe Cave and Christine Marcandier-Colard (Paris: La Découverte, 1999)
—— 'De la grande loi non écrite', Bibliothèque de l'Arsenal, Fonds Mercier, MS 15084 (1), pp. 1–388
—— *Mon bonnet de nuit* suivi de *Du théâtre*, ed. by Jean-Claude Bonnet (Paris: Mercure de France, 1999)
—— 'Notice des œuvres complètes de L. S. Mercier, ex-Député et Membre de l'Institut national des sciences et des arts', in *L'An 2440: rêve s'il en fut jamais, suivi de L'Homme de fer*, 3 vols (Paris: [n. pub.], year VIII), III, 343–49
—— *Le nouveau Paris*, ed. by Jean-Claude Bonnet (Paris: Mercure de France, 1994)
—— 'Programme sur la question de fonder la morale d'un peuple' (Pluviôse year VII), Bibliothèque de l'Arsenal, Fonds Mercier, MS 15079 (2a), fols 100–01
—— *Tableau de Paris*, 1781–88, ed. by Jean-Claude Bonnet, 2 vols (Paris: Mercure de France, 1994)
—— 'Vues politico-morales', Bibliothèque de l'Arsenal, Fonds Mercier, MS 15087 (c), pp. 76–78

—— 'Vues sur la morale', Bibliothèque de l'Arsenal, Fonds Mercier, MS 15087 (c), pp. 82–84
—— Bibliothèque de l'Arsenal, Fonds Mercier, MS 15085 (1)
—— Bibliothèque de l'Arsenal, Fonds Mercier, MS 15085 (2)
—— Bibliothèque de l'Arsenal, Fonds Mercier, MS 15084 (2a)
MIQUEL, PIERRE, *Histoire de la France* (Paris: Fayard, 1976)
MULRYAN, MICHAEL, 'Humanizing the Herd, or How to Morally Enlighten the People: L.-S. Mercier's Philosophy of Education', *New Perspectives on the Eighteenth Century*, 13 (2016), 67–82
PAYNE, HARRY C., *The Philosophes and the People* (New Haven, CT: Yale University Press, 1976)
Penser et vivre l'honneur à l'époque moderne, ed. by Hervé Drévillon and Diego Venturino (Rennes: Presses et universitaires de Rennes, 2011)
POULIQUEN, YVES, *Cabanis, un idéologue: de Mirabeau à Bonaparte* (Paris: Odile Jacob, 2013)
RADIGUET, CHLOÉ, 'Postface', in *Des femmes et de leur éducation* (Paris: Mille et Une Nuits, 2000), pp. 85–88
REINHOLD, KARL LEONHARD, *Letters on the Kantian Philosophy*, trans. by James Hebbeler, ed. by Karl Ameriks (Cambridge: Cambridge University Press, 2005)
RENOUVIER, CHARLES, *Uchronie (L'Utopie dans l'histoire): esquisse historique apocryphe du développement de la civilisation européenne tel qu'il n'a pas été* (Paris: [n. pub.], 1876)
ROEDERER, PIERRE-LOUIS, 'Précis des Observations sur la question proposée par l'Institut national pour le sujet du premier prix de la classe des sciences morales et politiques, lues dans la séance du 15 vendémiaire an 6', *La Décade philosophique, littéraire et politique* (Paris: [n. pub.], year VI), pp. 534–37
ROUSSEAU, JEAN-JACQUES, *Discours sur l'économie politique et autres textes*, ed. by Barbara de Negroni (Paris: Garnier-Flammarion, 2012)
—— *Emile or On Education*, trans. by Allan Bloom (New York, NY, Basic Books, 1979)
—— *Émile, ou De l'éducation* (Paris: Garnier-Flammarion, 1966)
—— *Lettre à D'Alembert*, ed. by Marc Buffat (Paris: Garnier-Flammarion, 2003)
SAINT-JUST, LOUIS ANTOINE DE, 'Institutions républicaines', dans *Œuvres complètes*, ed. by Miguel Abensour and Anne Kupiec (Paris: Gallimard, 2004), pp. 1085–1147
SAINT-MARTIN, LOUIS-CLAUDE DE, *Réflexions d'un observateur sur la question: Quelles sont les institutions les plus propres à fonder la morale d'un peuple?* ([Paris]: [n. pub.], year VI)
SCHAER, ROLAND, GREGORY CLAEYS and LYMAN TOWER SARGENT, 'Voyages to the Lands of Nowhere', in *Utopia: The Search for the Ideal Society in the Western World*, ed. by Roland Schaer, Gregory Claeys and Lyman Tower Sargent (New York, NY: The New York Public Library, 2000), pp. 132–39
SCHLANGER, JUDITH, *Les Métaphores de l'organisme*, 2nd edn (Paris: L'Harmattan, 1995)
TILLIETTE, XAVIER, *Jésus romantique* (Paris: Desclée, 2002)
WELSH, ALEXANDER, *What Is Honor? A Question of Moral Imperatives* (New Haven, CT: Yale University Press, 2008)

www.ingramcontent.com/pod-product-compliance
Lightning Source LLC
Chambersburg PA
CBHW071438150426
43191CB00008B/1165